N. Seibert/H.J. Serve (Hrsg.)

Prinzipien guten Unterrichts

Kriterien einer zeitgemäßen Unterrichtsgestaltung

Die Deutsche Bibliothek – CIP – Einheitsaufnahme

Prinzipien guten Unterrichts: Kriterien einer zeitgemäßen Unterrichtsgestaltung / Norbert Seibert; Helmut J. Serve (Hrsg.). Mit Beiträgen von Hans Jürgen Apel ... – 4. Aufl. – Marquartstein: PimS-Verl., 1996
ISBN 3-927999-04-0
NE: Seibert, Norbert [Hrsg.]; Apel, Hans Jürgen

4. Aufl. 1996
3. Aufl. 1994
2. durchges. Aufl. 1993
1. Auflage 1992

Produktion: PimS-Verlag GmbH Marquartstein
Druck: Manstedt · Druckerei + Verlag Marquartstein
Printed in Germany
PimS – ISBN 3-927999-04-0

NORBERT SEIBERT / HELMUT J. SERVE (Hrsg.)

Prinzipien guten Unterrichts

Kriterien einer zeitgemäßen Unterrichtsgestaltung

mit Beiträgen von:

Hans Jürgen Apel
Norbert Seibert
Oskar Seitz
Helmut J. Serve

PimS

PimS-Verlag GmbH - München 1992

Vorwort

Dieses Buch wendet sich an *Studierende aller Lehramtsstudiengänge*, an *engagierte Lehrerinnen und Lehrer*, die sich die Bereitschaft zur Überprüfung bisheriger Kenntnisse und zur Berücksichtigung neuer unterrichtsrelevanter Aspekte erhalten haben, an *Lehrerbildner der ersten, zweiten und dritten Phase* sowie an *Ausbilder in außerschulischen Arbeitsgebieten*. Es will dem Leser Gelegenheit geben, sich, unter Beachtung gewandelter Ansprüche an Unterricht, über wichtige Kriterien zeitgemäßen (guten) Unterrichtens zu informieren und sich unter aktuellen Aspekten mit Grundsätzen der methodischen Gestaltung erfolgreichen Unterrichts auseinanderzusetzen.

Unterrichtsprinzipien definieren und fundieren den Unterricht. Als grundsätzliche Bestimmungsfaktoren von Unterricht sind sie interdisziplinär relevant, verlangen also Beachtung in allen Unterrichtsfächern, einschließlich ihrer verschiedenen erziehlichen Gehalte.

Entsprechend ihrer großen Bedeutung fragt *H.J. Apel* in seinem Beitrag zunächst nach Grundsätzen des didaktischen Handelns und erörtert didaktische Prinzipien unter Einbeziehung wichtiger historischer Positionen.
Anschließend unterzieht *O. Seitz* »Unterricht« einer begrifflichen Analyse, um über dessen konstitutive Elemente Kriterien zur Beurteilung seiner Qualität und daraus normativ Prinzipen guten Unterrichts zu gewinnen.
N. Seibert und *H.J. Serve* führen danach sechs Unterrichtsprinzipen in exemplarischer Breite aus. Ihre Auswahl und Reihenfolge (alphabetisch) soll *keine* Hierarchie unter den Prinzipien andeuten, sie erfolgte vielmehr aus dem subjektiven Eindruck einer heute unter den heutigen Anforderungen an Unterricht nicht genügenden Beachtung oder Umsetzung.

Für die Inhalte der einzelnen Beiträge zeichnen jeweils die Autoren verantwortlich.

München, im Frühjahr 1992 Die Herausgeber

Hans Jürgen Apel
Prinzipien didaktischen Handelns

Oskar Seitz
Kriterien guten Unterrichts
Versuch einer Ableitung aus dem Begriff der »Vermittlung«

Norbert Seibert
Das Unterrichtsprinzip der Differenzierung

Helmut J. Serve
Das Unterrichtsprinzip der Kreativitätsförderung

Helmut J. Serve
Das Unterrichtsprinzip der Motivierung

Norbert Seibert
Das Unterrichtsprinzip der Strukturierung

Helmut J. Serve
Das Unterrichtsprinzip der Übung

Norbert Seibert
Das Unterrichtsprinzip der Veranschaulichung

Hans Jürgen Apel

Prinzipien didaktischen Handelns

Inhaltsverzeichnis

"Unsere Zeit wie jede
andere bedarf Regeln
des erziehenden
Handelns" (Dilthey).

PRINZIPIEN DIDAKTISCHEN HANDELNS

0. Einleitung

Prinzipien sind Grundsätze. Wer »nach Prinzipien handelt«, reagiert und agiert in Situationen nach Wertvorstellungen, die ihm wichtig sind und die er nicht aufgeben will. Solche Grundsätze können weltanschaulicher Art sein. Sie können Ausdruck einer ethischen Grundhaltung sein oder sich einfach auf konventionelle Regeln des sozialen Verhaltens beziehen. Eine Person führt eingegangene Verpflichtungen unter allen Umständen aus; sie ist aus Überzeugung z.B. pünktlich und handelt gründlich, lügt nicht. Wenn wir nach *Prinzipien eines pädagogischen Handelns* fragen, möchten wir wissen, ob ein berufliches Handeln wie das der Lehrenden in Schule und Unterricht an bestimmten Grundsätzen zu orientieren ist. Dazu müssen wir zunächst die Bandbreite dieses Handelns bestimmen, d.h. seine spezifischen Formen benennen. Dabei wird deutlich, daß pädagogisches Handeln vor allem darin besteht, in einer besonderen sozialen Situation zu unterrichten, zu erziehen und zu beraten. In gewissem Sinne gehört auch das Beurteilen zu diesem Handeln[1]. Als gesellschaftlicher Auftrag an Lehrende im Schulunterricht ist es Bestandteil ihrer spezifischen Berufstätigkeit, den Formen eines pädagogischen Handelns eng koordiniert. Die genannten Tätigkeiten setzen bei Lehrenden pädagogische Kenntnisse und Fertigkeiten voraus. Die Kenntnisse beziehen sich auf Lehren, Lernen und Erziehen, auf die damit verbundenen Grundsätze, Bedingungen, Mittel und Handlungsformen. Sie werden als Wissen durch Studium und Praxis angeeignet. Die Fertig-

[1] vgl. die Festlegung des Deutschen Bildungsrates zu den berufsspezifischen Tätigkeiten von Lehrenden in seinem »Strukturplan« (1972).

keiten sind die Folge ständiger Übung auf der Grundlage eines pädagogischen Wissens. Dies voraussetzend, können wir als eine zentrale Frage jeder pädagogischen Theorie, wie schon um 1900 *Paulsen* in seiner »Pädagogik«, festhalten: Wie läßt sich "aufgrund der Erkenntnis der Natur des Menschen und besonders des Kindes ... aufgrund ferner des Ziels der Menschenbildung ... ein System von Regeln aufstellen, wodurch die bildende Einwirkung des Erziehers auf die werdende Gestalt bestimmt wird"[2]? Eine solche Aufgabe verweist uns auf die Frage, ob, und wenn ja, welche Grundsätze für pädagogisches Handeln gelten können, Grundsätze, die zur Rechtfertigung von Regeln des Handelns dienen; denn daß dem Handeln ständig - bewußt oder unbewußt - Grundsätze zugrundeliegen, ist ohne Zweifel. Zu fragen ist nach den Prinzipien und damit nach der Grundlage möglicher Regeln des Handelns.

In diesem Beitrag wird nur nach Grundsätzen (= Prinzipien) des didaktischen Handelns gefragt. Das didaktische Handeln betrifft die Organisation des Lernens, die durch das Lehren erfolgt. Im Mittelpunkt des Interesses steht somit hier die *Erörterung didaktischer Prinzipien*, worunter Grundsätze des Lehrens zu verstehen sind, deren Anwendung dazu dient, das Lernen zu ermöglichen oder zu effektivieren[3].

Grundsätze didaktischen Handelns sind Bestandteil der meisten Theorien des Unterrichts.

In Veröffentlichungen zur Didaktik/Methodik des Unterrichtens werden häufig Prinzipien des Lehrens und Lernens aufgezählt[4]. Als solche werden Grundsätze bezeichnet, die ursprünglich durch die Verallgemeinerung pädagogischer Erfahrungen gewonnen wurden. Sie lassen sich in Regeln der Unterrichtsführung, in Regeln des Lehrens und Lernens für das Handeln formulieren. Dabei liegen immer Vorannahmen über das Lernen und Leh-

---

[2] Paulsen 1921, S. 3.

[3] Zur Kritik des didaktischen Lern-Begriffs vgl. Koch 1991.

[4] So z.B.: Aschersleben 1974, Brunnhuber 1988, Geissler 1981, Glöckel 1990, Stöcker 1960; Prinzipien der Unterrichtsplanung findet man bei Schulz 1965. Aus sozialistischer Sicht: Drews u.a. 1976, Klein 1961, Klingberg o.J. (1971).

ren, also über die Lehr-Lern-Situation, zugrunde. Schulisches Lernen wird derzeit allgemein unter Bezug auf lernpsychologische Erkenntnisse entweder als Verhaltensänderung (=Reaktion) oder als interne Tätigkeit von Personen (= Aktion) verstanden. In beiden Fällen ist schulisches Lernen an eine Aktivität der Lernenden, an die Bereitstellung von Lernsituationen oder Aufgaben und an Lernhilfen gebunden. Es wird i. a. durch eine Beurteilung der Lernergebnisse abgeschlossen. Der verhaltenspsychologische Ansatz betont die Notwendigkeit äußerlich feststellbarer Reaktionen von Lernenden auf bereitgestellte Lernreize; Lernen wird an Verhaltensäußerungen erkennbar. Der kognitive Ansatz betont dagegen "das aktive Herbeiführen von Einsicht und Verständnis"[5], den Fortgang von der Anschauung zum Begriff, zur Bildung systematischer Kenntnisse und Erkenntnisse. Für die weitere Überlegung über didaktische Prinzipien ist der Lernbegriff von erheblicher Bedeutung; denn Prinzipien als Grundsätze pädagogischen Handelns müssen sich auf das Lernen beziehen. Wer durch Lehren ein Lernen als Verhaltensänderung fördern will, wird andere Grundsätze favorisieren als derjenige, der Lernen vorrangig als einen Vorgang der Begriffsbildung oder als eine Übung des Urteilens versteht. Lehren wird aus verhaltenspsychologischer Sicht eher als Beeinflussung und Steuerung, aus kognitiver Sicht eher als Vermittlung von Sachverhalten und als Bereitstellung von Lernmöglichkeiten zur subjektiven Aneignung erfolgen. Diese grundsätzliche Entscheidung spiegelt sich in den gewählten Formen und Verfahren des Unterrichtens.

In diesem Text geht es um didaktische Prinzipien. Dies sind "allgemeine und wesentliche Grundsätze, die für das Unterrichten und Lernen gleichermaßen Geltung beanspruchen"[6], ein Begriffsverständnis, das durchgängig in vorliegenden pädagogisch-didaktischen Beiträgen vertreten wird. *Glöckel* hält Prinzipien für "flexibler als Regeln und [für] weniger zwingend als Gesetze"[7]. Prinzipien - so seine Feststellung - sind die "Voraussetzung für professionelles Urteilsvermögen und verantwortliches berufliches Han-

---

[5] Einsiedler 1981, S. 88.
[6] Brunnhuber 1988, S. 14.
[7] Glöckel 1990, S. 273.

deln"[8]. Lehrende sollen also nach Grundsätzen urteilen und handeln. Aber gelten diese Grundsätze für alle Formen des professionellen Handelns? Hier beginnt die Schwierigkeit; denn das Handeln (= Unterrichten) soll sich an Grundsätzen des Lehrens orientieren, das Beurteilen aber soll an Maßstäben erfolgen, die für eine Bewertung des Leistungs- und Sozialverhaltens aufgestellt wurden[9]. Unterrichten und Beurteilen sind daher an verschiedenen Grundsätzen zu orientieren. Wir konzentrieren uns in diesem Text auf die Deskription und Analyse didaktischer Prinzipien, wie sie das Unterrichten bestimmen.

Derartige Grundsätze finden sich, beginnt man mit dem Blick auf die Pädagogik der Neuzeit, bereits in *Comenius*' »Didactica Magna« von 1627/57. Sie werden in pädagogischen Schriften der Aufklärung ebenso wie in den Seminarpädagogiken des 19. Jahrhunderts, in Schriften der Reformpädagogik ebenso wie in den Unterrichtslehren des 20. Jahrhunderts vertreten. Sie erscheinen oft als Ratschläge oder Handlungsanweisungen, auf Vorgänge des Lernens bezogen. Überwiegend werden Prinzipien als Aufforderungen, seltener als Aussagen formuliert, so z.B.: »Unterrichte anschaulich!«, »Unterrichte lebensnah!«, »Strukturiere deine Darbietung!«, »Differenziere nach den Fähigkeiten deiner Schüler!«, »Fördere die Selbsttätigkeit deiner Schüler!«, »Übe regelmäßig!«. In derartigen Empfehlungen werden die wichtigsten Grundsätze des Lehrens - Veranschaulichung, Motivierung, Differenzierung, Kreativitätsförderung, Strukturierung, Selbsttätigkeit, Erfolgssicherung - bereits angewandt. Damit liegen Verhaltensregeln vor, die Annahmen über den Lernprozeß entstammen. Wie kommt es zur Formulierung derartiger Imperative? Durch welche Erkenntnisse lassen sie sich rechtfertigen? Allgemein gilt: Prinzipien des Lehrens sind ursprünglich aus Verallgemeinerungen wichtiger Erfahrungen entstanden. Sie beruhen auf der Beobachtung, daß sich ein Handeln nach diesen Grundsätzen bewährt. Von der Anschauung zur Begriffsbildung fortzuschreiten, die Lernenden immer wieder entweder durch die Sache, die Aufgabenstellung, die Lernformen, die persönliche Ansprache anzuspornen, sie entsprechend den vorhandenen

---

[8] ebd., S. 274.
[9] Die Frage, von wem, zu welchem Zweck, in welcher Absicht derartige Maßstäbe festgelegt wurden, kann hier nicht diskutiert werden.

Fähigkeiten, dem Vorwissen zu unterscheiden, ergänzende Ansichten zur Lösungsfindung zu akzeptieren, die Eigentätigkeit positiv zu bewerten, den Weg von der Anschauung zur Begriffsbildung zu gliedern, den Lernerfolg durch Übung zu sichern - all diese Maßnahmen haben sich in der Praxis, wenn auch jeweils nur unter bestimmten Bedingungen, bewährt. Es ist daher nicht überraschend, daß sie als Grundsätze des Lehrens tradiert wurden, als Vorgaben, die Lehrende beim Unterrichten berücksichtigen sollen.

Didaktische Prinzipien sollen lerntheoretisch begründet sein.

In Darstellungen der Unterrichtsmethodik erscheint es als selbstverständlich, daß didaktisches Handeln prinzipienorientiert erfolgen soll. Nicht immer wird jedoch deutlich, daß man Prinzipien nur als Richtlinien und nicht als Muß-Vorschriften für pädagogisch-didaktische Entscheidungen betrachtet[10]. (Didaktische) Prinzipien haben "nur regulative, aber keine normative Bedeutung", so *Stöcker* in seiner »Neuzeitlichen Unterrichtslehre«[11]. Sie wirken als *pädagogische Orientierungen*, sind auf lerntheoretische Erkenntnisse und die Faktoren des Unterrichts zu beziehen. Dabei ist durchaus fraglich, ob die derzeit benannten Prinzipien des Lehrens wissenschaftlich haltbare Aussagen sind. *Aschersleben* stellte 1974 in seiner »Einführung in die Unterrichtsmethodik« fest, daß Prinzipien entgegen der üblichen Praxis keine Axiome didaktischen Handelns sein können. Sie müßten vielmehr "durch die lerntheoretische Grundlegung des Unterrichts"[12] abgelöst werden. Auch *Einsiedler* fragt 1981 in seinen »Lehrmethoden«, ob Prinzipien als "präskriptive Aussagen mit hohem Allgemeinheitsanspruch"[13] gegenwärtig noch wissenschaftlichen Einsichten zum Lehr-Lern-Prozeß standhalten können. Schließlich, so seine Feststellung, dürfe nicht übersehen werden, daß angenommene Grundsätze des Lehrens in "individuelle und situative Randbedingungen"[14] der Lehr-Lern-Situation übergehen und sich den Allgemeingültigkeitsanspruch geradezu erschleichen. Sog. Prinzipien des

---

[10] vgl. Glöckel 1990, S. 309.
[11] Stöcker 1960. S. 47.
[12] Aschersleben 1974, S. 20.
[13] Einsiedler 1981, S. 102.
[14] ebd., S. 103.

Lehrens würden nur wegen ihrer einfachen Handhabung eingeführt. Richtiger wäre es, "nicht mehr von durchgängigen Prinzipien, sondern von einzelnen Lehr- und Lernformen zu sprechen"[15], wenn begründete Entscheidungen über den Lehr-Lern-Prozeß angestrebt werden. Prinzipien des Lehrens, so seine Feststellung, "können nur grobe Leitlinien für unterrichtliches Handeln sein"[16], die durch genaue Angaben zum Unterrichten zu ergänzen sind. Diese Kritik ist ernst zu nehmen: Wer nach Prinzipien didaktischen Handelns fragt und solche untersucht, muß sich darüber im klaren sein, daß die Vielzahl derartiger, ja z.T. sogar widersprüchlicher Grundsätze auf Vorannahmen über pädagogische Situationen und auf der Vielfalt didaktischer Erfahrungen beruht. Die Alltagserfahrung lehrt, daß didaktische Grundsätze in der einen Situation erfolgreich praktiziert, in einer anderen aber überhaupt nicht angewandt werden können. Weshalb führt die Anwendung des Prinzips der Veranschaulichung bei dem einen Schüler zu hoher Motivation und Lernerfolg, bei einem anderen dagegen nicht? Warum fördert die Anwendung des Prinzips »Selbsttätigkeit« den Lernerfolg guter Schüler stärker als den lernschwacher Schüler? Solche Fragen ließen sich fortsetzen. Derartige Beobachtungen verweisen auf die Notwendigkeit, auf situative Zusammenhänge, besonders auf Eingangsbedingungen des Lehr-Lern-Prozesses, zu achten, unter denen die Anwendung der Grundsätze geschehen soll. Dabei wird schnell erkennbar, wie brüchig der Anspruch einiger Prinzipien auf Allgemeingültigkeit ist und daß außerdem eine Polarität von Prinzipien anzunehmen ist: Zu allen didaktischen Grundsätzen findet sich ein entgegengesetzter zweiter, der für ein erfolgreiches Handeln im Unterricht als unverzichtbar angesehen wird. So ist das Prinzip der Veranschaulichung durch das Prinzip der Abstraktion zu ergänzen. Individuation ist erst in der Ergänzung durch soziales Lernen sinnvoll.

Diese Einsicht hat für die hier beabsichtigte weitere Darstellung Folgen. In dem vorliegenden Beitrag geht es darum, Prinzipien didaktischen Handelns, also Grundsätze des Unterrichtens darzustellen. Im Zentrum schulischer Bildung steht zweifellos der Unterricht, durch den sowohl Lerninhalte ver-

---

[15] ebd., S. 104.
[16] ebd.

mittelt als auch Gelegenheiten zu selbsttätigem Lernen gegeben werden. Schon in diesen beiden Formen kommen zwei verschiedene Prinzipien des Lernens zur Geltung: das Prinzip der Rezeptivität und das der Aktivität, bzw. Selbsttätigkeit. Beide sind zu verschiedenen Zeiten, bei unterschiedlichen Lernvoraussetzungen und zu verschiedenen Zielsetzungen in pädagogischer Hinsicht sinnvoll anwendbar. Beide sind aber nur unterschiedliche Ausprägungen der Selbsttätigkeit, die für den Vorgang des Lernens immer unerläßlich ist.

Die Frage nach einer möglichen Prinzipienorientierung stellt sich für alle eingangs genannten Dimensionen pädagogischen Handelns. Die in der Literatur vorliegenden Prinzipien beziehen sich zwar schwerpunktmäßig auf das Unterrichten und sind deshalb in ihrer Beziehung zur Lehr-Lern-Theorie zu untersuchen[17]. Darüberhinaus bleibt aber zu einem späteren Zeitpunkt zu erörtern, ob Erziehen, Beraten, Beurteilen ebenfalls nach Grundsätzen erfolgen kann und soll. Der folgende Text beginnt mit einer knappen Darstellung ausgewählter historischer Positionen zu didaktischen Prinzipien. Dies ist notwendig, um die Thematik zu fundieren und um sich von der falschen Meinung fernzuhalten, die grundlegenden Dinge jeweils neu erfinden zu können und zu müssen. Danach werden didaktische Prinzipien als Grundlagen des Lehrens erörtert.

1. Didaktische Prinzipien in pädagogischen Theorien - Historische Positionen

"Nach welchen Grundsätzen nun der Mensch am besten erzogen und unterrichtet werde, dies war von jeher ein Gegenstand des Nachdenkens derer, die sich überzeugt hatten, wie viel überhaupt davon abhänge, daß man ihn erziehe und unterrichte" - so hält *Niemeyer* in Bd. I seiner 1796 zuerst erschienenen »Grundsätze der Erziehung und des Unterrichts« fest[18]. Daß

[17] Eine Ausnahme stellt Benners Konzept pädagogischer Prinzipien dar (Benner 1991).
[18] Niemeyer 1877, S. 4.

die Erziehenden nach »Grundsätzen« verfahren (sollen), ist für *Niemeyer* unstreitig. Wer erzieht, will einen anderen Menschen zu einem bestimmten Ziel bringen oder zur Erreichung eines Zieles befähigen, indem er die Entwicklung der individuellen Fähigkeiten durch verschiedene Anreize zu fördern versucht. Fähigkeiten lassen sich durch Anregungen, durch lösbare Aufgaben entwickeln. Dies fördert zugleich durch Übung die Fertigkeiten. Dazu benutzen Lehrende verschiedene Mittel, den Unterricht ebenso wie das Gespräch oder das Spiel. Ein solches Handeln erfolgt planmäßig und zielorientiert als Unterstützung der natürlichen Entwicklung.

In überlieferten pädagogischen Theorien werden häufig Prinzipien des Lehrens und Lernens benannt und Regeln für Erziehung und Unterricht aufgestellt.

Grundsätze pädagogischen Handelns werden in vielen pädagogischen Theorien entwickelt und den Erziehenden vorgeschlagen. Vor allem in den Schriften der Aufklärung wird versucht, aus der Kenntnis natürlicher Vorgänge Prinzipien des Aufwachsens, Grundzüge der Entwicklung abzuleiten, Gesetzmäßigkeiten festzustellen und dann Regeln für die Förderung einer natürlichen Entwicklung zur Vollkommenheit der Kräfte abzuleiten[19]. *Diesterweg* erweiterte diesen Ansatz, indem er dem Prinzip der »Naturgemäßheit« das der »Kulturgemäßheit« zuordnete. Auch für ihn war es keine Frage, daß Erziehung und Unterricht nach Grundsätzen erfolgen müssen, die sich vorrangig an der natürlichen Entwicklung, gleichzeitig aber auch an gesellschaftlichen Notwendigkeiten orientieren. Seine Theorie didaktischer Prinzipien ist die fundierteste des 19. Jahrhunderts, weil er eine systematische Klassifikation der möglichen Prinzipien entwickelte. Die Reformpädagogen leiteten um 1900 Grundsätze und Regeln des pädagogischen Handelns aus ihrem kulturkritischen Neuansatz ab und orientierten sich bei diesem Vorgehen stark an Erkenntnissen einer neuen Psychologie des Erlebens und Verhaltens. Dabei spielte die »natürliche« Entwicklung der Kinder und Jugendlichen wieder eine besondere Rolle. Gegenwärtig vertretene Prinzi-

---

[19] vgl. die Interpretation des Kantschen Ansatzes einer Erziehungskunst durch Blaß 1978, S. 47f. Diltheys Kritik an derartigen »natürlichen Systemen« pädagogischen Denkens hat noch nichts von ihrer Bedeutung verloren.

pien pädagogischen Handelns vermitteln Sätze zum schulischen Lehr-Lern-Prozeß, in die traditionelle Prinzipien des Lehrens aufgenommen wurden - so z.B. *Brunnhuber* in seinen »Prinzipien effektiver Unterrichtsgestaltung«.

In der folgenden Darstellung sind ausgewählte Positionen aus der Geschichte pädagogischer Theorien vorzustellen, um sich eine Traditionslinie zu vergegenwärtigen und bisherige Vorschläge zur Diskussion über Grundsätze und Regeln von Erziehung und Unterricht kennenzulernen.

J. A. Comenius: Grundsätze des Lehrens und Lernens

Wer Grundsätze des Lehrens und Lernens in pädagogischen Theorien sucht, greift am besten zuerst zu *Comenius*' »Didactica Magna« (1657). In diesem Buch weist *Comenius* den Weg zu einer Methode des Unterrichts, "bei welcher die Lehrer weniger zu lehren brauchen, die Schüler dennoch mehr lernen"[20]. Er erkennt diesen Weg durch die Beobachtung der Natur und beschreibt ihn als ein Handeln nach denselben Grundsätzen, die die natürlichen Abläufe bestimmen. Sich »naturgemäß«, also in Analogie zu den natürlichen Vorgängen der Entwicklung, zu der geordneten und harmonischen Entfaltung des Lebens, zu verhalten, ist die wichtigste Regel des Lebens, Lehrens und Lernens, zugleich der oberste Grundsatz allen pädagogischen Handelns. Aus ihm entwickelt *Comenius* die "Grundsätze zu sicherem Lehren und Lernen, bei dem der Erfolg nicht ausbleiben kann"[21], Grundsätze, die er in Analogie zu den jahreszeitlichen Vorgängen in der Natur formuliert. Von zentraler Bedeutung ist in diesem Zusammenhang die Feststellung: So wie die Natur alles zu seiner Zeit, eins nach dem anderen, von innen her, vom Allgemeinen zum Besonderen, schrittweise ausführt und vollendet, so sollte auch das Lernen geschehen; denn alles Lernen ist ein Vorgang, der die natürliche Entwicklung nachvollzieht und gezielt nutzt. Entsprechend ist das Lehren als eine Unterstützung des Lernens zu begreifen. Aus dieser Grundannahme lassen sich nun die Praxis des

---

[20] Comenius 1966, S. 9.
[21] ebd., S. 86.

Lehrens bestimmende Regeln ableiten: Das Lernen sollte schon frühzeitig beginnen, auf der notwendigen Vorbereitung des Geistes aufbauen, vom Allgemeinen zum Besonderen, vom Leichten zum Schweren fortschreiten. Stets sollte langsam, den geistigen Fähigkeiten entsprechend und anschaulich gelehrt werden. Alles Lernen soll von einem festen Grund ausgehen. Das zu Unterscheidende soll deutlich voneinander abgehoben, das Neue auf dem Vorhergehenden aufgebaut, Zusammenhängendes verknüpft und fortwährend das Wissen und Können durch Übung gesichert werden.

Solche Regeln sind aus einem obersten Prinzip des Lehrens und Lernens abgeleitet, das sich aus den Gesetzmäßigkeiten ergibt, welche die Vorgänge der Natur steuern. Veranschaulichung, Kindgemäßheit, Erfolgssicherung, Strukturierung - das wären heutige Bezeichnungen für die von *Comenius* empfohlenen Grundsätze des Lehrens und Lernens. Sie werden hier als Beschreibungen vorgegeben, so z.B.: »Die Natur unternimmt alles zu seiner Zeit« oder: »Die Natur macht keinen Sprung, sie geht schrittweise vor«. Die Ableitung von Regeln pädagogischen Handelns aus einem obersten Grundsatz oder auch nur die Angabe derartiger Regeln ist ein in dieser Literatur typisches Verfahren. *Comenius*' Grundsätze eines erfolgreichen Unterrichts ruhen auf dem obersten Prinzip der Naturgemäßheit allen sinnvollen Handelns. Die Natur vermittelt in ihren vielen Erscheinungsformen, wie die Menschen sich verhalten sollen. Sie ist das Exemplum, dem es nachzueifern gilt.

Im 18. Jahrhundert, zur Zeit der Aufklärung, wird die Frage der Erziehung neu gestellt. Pädagogische Schriften der Aufklärer enthalten sowohl zum Unterricht als auch zur Frage der Erziehung eine Fülle von Grundsätzen. Ein besonders anregendes Beispiel ist *Niemeyer*s »Erziehungs- und Unterrichtslehre«. Aufklärungspädagogen wie z.B. *von Rochow* versuchten, diese Grundsätze in Schule und Unterricht direkt über entsprechende Lesebücher wie den »Kinderfreund«[22] umzusetzen. Auch in der Lehrerbildung wurden Grundsätze des Lehrens nun zunehmend wichtig[23]. Wir gehen exempla-

---

[22] Neu herausgegeben von J. Bennack: Friedrich Eberhard von Rochow: Schulbücher. Gesamtausgabe. Köln/Wien 1988.
[23] z.B.: Overberg (1793), 1957

risch auf *Niemeyer*s Darstellung ein.

A. H. Niemeyer: Grundsätze der Erziehung und des Unterrichts

In seiner »Erziehungslehre« (zuerst 1796) diskutieren *Niemeyer* u. a. die Frage, welche allgemeinen Grundsätze die Erziehung bestimmen sollen und wie diese begründet festzusetzen seien. Grundsätze der Erziehung, so eine erste Feststellung, "konnten anfangs nur aus der Erfahrung abgeleitet werden"[24]. Dadurch besteht aber die Gefahr der Zufälligkeit derartiger Grundsätze. Es ist daher notwendig, etwaige Grundsätze der Erziehung und des Unterrichts aus dem »Zweck der Erziehung« abzuleiten. Ausgangspunkt jedes zweckorientierten pädagogischen Handelns muß die Natur des Menschen, muß seine Bildsamkeit sein. Die vorhandenen Anlagen sind zur Vollkommenheit zu entwickeln[25]. Dies geschieht dadurch, daß Anregungen erfolgen, Richtungen gewiesen und Hindernisse möglicher Entwicklungen beseitigt werden. Die höchste Form der Menschennatur, ihre Vollkommenheit, erblickt *Niemeyer* in der "Vernunftfähigkeit", in dem "Vermögen, den Willen durch Freiheit zu bestimmen"[26]. Als obersten, "wahren und erreichbaren"[27] Zweck der Erziehung bezeichnet er deshalb die folgende Norm: "Alle Kräfte des Menschen so zu entwickeln und auszubilden, daß dadurch die letzte Bestimmung des Menschen zur Sittlichkeit am vollkommensten erreicht werde"[28].

Damit ist für *Niemeyer* das »oberste Prinzip aller Erziehung« formuliert. Aus den daraus ableitbaren Prinzipien und Regeln der Erziehung lassen sich später Grundsätze des Unterrichtens gewinnen. Alle Grundsätze sind an dem Prinzip der Entwicklung des Menschen zur Vollkommenheit auszurichten. Die verschiedenen Grundsätze verpflichten den Erzieher/Lehrer, seine Zöglinge so zu beeinflussen, daß die Vollkommenheit ihrer naturgemäßen Anlagen und damit allmählich der Vernunftgebrauch sich in freier

---

[24] Niemeyer 1877, S. 4.

[25] Eine »proportionierliche« oder »harmonische« Ausbildung der Anlagen bzw. Fähigkeiten der Menschen ist das zentrale Anliegen des Bildungsdenkens am Ausgang des 18. Jahrhunderts.

[26] Niemeyer 1877, S. 8.

[27] ebd.

[28] ebd., S. 9. Der Begriff der Sittlichkeit wird hier im Sinne von Moralität verstanden.

Entscheidung bilden. Einheit der Zielsetzung, Ausgewogenheit der Maßnahmen, den natürlichen Anlagen folgende Einwirkung - das sind die Grundlagen der nun für die körperliche und die geistige Bildung aufzustellenden speziellen Regeln. Der damals vertretenen Vermögenspsychologie folgend, nach der Denken, Fühlen, Wollen als drei gesonderte Kräfte des Menschen angesehen wurden, gibt *Niemeyer* Grundsätze der intellektuellen, der aesthetischen und der sittlichen Erziehung vor. Sie sollen im einzelnen "dem Gang der Natur"[29] folgen. Für die intellektuelle Erziehung bedeutet dies die Vorgabe folgender Regeln: von der Anschauung zu Erkenntnissen, von der Aufmerksamkeit zur Einbildungskraft, von der Entwicklung des Gedächtnisses zu Verstandesübungen. Für die aesthetische Erziehung, die für die Entwicklung des sittlichen Wollens von großer Bedeutung ist, leitet *Niemeyer* keine speziellen Regeln ab. Wohl aber gibt er ein Ziel dieser Erziehung an: Aesthetische Erziehung soll die Entwicklung sinnlicher Wahrnehmungen und sympathetischer, moralischer, religiöser und intellektueller Empfindungen fördern. Für die sittliche Erziehung formuliert er Regeln ihrer Durchführung: Sie sei zunächst negative Erziehung, die das Unerwünschte verhindert; danach sei sie Einwirkung durch die Vorgabe fester Regeln, Erziehung durch Zucht und Disziplin und schließlich erreiche sie die Stufe der »unmittelbare(n) Bildung« durch Belehrung, welche die sittlichen Einsichten hervorbringe und damit die Grundlage für ein moralisches Handeln lege.

Niemeyer entwickelt nach diesen Prinzipien der Erziehung didaktische Regeln, um den Unterricht zu verbessern. Als Unterricht bezeichnet er eine systematische Kenntnisvermittlung, die die Erziehung ergänzt und zur Selbstbildung hinführen soll. Allgemeine Grundsätze des Unterrichtens zu beachten, ist sinnvoll, um einen naturgemäßen Stand der Lehrkunst zu erreichen. Regeln des Unterrichtens sind Vorschriften, die durch die Beobachtung der Menschennatur, d.h. aus Erfahrung gewonnen wurden. Sie lauten z.B.:

- Bilde den ganzen Menschen!
- Gehe vom Wissen und Können der Lernenden aus!

[29] ebd., S. 61

- Bilde Denken, Fühlen und Wollen stufenweise aus!
- Schreite vom Leichteren zum Schwereren voran!
- Halte Maß, verweile und arbeite gründlich!
- Erwecke Teilnahme bei den Lernenden!
- Bemühe dich um die Selbstbetätigung deiner Lernenden!
- Verbinde die analytische und die synthetische Lehrweise![30]
- Beschränke den Lehrstoff!
- Beziehe den Lerninhalt auf die Bedürfnisse deiner Schüler!

Hier erkennt man unschwer viele von *Comenius*' Empfehlungen zur Gestaltung eines naturgemäßen Unterrichts wieder. Auch *Pestalozzi*sche Denkformen sind unverkennbar. In anderen Begriffen wird ein Teil dieser Grundsätze heute noch vertreten.

F. A. Diesterwegs Grundsätze des Unterrichtens

Die wohl interessanteste Prinzipienlehre des pädagogischen Handelns im 19. Jahrhundert hat *Diesterweg* in seinem »Wegweiser zur Bildung für deutsche Lehrer« (1989)[31] formuliert. Auf der Suche nach den "allgemeinen Gesetzen und Regeln ..., welche jedem Unterricht zugrunde liegen"[32], untersucht *Diesterweg* die menschliche Natur und die Entwicklung der geistigen Anlagen, um allgemeine didaktische Regeln unter Berücksichtigung der menschlichen Natur und ihrer Entwicklung zu erkennen. Als oberstes Prinzip von Erziehung und Unterricht bezeichnet er den "Grundsatz der Naturgemäßheit"[33]. Dieser Grundsatz geht allen didaktischen Prinzipien voraus. Will man das Ziel, "die Erziehung zur Selbständigkeit durch Selbsttätigkeit"[34] erreichen, dann muß man »naturgemäß« verfahren, ohne jedoch die Bindung an die kulturelle Situation zu vernachlässigen. Alle weiteren Prinzipien, wie z.B. »Unterrichte anschaulich!«, »Berücksichtige die

[30] Als analytische Lehrweise bezeichnete man die sokratische Kunst des Fragens/Entwickelns, als synthetische Lehrweise dagegen die Form des Lehrvortrags. Der Unterricht soll also zwischen vortragender und fragend-entwickelnder Form je nach den Erfordernissen des Lehrinhalts und der vorauszusetzenden Kenntnisse bei den Lernenden variieren.

[31] Das Werk erschien zuerst 1835.

[32] Diesterweg 1989, S. 180.

[33] In dem Aufsatz: »Über das oberste Prinzip der Erziehung« in: Diesterweg 1989, S. 269.

[34] ebd., S. 186

Individualität deiner Schüler!« u.ä. sind diesem obersten Grundsatz nachgeordnete Regeln.

Die verschiedenen Regeln didaktischen Handelns lassen sich nach vier Gesichtspunkten ordnen.
Diesterweg nennt zunächst Aussagen zum Unterrichten, die den Schüler als das Subjekt des Unterrichts betreffen: »Beginne den Unterricht auf dem Standpunkt des Schülers, führe ihn von da aus stetig, ohne Unterbrechung, lückenlos und gründlich fort!«, »Unterrichte anschaulich!«. Diese Regeln betreffen die Gestaltung des Unterrichts unter besonderer Berücksichtigung der Lernvoraussetzungen bei den Schülern.
Ebenso lassen sich Regeln formulieren, die sich stärker auf die fachdidaktische Handhabung des Unterrichtsinhalts als Lernstoff beziehen: »Verteile den Stoff jedes Lehrgegenstandes nach dem Standpunkte und den Entwicklungsgesetzen des Schülers!«, »Verweile vorzüglich bei den Elementen!«. Der Inhalt selbst hat Struktur, besteht aus Teilen, kann von verschiedenen Perspektiven aus thematisiert werden. Der Lehrer soll sich deshalb »nach der Natur des Gegenstandes« richten.

Auch hinsichtlich der äußeren Umstände, unter denen Unterricht stattfindet, lassen sich Regeln formulieren. So sollen Lehrer den wahrscheinlichen, künftigen Stand ihrer Schüler beachten. Sie sollen »kulturgemäß« unterrichten, indem sie Erziehung und Unterricht als ein Handeln unter den Verhältnissen einer geschichtlich-gesellschaftlichen Lebenssituation betrachten. Dieses Prinzip der Kulturgemäßheit ist dem obersten Prinzip der Naturgemäßheit zwar nachgeordnet, dient aber zugleich dazu, überhaupt der Lebenssituation der Aufwachsenden gemäß unterrichten zu können.

Schließlich gelten für die Tätigkeit des Lehrers spezielle Regeln. Er soll den Unterricht anziehend gestalten und mit Kraft unterrichten. In seiner Bildung soll er nie stillstehen. Hier gehen die Grundsätze in Imperative zur Gestaltung einer pädagogischen Situation und eines pädagogischen Lebens über. Sie sind Ermahnungen, die Umsetzung von Erfahrungen mit dem Unterricht.

Diesterwegs Prinzipienlehre enthält eine Fülle eindeutiger Handlungsanweisungen, die aus dem obersten Grundsatz eines »naturgemäßen Handelns« unter Bezug auf die didaktische Situation abgeleitet sind. In diesem Sinne zeigt sich bald die Notwendigkeit, in Prinzipienpolaritäten zu denken. Dies soll an der Polarität von Natur und Kultur verdeutlicht werden. Wer »naturgemäß« unterrichtet, muß auch »kulturgemäß« handeln. Die Natur des Menschen erweist sich als Ergebnis einer geschichtlich-gesellschaftlichen Lebenssituation. Insofern ist die Annahme eines obersten Prinzips »Naturgemäßheit« nur möglich unter Bezug auf die »Kulturgemäßheit« allen pädagogischen Handelns.

Als Beispiel einer Seminarpädagogik - Ostermann/Wegener: Bedingungen eines geistbildenden Unterrichtsverfahrens

Mit dem Auf- und Ausbau der Lehrerbildungsseminare im 19. Jahrhundert entsteht eine Form »schulpädagogischer« Lehrbücher, die hier als »Seminarpädagogik« bezeichnet werden soll[35]. In Lehrbüchern dieser Art werden den Seminaristen vor allem eine Lehre vom Unterricht, manchmal auch eine knappe Psychologie und Geschichte der Pädagogik sowie eine Theorie der Schule vermittelt. Die Frage von Prinzipien des Unterrichts wird in dieser Literatur unter verschiedenen Begriffen angesprochen. In dem herangezogenen Lehrbuch von *Ostermann/Wegener* (1897) werden Prinzipien als Bedingungen des didaktischen Handelns bezeichnet. Die Autoren verstehen sich noch in der Tradition der aufklärerischen Anweisungspädagogik und nennen als obersten Grundsatz den eines naturgemäßen Vorgehens. Damit meinen sie die Notwendigkeit, sich an den natürlichen Lernvoraussetzungen der Schüler zu orientieren[36]. Die angeführten Grundsätze eines »naturgemäßen« Unterrichts lesen sich wie eine Verkürzung von *Diesterwegs* Forderungen. Der Unterricht berücksichtige den jeweiligen Bildungsstandpunkt des Kindes, errege das Interesse der Schüler, lasse die Schüler möglichst selbsttätig sein und verlaufe anschaulich. Dabei zeigt sich deutlich, wie sehr diese Grundsätze der herbartianischen Lernpsychologie verhaftet und

---

[35] vgl. Apel 1990, Kap. 3.

[36] Dieser Begriff der »Natur« scheint hier allerdings zu vordergründig verwendet zu werden; übersehen wird nämlich die Bindung der »Naturgemäßheit« an kulturelle Situationen.

angepaßt sind. »Alles Begriffliche des Unterrichts werde elementarisch entwickelt!« - dieses Prinzip steht für die Assoziationspsychologie und für die Lenkung des Lernprozesses durch Lehrende. Auch die »Selbsttätigkeit« ist nicht als Eigentätigkeit, sondern als nachvollziehende geistige Tätigkeit, als reproduktive Selbsttätigkeit, zu verstehen. So erweisen sich diese Prinzipien als Ausdruck einer herbartianischen Didaktik[37] zur Grundlegung des Unterrichts.

Reformpädagogische Neuorientierung

Um 1900 entstand aus der Kulturkritik und im Kontext gesellschaftlicher Emanzipationsbewegungen sowie wissenschaftlichen Fortschritts eine pädagogische Neuorientierung, die den Anspruch des Individuums auf Selbstentfaltung auf neuartige Weise zu verwirklichen suchte. Erziehung sollte nun durch das Erlebnis, durch selbsttätige Lernformen und durch die Erfahrung gemeinschaftlicher Lebensformen erfolgen. Im Mittelpunkt des Unterrichts sollte die Orientierung am Kind/Jugendlichen, an seinen Lebensbedürfnissen in der Welt stehen. Die Aktivität der Lernenden, ihre weitgehend selbstbestimmte Selbsttätigkeit, sollte ein zentraler Grundsatz von Erziehung und Unterricht sein.

Aus der Kritik an der herbartianischen Didaktik und an der Unterrichtspraxis der vorherrschenden »Buchschule« ohne Bezug zum Leben wurde eine andere Akzentuierung der Prinzipien pädagogischen Handelns wichtig. Lehren und Lernen sollten sich nun stärker an den Voraussetzungen und Interessen der Kinder und Jugendlichen orientieren. Unterrichtliches Lernen sollte von der Aktivität der Schüler ausgehen, diese zumindest in stärkerem Ausmaß einbeziehen. Der Unterricht sollte lebensnah in sozialen Lernformen erfolgen. An die Stelle der traditionellen »Buch- und Paukschule« sollte eine Institution treten, in der »Arbeit, Gespräch, Spiel und Feier« als Grundformen der Bildung praktiziert würden. *Scheibner*, ein Vertreter der Arbeitsschulpädagogik, betonte als Schüler *Gaudig*s vor allem das Prinzip der »Freitätigkeit«. Damit war gemeint, daß die »Schulklasse als Arbeitsge-

[37] Zum Herbartianismus vgl. Schwenk 1963.

meinschaft« durch die Übernahme von Arbeitsaufgaben in Selbsttätigkeit und schöpferisch in eigener Verantwortung, aber unter Anleitung des Lehrers ein Produkt herstellt. Sie sollte neben der herkömmlichen Art des schulischen Lernens nach dem Grundsatz der Selbsttätigkeit lernen[38]. Arbeit und Erlebnis bildeten für *Gaudig* die »Grundprinzipien« des Schullebens. "Zwischen Arbeit und Erleben besteht ein Spannungsverhältnis"[39], weil sich Lernarbeit und Bildung nur durch beide Formen des täglichen Lebens in der Schule realisieren lassen. Schule sollte deshalb zu einem Ort sozialen Lernens werden, zu einer Lebensgemeinschaftsschule, in der Leben und Lernen miteinander verbunden werden. Didaktische Grundsätze mußten nun von der Selbsttätigkeit, der Selbständigkeit, dem Gruppenhandeln, den freien Lernformen als zentralen Merkmalen eines schulischen Lernens ausgehen. Das neue Verständnis des Lernvorgangs machte auch eine Formulierung anderer Grundsätze didaktischen Handelns notwendig.

Didaktische Prinzipien als Bestandteil der Unterrichtslehre

In der Schulwirklichkeit wurden überlieferte und reformpädagogische Prinzipien unterschiedlich, z.T. miteinander verbunden, angewandt. Auch in der Literatur zur Unterrichtstheorie und -lehre finden sich verschiedene Kataloge möglicher Prinzipien[40]. Ein gutes Beispiel dafür, wie die Prinzipien des Lehrens als »Unterrichtsgrundsätze« in die Lehre vom Unterricht integriert werden können, gibt *Stöcker* in seiner verbreiteten »Neuzeitlichen Unterrichtsgestaltung«. *Stöcker* versteht Prinzipien als Richtlinien, nicht als Vorschriften des Lehrens. Fünf allgemeine Prinzipien hält er im Rahmen einer zeitgemäßen Unterrichtslehre für unverzichtbar: das Prinzip der Kindgemäßheit, das der Veranschaulichung, das der Schüleraktivität, das der Lebensnähe und das der Erfolgssicherung. Jedes Prinzip läßt sich in einen

---

[38] Daß sich Scheibner ausdrücklich gegen »falsche Propheten« und "eine Irrlehre der Freitätigkeit" (1930. S. 5) wendet, wird zu wenig gesehen. Er spricht im Rahmen seiner Darstellung der »Freien geistigen Schularbeit« von einem "verhängnisvollen Aberglauben, der da meint, es vermöge das Kind einzig aus eigener Kraft sich der Kulturgüter zu bemächtigen und an ihnen sich selbst zur lebenstüchtigen Persönlichkeit zu entfalten, so daß es nicht nur überflüssig, sondern sogar schädlich wäre, wenn der Lehrer in die natürliche Selbstentwicklung irgendwie eingreife" (ebd.).

[39] Gaudig 1917, S. 180.

[40] Zwei Beispiele: Geißler 1981, Kap. 3.5 und für die DDR-Pädagogik Drews (Hrsg.) 1976. Für die DDR-Pädagogik hatte die Prinzipienfrage eine erheblich größere Bedeutung als für die didaktische Diskussion in der Bundesrepublik. Dies hängt mit dem Versuch zusammen, über Prinzipien pädagogischer Führung sowohl den Lehr-Lern-Prozeß als auch das Lehrerhandeln in diesem Prozeß umfassend zu kontrollieren.

entsprechenden Imperativ fassen: »Unterrichte kind- und stufengemäß!«, »Unterrichte anschaulich!«, »Trage der Schüleraktivität Rechnung!«, »Unterrichte lebensnah!«, »Sichere deine Unterrichtsergebnisse! Denk an die Leistung, nicht nur an das Erlebnis!«. Diese Grundsätze sollen das Lehren bestimmen, damit erfolgreich gelernt werden kann.

Daneben sieht *Stöcker* auch übergreifende Prinzipien didaktischen Handelns, die das Lernen und Leben in der Schule bestimmen. Er spricht von Grundsätzen, die schwerpunktartig einen bestimmten Aspekt der Zielorientierung hervorheben wie das Ganzheitsprinzip, das Erlebnisprinzip, das Sozial- und Gemeinschaftsprinzip und das Heimatprinzip. Diese Grundsätze sollen im Unterricht nach Bedarf hervorgehoben werden.

Die kurze Darstellung einiger historischer Positionen sollte verdeutlichen, daß Grundsätze pädagogischen Handelns immer schon zur Sinngebung der pädagogischen und der didaktischen Tätigkeit gesucht wurden. Dabei wurden unterschiedliche Voraussetzungen für die Formulierung von Prinzipien angenommen. Vielfach wurde an Vorgänge der Natur als Analogien für eine erwünschte menschliche Entwicklung angeknüpft, um Grundsätze für die Unterrichtung der Person zu formulieren. Diese natürlichen Systeme enthalten aber einen Mangel: Sie berücksichtigen nicht die geschichtlich-gesellschaftliche Einbindung allen menschlichen Lebens und sind deshalb "mit falschem Anspruch auf Allgemeingültigkeit auftretende Theorie(n)"[41]. Daß sich ein Prinzip des pädagogischen Handelns in der Struktur dieses Handelns selbst finden müsse, war *Schleiermacher*s Gedanke in seinen pädagogischen Vorlesungen. Er entwickelte den Grundsatz, daß die Gegenwart nicht den zukünftigen, allenfalls ungenau vorhersehbaren Möglichkeiten der Schüler aufgeopfert werden dürfe, sondern nur als erfüllte Gegenwart pädagogischen Zwecken dienen könne. Positiv gewendet, bedeutet das, daß alle Erziehung, aller Unterricht als ein Handeln in gegenwärtigen Verhältnissen seinen Sinn gewinnt und daß jede Vorbereitung zukünftigen Handelns darin besteht, in der Gegenwart verständiges Handeln zu üben. Damit ist ein oberstes Prinzip erzieherischen und didaktischen Handelns eingeführt,

---

[41] Dilthey (1888) 1961, S. 9.

die erfüllte Gegenwart im Unterricht, auf der die Entwicklung der individuellen Fähigkeiten aufbaut. Die gegenwärtig diskutierten Prinzipien sind daran zu messen, inwiefern sie dies zulassen. Gehen wir aber zunächst noch auf die Prinzipiendiskussion in der ehemaligen DDR-Pädagogik ein.

2. Didaktische Prinzipien als Grundsätze unterrichtlichen Handelns in der DDR-Pädagogik

Für die wissenschaftliche Diskussion innerhalb der DDR-Pädagogik scheint die Erörterung der Prinzipien didaktischen Handelns von erheblich höherer Bedeutung gewesen zu sein als für die pädagogische Diskussion in den alten Bundesländern. Bedenkt man, daß Veröffentlichungen in der DDR immer den Charakter öffentlich zugelassener Lehrmeinungen hatten, was in der Bundesrepublik nie der Fall war, dann kann man von dem Sammelband ausgehen, den *Drews* 1976 über »Didaktische Prinzipien« zusammen mit einem Kollektiv weiterer Autoren herausgab und in dem sich die offizielle Lehrmeinung zur Prinzipienfrage ausdrückt[42].

An den Beiträgen über didaktische Prinzipien fällt das Bemühen um klare Begrifflichkeit als erstes auf. Als Prinzip wird "ein Kriterium für das Handeln des Menschen in Entscheidungssituationen"[43] bezeichnet. Prinzipien sind also Grundsätze, die das Beurteilen verschiedener Alternativen erleichtern sollen. *Klingbergs* Definition: "Didaktische Prinzipien sind allgemeine Grundsätze der inhaltlichen und organisatorisch-methodischen Gestaltung des Unterrichts, die aus den Zielen und den objektiv wirkenden Gesetzmäßigkeiten des Unterrichts abgeleitet werden"[44], drückt denselben Sachverhalt nur etwas anders aus. Allerdings bereitet hier die behauptete Deduktion der Grundsätze aus Zielen und objektiven Gesetzmäßigkeiten des Unter-

---

[42] Wichtig sind ebenfalls: Klein 1960 und Klingbergs "Allgemeine Didaktik"(o.J. /1971), die die übliche Lehrmeinung über Prinzipien in einem gesonderten Kapitel enthält.
[43] Klein in: Drews 1976, S. 19.
[44] o.J. S. 251. Hier bleibt zu fragen, warum der Begriff »Gesetzmäßigkeiten« noch durch die Beifügung »objektiv wirkende« ergänzt werden muß.

richts Verständnisschwierigkeiten.

Didaktischen Prinzipien lassen sich Regeln zuordnen, zu dem Prinzip der Veranschaulichung z.B. die Regel: »Unterrichte anschaulich!« Regeln sind verbindliche Vorschriften, Interpretationen eines Prinzips. Sie "erläutern die Anwendungen des Prinzips auf bestimmte Seiten, Inhalte und Erscheinungen des Unterrichts"[45]. Die Regeln erweisen sich bei näherem Hinschauen als die subtilen Steuerungselemente des Unterrichts, wobei sehr vernünftige, auf den Lernprozeß direkt beziehbare Regeln und Anleitungen mit weltanschaulich gebundenen Regeln verbunden werden. So entsteht ein umfangreiches Netz didaktischer Vorschriften. Die Regeln folgen aus den Prinzipien. Woraus aber folgen die Prinzipien? In der DDR-Pädagogik galt, daß ein oberstes Leitprinzip allen Prinzipien des Unterrichtens und Erziehens vorausgehen müsse. Dieses müsse weltanschaulich begründet sein. Aus ihm wurden dann die weiteren Prinzipien der Führung des Unterrichts entwickelt.

Didaktische Prinzipien sind Grundsätze zur Führung des Unterrichts[46].

Für die Prinzipienlehre der DDR-Pädagogik ist typisch, daß die Führung des Unterrichts durch die Lehrenden vor allen anderen Überlegungen zum schulischen Lernen absolute Priorität hatte. "Der Lehrer, seine eigene Tätigkeit, sein Verhalten sind von ausschlaggebender Bedeutung für den Erfolg des Unterrichts!"[47]. Dieser Satz wird ideologisch verwendet. Der weltanschaulich geprägte Wunsch nach der weitgehenden Lenkung der Menschen machte auch die strenge Führung in der Schule notwendig. Diesem Anspruch wurden die Erkenntnisse der Lernforschung über die Bedeutung von Lerneingangsvoraussetzungen für den Lernerfolg zugeordnet. Niemand bestreitet die Bedeutung des Lehrerverhaltens für etwa das Imitationslernen und für die Bereitschaft, sich in einer Lehr-Lern-Situation anzustrengen. Aber hier dominierte ein politisches Führungsprinzip vor der not-

---

[45] Klein in Drews 1976, S. 33.
[46] Die strenge Verbindung zwischen Erziehen und Unterrichten in der DDR-Pädagogik, wie sie durchgängig im »Lehrplanwerk« deutlich wird, führt zu einer Verbindung von pädagogischen und didaktischen Prinzipien.
[47] Drews 1976, S. 170.

wendigen Analyse der pädagogischen Situation. Unterrichten war versuchte Führung zu dem Ziel der »allseitig entwickelten sozialistischen Persönlichkeit«. Der Führungsbegriff hat Tradition: Reformpädagogen wie z.B. *Petersen*, der durch die »Führung des Unterrichts« individuelle Fähigkeiten in und durch soziale Gemeinschaft entwickeln wollte. Im Zusammenhang der DDR-Pädagogik betrifft Führung - soweit dies aus Texten rekonstruiert werden kann - jedoch immer die dirigistische Leitung des Lernprozesses durch Lehrende im Blick auf die Entwicklung einer sozialistischen Persönlichkeit. Zielerreichung, Lerninhalt, Methoden, Medien, Schüleraktivierung und Beeinflussung sowie die Nutzung des Klassenkollektivs sind darauf abgestellt, keine andere Form der Individualität zu fördern. Führung ist kein pädagogischer, sondern ein politischer Begriff, was an einigen Stellen durch den eindeutigen Bezug auf den klassenspezifischen Bildungsauftrag der Schule zum Ausdruck kommt.

Alle Entscheidungen zur Führung des Individuums im Klassenkollektiv sind - wie bereits angesprochen - aufgrund eines obersten Leitprinzips zu treffen. Sie sind also an folgendem Maßstab zu orientieren: »Einheit von Wissenschaftlichkeit, Parteilichkeit und Lebensverbundenheit«. Dieses oberste Prinzip markiert den Anspruch, junge Menschen ausschließlich im Sinne der herrschenden Ideologie zu »sozialistischen Persönlichkeiten« zu sozialisieren. Im Denkgebäude der didaktischen Prinzipien stellt das Leitprinzip das unbedingte Allgemeine dar, aus dem sich das Besondere, also die verschiedenen, zur Unterrichtsführung notwendigen Prinzipien ableiten lassen sollen. Das ist allerdings höchst fraglich. Betrachten wir einmal die Zusammenstellung der von *Thiem*[48] aufgeführten Prinzipien: Einige wie z.B. das Prinzip der Systematik des Unterrichts, das der Verbindung von Theorie und Praxis, das der Einheit von Konkretem und Abstraktem lassen sich vielleicht aus dem obersten Leitprinzip ableiten. Die anderen ergeben sich aber offenbar aus Erfahrungen oder aus Erkenntnissen der Lehr-Lern-Forschung oder der Unterrichtspraxis, die z.B. von *Klein* mit dem Hinweis auf

[48] In Drews 1976.

das Prinzip von Einheitlichkeit und Differenzierung zitiert wird[49]. Damit wird an dieser Stelle etwas anderes, nämlich die eigentliche Funktion dieser Prinzipien und damit auch ihre gesellschaftliche Bedeutung erkennbar:

Die didaktischen Prinzipien dienen vorrangig der politischen Erziehung durch Kontrolle und Anleitung.

Im Zentrum steht die Entwicklung der sozialistischen Persönlichkeit. Unaufhörlich wird bei der Darstellung der Prinzipien der Klassenstandpunkt der Erziehung betont, ohne auch nur mit einem Wort auf das Eigenrecht des Kindes, auf seinen Anspruch an eine erfüllte Gegenwart einzugehen. Die Gesellschaft stülpt ihre Denkungsart durch die Integration in das Klassenkollektiv und durch die begleitenden Sozialisierungsmaßnahmen über das Individuum. Man kann das auch so ausdrücken: "Die sozialistische Gesellschaft erhöht systematisch die Autorität des Lehrers und verstärkt seine Rolle bei der Erziehung der jungen Generation". Es gibt "bei den Schülern notwendig auszulösende Tätigkeiten"[50] - eine sicher richtige Feststellung, wenn es sich etwa um die Erzeugung von Aufmerksamkeit im Unterricht handelt, problematisch aber dann, wenn damit einseitige politische Zielorientierungen gemeint sind. Die Schule soll primär als eine Institution politischer Sozialisation funktionieren; erst wenn dies gesichert ist, stellt sich die Frage nach der Individualität in der Kollektivität.

Die didaktischen Prinzipien, welche die Person des Lehrers betreffen, wirken als Praktiken der Überwachung.

Es fällt nicht schwer, das bei *Drews* als letzten Punkt herausgestellte "Prinzip der Sicherung eines unserer Gesellschaft gemäßen Auftretens und Verhaltens des Lehrers"[51] als die Grundlage für eine politische Kontrolle des Lehrers zu erkennen. Ohne Zweifel sind einige der genannten Regeln für

---

[49] Es ist "damit zu rechnen, daß gleichaltrige Schüler als Ergebnis ihres gesamten Entwicklungsprozesses sowohl in hohem Maße einheitliche Persönlichkeitseigenschaften ausprägen als auch große individuelle Unterschiede aufweisen. Beides ist gesetzmäßig". (1976, S. 23)
[50] Stolerow n. Drews 1976, S. 170.
[51] Drews 1976, S. 221.

die Erteilung eines schüler- und gesellschaftsorientierten Unterrichts sinnvoll und wichtig, so z.B.: »Arbeite stets an dir selbst!«, »Vervollständige ständig dein methodisches Können, erteile einen methodisch vielseitigen Unterricht!«, »Sei konsequent und gerecht; sei deinen Schülern jederzeit ein Vorbild!«. Solche Regeln kann jeder Pädagoge, dem die Entwicklung seiner Schüler am Herzen liegt, unterschreiben. Hier gelten sie aber nur in Verbindung mit zwei anderen Regeln: »Bringe jederzeit deinen Klassenstandpunkt durch parteiliches Auftreten zum Ausdruck!« und »Realisiere deine Führungsfunktionen möglichst vollkommen und in ihrer Einheit!«. An der Verwirklichung dieser Forderungen ist der »verdiente Lehrer des Volkes« ebenso wie der »unverdiente«, politisch unerwünschte Lehrer zu erkennen. Mit solchen Anweisungen wird der Lehrer kontrollierbar. Der pädagogische Prozeß wird durch die Praxis dieser Grundsätze zur politischen Indoktrination.

3. Didaktische Prinzipien - Grundsätze unterrichtlichen Handelns

In Unterrichtslehren sowie Bildungs- und Lehrplänen der Nachkriegszeit erschienen didaktische Prinzipien als selbstverständliche Orientierungspunkte des Unterrichtens. Das änderte sich in den 60er Jahren. Mit der Bildungsreform setzte eine Verwissenschaftlichung des pädagogischen Denkens, der Lehrplanentwicklung und der Lehrerbildung in der Bundesrepublik ein. Dies bedeutete einen Verzicht auf die Weiterentwicklung von Unterrichtslehren, an deren Stelle die Diskussion didaktischer Theorien trat. Damit wurde auch die Frage der Prinzipien didaktischen Handelns zurückgestellt. Einen Schwerpunkt pädagogischer Diskussion bildeten lange Zeit wissenschaftstheoretische Fragen, die auch als Auseinandersetzung über didaktische Theorien geführt wurden. In der Methodik wurde vor allem um Vor- oder Nachteile offener und/oder geschlossener Lehr-Lern-Formen gestritten, um projektorientiertes Lernen und offene Schulen. Parallel zu dieser Neuorientierung erfolgte ein erheblicher Eingriff in die bestehende Schullandschaft. Ausdruck der Ende der 60er Jahre einsetzenden Bildungsreform war der Auf- und Ausbau von Gesamtschulen sowie das neue Bildungsverhalten der Bevölkerung. Gleichzeitig zwang diese Entwicklung auch die traditionellen weiterführenden Schulen zu einer einschneidenden Neuorientierung.

Über Prinzipien des Unterrichtens wurde in dieser Phase der Reformorientierung und Reformdiskussion nur am Rande nachgedacht. Sie wurden mittlerweile als unzulässige Vereinfachungen der von *Heimann* herausgestellten Faktorenkomplexion des Unterrichts angesehen. Prinzipien didaktischen Handelns wurden als Grundsätze eines Handelns angesehen, das sich an einer klaren Vorstellung schulischen Lernens orientierte. Dies war sicher eine richtige, wenn auch einseitige Entwicklung, weil die Wertorientierung pädagogischen Handelns damit unzureichend berücksichtigt wurde.

Nur wenige Veröffentlichungen zur Frage didaktischer Prinzipien liegen nach 1970 vor[52]. Die Anfang der 70er Jahre von *Brunnhuber* zusammengestellten didaktischen Prinzipien - Zielorientierung - Motivierung - Strukturierung - Aktivierung - Angemessenheit - Leistungssicherung/Kontrolle-, erinnern an *Roths*[53] Stufenfolge unterrichtlichen Lernens. *Roth* präzisierte in seiner »Pädagogischen Psychologie des Lehrens und Lernens« die traditionelle Artikulation des Unterrichts. Im Anschluß an lernpsychologische Einsichten benannte er sechs Stufen des unterrichtlichen Lernprozesses: (1) Stufe der Motivation, (2) Stufe der Schwierigkeit, (3) Stufe der Lösung, (4) Stufe des Tuns und Ausführens, (5) Stufe des Behaltens und Einübens, (6) Stufe des Bereitstellens, Übertragens und der Integration. Dies bedeutete eine deskriptive Erweiterung der tradierten Lernstufen, die mit der einfachen Form des Vormachens - Nachmachens beginnen. Die Verwendung des Begriffs »Stufe« verweist auf *Roths* Absicht, jeweils von einem Fortschritt, teilweise sogar von einem qualitativen Sprung zwischen einzelnen Stufen zu sprechen.

---

[52] Neben Brunnhubers Beitrag ist besonders auf Kopps »Prinzipienlehre« (1973), die Prinzipienzusammenstellung bei Geißler (1981) und bei Glöckel (1990) zu verweisen. Meyer bezeichnet sie als "zusammenfassende Chiffren für die besondere Akzentsetzung eines bestimmten Unterrichtskonzepts" (1987, I, S. 210), betont also mit den Unterrichtskonzepten übergreifende didaktische Zusammenhänge. Sein zentrales Prinzip pädagogischen Handelns kann mit dem »Slogan« »Handlungsorientierter Unterricht« umrissen werden.

[53] Roth 1970

Die von *Brunnhuber* eingeführten Prinzipien lassen sich in didaktische Handlungsformen umsetzen, durch die das Lernen in diesem gestuften Prozeß direkt beeinflußt werden soll. Eine genaue Zuordnung[54] der Prinzipien zu den Lernstufen ist allerdings schwierig, weil die genannten Grundsätze an verschiedenen Stellen immer wieder neu zu aktualisieren sind. Wie stark bestimmte Prinzipien des pädagogischen Handelns jeweils zu betonen sind, hängt von den Lernvoraussetzungen der Schüler ab. Zielorientierung und Strukturierung sollen zunächst am Anfang motivierend wirken. Sie müssen aber auch den gesamten Lernprozeß durchziehen. Die Aktivierung sollte durch die Aufgabenstellung erfolgen, muß aber immer wieder durch Anregungen, Erfolge, Aufmunterungen verstärkt werden. Die Leistungssicherung erfolgt auf den Stufen vier bis sechs durch verschiedene Formen der Übung und Anwendung. In diesem Zusammenhang erscheint das Prinzip der Passung wie eine vorangehende Bedingung schulischen Lernens. Wie soll eine Aufgabe, die nicht den Lernfähigkeiten der Lernenden entspricht, motivieren, aktivieren, Erfolg vermitteln und dadurch Leistungsbereitschaft stärken? So bilden die Prinzipien eine Erläuterung des schulischen Lernprozesses. Erstaunlich ist allerdings, daß bei *Brunnhuber* die Prinzipien der Veranschaulichung und der Differenzierung nicht genannt werden. Veranschaulichung ist ein wesentliches Moment des Lernprozesses, auch wenn nicht ausschließlich nach diesem Grundsatz unterrichtet werden darf. Ebenso ist die Differenzierung nach kognitiven, affektiven und pragmatischen Lernfähigkeiten unverzichtbar, weil die Beachtung der unterschiedlichen Lernvoraussetzungen bei den Schülern eine zentrale Grundlage des Lernerfolgs ist[55].

An diesem Beispiel wird die Problematik didaktischer Prinzipienlehren erkennbar. Wo finden sich Begründungen für die Auswahl bestimmter Prinzipien und für den Verzicht auf andere? Ein Kriterium möglicher Entscheidungen ergibt sich, wenn man die didaktischen Prinzipien als Mittel der Lernprozeßförderung betrachtet. Dies kann aber nur der eine Bezugspunkt sein, sollen die Prinzipien nicht als technologische Mittel betrachtet wer-

---

[54] Brunnhuber selbst ordnet die Zielorientierung der Lernplanung, Motivierung, Strukturierung, Aktivierung, Angemessenheit dem Wie des Lernprozesses und die Leistungskontrolle der Ergebnisprüfung zu.

[55] vgl. hierzu etwa die Diskussion der Modelle schulischen Lernens bei Harnischfeger/Wiley (1977).

den. Sie sind deshalb auch im Kontext übergreifender pädagogischer Prinzipien zu verstehen, die sich auf die besondere Struktur der Erziehungssituation beziehen. Pädagogische Situationen in Schule und Unterricht erfordern grundsätzlich eine doppelte Orientierung des Handelns: In ihnen ist das Erwünschte zu unterstützen, dem Unerwünschten entgegenzuwirken; in didaktischen Entscheidungen soll der Sachanspruch mit dem Anspruch der Lernenden auf die Verwirklichung eigener Fähigkeiten vermittelt werden. »Unterstützen und Gegenwirken« (*Schleiermacher*), Freiheit und Bindung, Sach- und Schüleranspruch sind drei prinzipielle Polaritäten, die die Möglichkeiten pädagogischen Handelns eingrenzen. Dies berücksichtigend, lassen sich in Orientierung am Prozeß schulischen Lernens folgende Prinzipien des Unterrichtens festhalten: Motivierung, Aktivierung, Strukturierung, Veranschaulichung, Differenzierung, Übung/Erfolgssicherung. Ihnen wird in diesem Buch noch das Prinzip der Kreativitätsförderung hinzugefügt.

Zwei Punkte bleiben abschließend noch genauer zu diskutieren:

(1) Didaktische Prinzipien sind als Orientierungspunkte unterrichtlichen Handelns dem Lehr-Lern-Prozeß zuzuordnen.

(2) Die Polarität der Prinzipien und die durchgängige Dialektik didaktischen Handelns sind Grundzüge pädagogischer Situationen.

3.1 Didaktische Prinzipien sind dem Lehr-Lern-Prozeß zuzuordnen.

Als Lehr-Lern-Prozeß soll ein Unterricht verstanden werden, der durch Darbietung oder Besprechung eines Sachverhalts, durch Aufgabenstellungen, durch Lehrer- und Schüleraktivität bestimmt ist. Diese Form veranstalteten Lernens in einer Institution ist an Anregungen und Vorgaben gebunden und untersteht mehr oder weniger ausgeprägter Lenkung. Lehrende berichten, erzählen, stellen dar, machen vor, veranschaulichen mit Medien, fragen, besprechen, stellen Arbeitsmittel bereit, leiten zur Durchführung von Versuchen an, erarbeiten schriftliche Darstellungen mit den Schülern. Sie lassen gestalten, musizieren und sportliche Übungen trainieren. Lernende übernehmen, verarbeiten, eignen sich selbsttätig Sachverhalte an, entdecken Zusammenhänge, üben Bewegungsabläufe, drücken eigene Absichten aus. Immer führt das Lernen entweder zum Erwerb neuer Verhaltensweisen oder bewirkt einen Prozeß interner Informationsverarbeitung, der zu Wissen oder Einsicht führt[56]. Lernen bedeutet somit die Verarbeitung von Aufgaben oder die Bewältigung sozialer Situationen, die häufig von der Anschauung zu begrifflicher Systematik führen soll. Lehren bedeutet, Sachverhalte in den Erfahrungshorizont der Lernenden zu bringen, offene oder geschlossene Lernsituationen mit verschiedenen Mitteln zu gestalten. Lernen besteht dann darin, die Anforderungen und Informationen aufzunehmen und mehr oder weniger selbständig zu begrifflichen Systemen zu verarbeiten. Damit sollen Kenntnisse und Erkenntnisse erreicht werden, die Grundlage für verständige Urteile in Situationen unserer geschichtlich-gesellschaftlichen Lebenswelt. Bei diesem Prozeß sind pädagogische Zielsetzungen und die Strukturierung der Lerninhalte wichtig. Auf sie und auf die Lernvoraussetzungen der Lernenden ist die Entscheidung für die Anwendung bestimmter pädagogischer Prinzipien zu beziehen. Erst dann macht es Sinn, sich für den Grundsatz der Veranschaulichung oder für den der Abstraktion, für den der Individuation oder den des sozialen Lernens zu entscheiden. Die Prinzipien didaktischen Handelns sind also Orientierungen, deren Bedeutung für die jeweilige Lehr-Lern-Situation immer wieder neu aufgrund lerntheoretischer Einsichten und aus pädagogischer Verantwortung festgestellt werden muß. Es gibt keine allgemeingültigen Prinzipien, die in jeder Lehr-Lern-Situation ohne Berücksichtigung der besonderen Bedingungen anzuwenden sind.

Daneben bleibt aber zu bedenken, daß während des Lehrens immer solche Grundsätze angewandt werden müssen, die den Lernprozeß fördern können, so z.B. die anregende Motivierung, die Strukturierung und Differenzierung, die Übung und Ergebnissicherung. Diese Grundsätze ergeben sich aus dem Vorgang des Lernens, sind aber in ihrer Wirksamkeit an die Voraussetzungen der Lernenden gebunden. Schüler mit erheblichem Vorwissen

[56] vgl. die Darstellung der möglichen Formen schulischen Lernens bei Gage/Berliner (1986). Die Autoren unterscheiden für den schulischen Bereich Lernen als Verhaltensänderung (vor allem) aufgrund operanter Konditionierung und Modellernen sowie Lernen als interne Informationsverarbeitung.

und ausgeprägter kognitiver Orientierung werden weniger Veranschaulichung benötigen als andere mit ungünstigeren Eingangsvoraussetzungen. Schüler mit hoher Erfolgsquote in Mathematik werden leichter für die weitere Arbeit an Mathematikaufgaben zu motivieren sein als solche mit dauernden Mißerfolgen.

Ergänzend ist eine weitere Unterscheidung notwendig, die sich aus dem Gegensatz von Planung und Handlung ergibt. Didaktische Prinzipien sind in Planungs- und Handlungsprinzipien zu unterscheiden. Erstere bestimmen die Planung als Verfahren, letztere werden in diesem Verfahren zur Gestaltung der geplanten didaktischen Situation herangezogen. *Schulz* hat in seinem Beitrag »Unterricht - Analyse und Planung« drei Planungsprinzpien herausgearbeitet, die in engem Zusammenhang mit dem von ihm damals vertretenen Unterrichtsmodell zu sehen sind: Interdependenz, Variabilität und Kontrollierbarkeit. Das Prinzip der Interdependenz bezeichnet den Sachverhalt, daß zwischen den einzelnen "Planungsmomenten" eine "widerspruchsfreie Wechselwirkung"[57] bestehen muß. So muß das Moment der Selbständigkeit der Lernenden bei der Planung eines Klassenausflugs in einer neunten Jahrgangsstufe dazu führen, daß die Planung weitgehend von den Schülern selbst durchgeführt wird. Zwischen pädagogischer Absicht und methodischen Entscheidungen müssen Übereinstimmungen bestehen. Das Prinzip der Variabilität besagt, daß Unterrichtspläne offen für Mitgestaltung durch die Lernenden, aber auch offen für situativ erforderliche Änderungen angelegt werden sollen. Das Prinzip der Kontrollierbarkeit schließlich bezieht sich auf die Überprüfung des didaktischen Entwurfs, der durch den Vergleich mit der Wirklichkeit auf seine Wirklichkeitsnähe kontrolliert werden soll. Diese Prinzipien sollen die weitere Struktur- und Verlaufsplanung bestimmen[58].

---

[57] Schulz 1965, S. 45.

[58] Peterßen (1982) hat in seinem Handbuch der Unterrichtsplanung fünf Grundsätze der Unterrichtsplanung vorgeschlagen: Kontinuität, Reversibilität, Eindeutigkeit, Widerspruchsfreiheit, Angemessenheit. Da Kontinuität/Reversibilität ebenso wie Eindeutigkeit/Widerspruchsfreiheit als Gegensatzpaare je einen Sachverhalt unter zwei Perspektiven darstellen, bleiben eigentlich nur drei Prinzipien, von denen das der Angemessenheit eine Selbstverständlichkeit ist.

3.2 Die Prinzipienpolarität ist ein Merkmal pädagogischer Situationen

Prinzipien des didaktischen Handelns wurden aus Erfahrungen entwickelt, die in ihrem situativen Kontext durchaus wirksam gewesen sein können. Alle didaktischen Einzelprinzipien wie z.B. das der Individualisierung, der Sozialisierung, der Entwicklungsgemäßheit, der Leistungsforderung, der Veranschaulichung, der Abstraktion, der Disziplinierung, der Freiheit "verharmlosen die tatsächliche Unterrichtsstruktur"[59]. Die gerade vorgegebene Ordnung verweist auf eine Polarität von Prinzipienpaaren, die "einerseits in Beziehung zueinander stehen, andererseits jedoch, würden diese Prinzipien befolgt, einander ausschließen würden"[60]. Dies läßt sich leicht belegen: "Ein extrem individualisierender Unterricht würde egoistische und unsoziale Menschen hervorbringen, ein extrem sozialisierender sich selbst entfremdete Kollektivisten". Oder: "Der stets auf Anschauung angewiesene Schüler wäre nur schwer imstande, losgelöste Superzeichen zu bilden, und dem stets mit Abstraktionen Konfrontierten blieben die Begriffe leer, Theorie und Praxis würden unheilbar auseinanderklaffen"[61]. Man kann die Prinzipienpolarität des unterrichtlichen Handelns so darstellen:

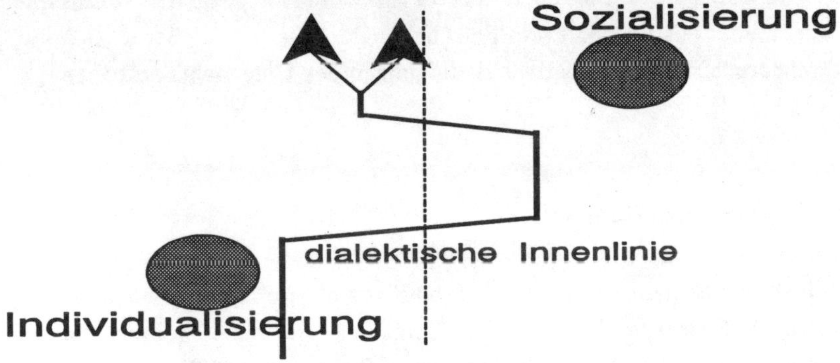

Die Abbildung veranschaulicht den angesprochenen Zusammenhang und verdeutlicht zugleich an einem Beispiel die Möglichkeiten und Notwendigkeiten

---

[59] Apel/Grünfeld 1982, S. 170.
[60] ebd., S. 171.
[61] ebd.

des Unterrichtens. Jeder Lehrende muß die Polarität von Prinzipien des Lernens beachten und in seinem Handeln sich auf einem Weg, auf einer »dialektischen Innenlinie« zwischen Disziplin und Freiheit entscheiden. Dabei wird der Verlauf des Unterrichts je nach den Lernfähigkeiten der Schüler und nach den inhaltlichen Anforderungen sich mal mehr mal weniger zu dem einen oder anderen Prinzipienpol hin bewegen. Ziel ist es in diesem Fall, von der fremdgesetzten zur selbstgewählten Disziplin, zur Selbstbestimmung des Handelns, zu führen. Auf dem Weg dorthin wird das schulische Lernen als Vorgang in einer Klasse durch die Bereitstellung von Freiräumen ebenso wie durch die Anforderung an eine bestimmte Lerndisziplin geprägt. Es wird sich deshalb zwischen den Polen Disziplin und Freiheit über eine »dialektische Innenlinie« hinweg im Verlauf von Unterrichtseinheiten unterschiedlich entwickeln.

Wer pädagogisch verantwortlich handelt, muß deshalb die verschiedenen Prinzipien im Lehr-Lern-Prozeß variabel anwenden. Zwar werden Unterrichtende selbst bei einer Orientierung am Lernprozeß jeweils zur Bevorzugung bestimmter Prinzipien neigen; grundsätzlich ist aber von einer Polarität der Prinzipien und einem Unterricht im Spannungsfeld zwischen sich ergänzenden oder ausschließenden Grundsätzen auszugehen. Jedes didaktische Handeln ist deshalb als »dialektische Innenlinie«[62] zwischen Prinzipienpolen vorzustellen. Es ist immer das Ergebnis von Entscheidungen, die auf der Berücksichtigung lerntheoretischer und situativer Bedingungen des Unterrichts aufbauen.

4. Schlußbemerkung

Didaktische Prinzipien sind also Grundsätze unterrichtlichen Handelns, angewandt zur Förderung individueller Fähigkeiten und zur Steuerung von Lehr-Lern-Situationen. Neben den didaktischen Prinzipien sind für den Lehr-Lern-Prozeß inhaltliche Grundsätze des Lehrens und Lernens wie z.B. das Prinzip der politischen Bildung, der Umwelterziehung, der Friedenserziehung bedeutsam. Diese Grundsätze beziehen sich nicht auf die Steuerung des Lernprozesses; sie drücken inhaltliche Festlegungen, Erziehungsziele aus.

[62] ebd.

5. Literatur:

Apel, H.J.: Schulpädagogik. Eine Grundlegung. Köln/Wien 1990

Apel, H.J./Grünfeld, W.: Unterrichtsformen - Unterrichtsverfahren. Kulmbach 1982

Aschersleben, K.: Einführung in die Unterrichtsmethodik. Stuttgart 1974

Benner, D.: Allgemeine Pädagogik. 2. Aufl., Weinheim/Basel 1991

Blaß, J.L.: Modelle pädagogischer Theoriebildung. I und II. Stuttgart 1978

Brunnhuber, P.: Prinzipien effektiver Unterrichtsgestaltung. 18. Aufl., Donauwörth 1988

Comenius, J.A.: Große Didaktik. 3. Aufl., Düsseldorf 1966

Deutscher Bildungsrat (Hrsg.): Strukturplan für das Bildungswesen. 4. Aufl., Stuttgart 1972

Diesterweg, F.A.: Wegweiser zur Bildung für deutsche Lehrer. Frankfurt 1989

Dilthey, W.: Über die Möglichkeit einer allgemeingültigen pädagogischen Wissenschaft. Weinheim 1961.

Drews, U. u.a.: Didaktische Prinzipien. Berlin 1976

Einsiedler, W.: Lehrmethoden. München 1981

Gage, N./Berliner, D.: Pädagogische Psychologie. 4. Aufl., München 1986

Gaudig, H.: Die Schule im Dienste der werdenden Persönlichkeit. Bd. I. Leipzig 1917

Geißler, E.E.: Allgemeine Didaktik. Stuttgart 1981

Glöckel, H.: Vom Unterricht. Bad Heilbrunn 1990

Harnischfeger, A./Wiley,D.: Kernkonzepte des Schullernens. In: Zeitschr. f. Entwicklungspsychologie und Päd. Psychologie. 1977, IX, 3, S. 207 - 228.

Heimann, P./Otto,G./Schulz, W. (Hrsg.): Unterricht - Analyse und Planung. Hannover 1965

Klein, H.: Didaktische Prinzipien und Regeln. Berlin 1961

Klingberg, L.: Einführung in die Allgemeine Didaktik. Frankfurt o.J. (1971)

Koch, L.: Logik des Lernens. Weinheim 1991

Kopp, F.: Effektives Lehren und Lernen. Donauwörth 1973

Meyer, H.: Unterrichtsmethoden Bd. I/II. Frankfurt 1987

Niemeyer, A.H.: Grundsätze der Erziehung und des Unterrichts. 2 Bde. Wien 1877/1878

Ostermann, W./Wegener, L.: Lehrbuch der Pädagogik. Bd. I/II. Oldenburg 1897

Overberg, B.: Anweisung zum zweckmäßigen Schulunterricht (1793). Paderborn 1957

Paulsen, F.: Pädagogik. 6. Aufl., Stuttgart 1921

Peterßen, W.: Handbuch Unterrichtsplanung. 3. Aufl., München 1982

Roth, H.: Pädagogische Psychologie des Lehrens und Lernens. Hannover, 12. Aufl. 1970

Scheibner, O.: Zwanzig Jahre Arbeitsschule in Idee und Gestaltung. Leipzig 1930

Schulz, W.: Unterricht - Analyse und Planung. In: Heimann, P./Otto,G./Schulz, W. (Hrsg.) 1965
Schwenk, B.: Das Herbartverständnis der Herbartianer. Weinheim 1963
Stöcker, K.: Neuzeitliche Unterrichtsgestaltung. 7. Aufl., München 1960

Oskar Seitz

Kriterien guten Unterrichts

Versuch einer Ableitung aus dem Begriff der "Vermittlung"

Inhaltsverzeichnis

Vorbemerkung

In diesem Beitrag wird versucht, in Form einer Begriffsanalyse von »Unterricht« dessen konstitutive Elemente zu gewinnen und daraus bedeutsame *Kriterien* zur Beurteilung seiner Qualität zu entwickeln. Normativ auf die Praxis von Unterricht gerichtet, können sie als *Prinzipien* des (guten) Unterrichts genommen werden.

Im ersten Abschnitt werden aus dem Begriff der »Vermittlung« die bestimmenden Momente herausgeschält (Was, Wozu, Wem, Wer, Wie) und zu einer allgemeinen(!) Kennzeichnung von Unterricht zusammengefügt. Dort werden auch programmatisch die Grundlagen für den zweiten Abschnitt geschaffen, der versucht, aus dieser allgemeinen Bestimmung »Kriterien guten Unterrichts« zu erschließen, also in den einzelnen Momenten wertend zu (unter)scheiden. Der Fortgang der Untersuchung ist teils dialektisch angelegt; ein zu behandelndes Kriterium wird versucht aus dem vorhergehenden zu entwickeln, wobei sich das erste durch das zweite mitbestimmt findet. Beide oder mehrere Momente werden dialektisch aufgehoben (Sach-/Zielgemäßheit, Schülergemäßheit - Elementarisierung). Dabei klingen Aussagen im ersten Zugriff oftmals undifferenziert und einseitig, werden aber im weiteren präzisiert und ausgebaut. Es wäre deshalb günstig, dem gesamten Gedankengang der Untersuchung zu folgen, sich auf die Gedankenführung in und zwischen den einzelnen Kapiteln einzulassen. Die einzelnen Ergebnisse sind nur vom Endresultat her angemessen zu beurteilen. Wie bei jeder gründlichen Untersuchung steht am Schluß die *Definition* des Begriffs (vgl. 2.8: Schema).

1. Allgemeine Bestimmung von »Unterricht«

1) *Unterricht ist VERMITTLUNG.* Mit diesem positiven Urteil, man nehme es ruhig als Substitution, soll seinem Subjekt noch nicht auf den Grund gegangen, nicht entblößte Wesentlichkeit geleistet sein, sondern es ist die Sprachform des Prädikats, die einen zwar förmlichen, aber reiz-vollen Zugang zum Begriff erlaubt.[1] Denn am Terminus »Vermittlung« fallen rasch die konstituierenden Elemente von Unterricht hervor. An ihnen wollen wir versuchen zu entwickeln, was »guten Unterricht« ausmacht.[2]

2) Zur Vermittlung gehört konstitutiv das zu Vermittelnde. Vermittlung ist damit ein parasitärer Begriff. Sie braucht ein ihr wesenhaft Fremdes, Material, um selbst zu sein. Diesem gegenüber verhält sie sich gleichgültig: alles und jedes ist zu vermitteln.[3]
Wir stellen die Frage nach dem *Was* der Vermittlung, die Frage nach Stoff, Inhalt, Gegenstand von Unterricht. Was ist Sache?
Da sich Vermittlung mit jedem Freier einläßt, braucht es ein Kriterium außer ihr, das über die Vermittlungswürdigkeit des Gegenstands befindet; was von was?[4]

3) Der Gegenstand der Vermittlung ist hiermit seiner Würde beraubt, er ist zum Mittel erniedrigt. Einem Vermittlungszweck unterworfen, ist er, den

---

[1] In der Begriffslogik (z.B. Hegels) besteht ein »Urteil« aus Subjekt (der Begriff, über den ausgesagt wird) und Prädikat (der Begriff, der aussagt). Hier wird über Unterricht (Subjekt) eine Aussage getroffen: Vermittlung (Prädikat). Dieses Urteil wird als nur formelles ausgewiesen. »Unterricht« wird durch »Vermittlung« ersetzt, beide Begriffe sind als identische zu behandeln.
Es ist anzumerken, daß im allgemeinen Sprachgebrauch unter »Vermittlung« zumeist nur eine Seite des Gesamtprozesses gefaßt wird, »Vermittlung« im Gegensatz zu »Aneignung«. Im Begriff der »Vermittlung« verschränken sich jedoch beide Seiten: »Vermittlung« als Vermittlung und Aneignung. Diese beiden Elemente werden, neben den anderen, im folgenden analytisch gewonnen.

[2] An dieser Stelle wird noch keine inhaltliche Aussage über Unterricht gewagt. »Vermittlung« kann hier deshalb noch nicht heißen, daß die Subjektivität des Schülers vernachlässigt würde, Werterziehung ausgeschlossen wäre etc. So steht z.B. auch die Bestimmung Apels (1990, S. 65) "Unterricht beinhaltet Erziehen, Beraten und Innovieren" dazu nicht im Widerspruch.

[3] Dies ist der erste Zugang zum Begriff. Es darf nicht geschlossen werden, daß in Unterricht und Schule der Gegenstand gleichgültig wäre. Von Schule ist hier überhaupt noch nicht die Rede. Unterricht ist selbstverständlich mehr als nur »eine (beliebige) Sache vermitteln«; genau dieses wird im folgenden weiter entwickelt.

[4] Wir wissen an dieser Stelle noch nicht, was denn nun im Unterricht zu vermitteln ist, da »Vermittlung« selbst kein Kriterium hierfür liefert. »Vermittlung« sagt nichts über Wert oder Würde eines Gegenstandes aus. Im weiteren müssen deshalb zusätzliche Kriterien hinzutreten, die uns sagen, was aus der Vielfalt des Möglichen unterrichtet werden soll.

wir zuerst als Herren eingeführt haben, selbst bloß Knecht - einer Vermittlung. Wir befragen den Gegenstand nach seiner Dienstbarkeit für das Unterrichtsziel. Seine Bestimmungen geben uns Auskunft über seine Brauchbarkeit dafür.[5]
Die Frage nach dem *Wozu* der Vermittlung des Unterrichtsgegenstands ist nicht einfach zu beantworten. Ziele selbst sind Gegenstand einer Entscheidung, deren Absichten und Prozesse sich in demokratischen Gesellschaften zu legitimieren haben (neben Problemen der Legitimation solche der Deduktion und Operationalisierung). Unterrichtsziele variieren mit diesen Entscheidungen. Es wird sich zu zeigen haben, ob oder wie das Vermittlungsobjekt, der Schüler, (mit)begründet.
Abhängigkeit und hierarchische Struktur von Zielen bzw. Inhalten begründen ihre planmäßige Anordnung und Vermittlung: Lehrplan.

4) Vermittlung existiert nicht ohne Adressaten, nicht ohne Objekt. Wir fragen, *an wen* sich Unterricht richtet! Das idealisierte Objekt von Unterricht ist der Lernende, in der Einrichtung dafür: der Schüler, der den Gegenstand noch nicht weiß, aber - eigentlich - wissen will. Als dieses ist er Ziel, Maßstab und Schranke von Unterricht:
Schranke durch sein objektives Sein als »Mängelwesen«, als Noch-Nicht, beschränkt durch den Stand seines (Un)Wissens und seines biologischen, psychologischen, soziologischen Zustands als Kind/Jugendlicher.[6] Nicht jeder Gegenstand, jedes Moment des Gegenstands oder jede Form der Präsentation ist vom Bewußtsein des Schülers zu greifen: Macht und Ohnmacht didaktischer Zubereitung.
Insofern sich Unterricht dem Schülerbewußtsein zu unterwerfen hat, damit er in diesem ankommt, ist der Schüler Maßstab.
Mittelbares oder letztes Ziel ist er in seiner Funktion als Adressat der Vermittlung, inhaltlich gefaßt als Objekt von Ausstattung, Besserung, Erhö-

[5] Dieser Absatz richtet sich bereits gegen die vereinfachende Auffassung, im Unterricht ginge es nur um die Sache. Diese hat sich aber u.a. einem Ziel unterzuordnen, dem sie dient. Die Sache kann sich nicht selbst begründen.
[6] Dieser Gedanke bestreitet nicht die Würde des Kindes bzw. seine personale Gleichheit mit dem Erwachsenen. Er richtet sich jedoch gegen verkürzte Auffassungen von Unterricht, die im Kind nur den Partner, das ebenbürtige Gegenüber etc. sehen wollen. Diese werden dem objektiven Erziehungsverhältnis nicht gerecht. Aus ihnen ergäbe sich auch keine Notwendigkeit für Unterricht. Unterricht unterstellt ein Mehr auf der einen und ein Weniger auf der anderen Seite. In der Schule und für deren Lernzielbereich ist es in der Regel der Lehrer, dem dieses Mehr zufällt.

hung: Vervollkommnung.
In der Praxis des Unterrichtens sind Unterschiede in Wissensstand, Interesse, Eigenschaft von Schülern, z.B. in einer Klasse, erschwerende Bedingung: Differenzierung.
Unterricht tritt vermittelnd zwischen Schüler und Sache, will die Sache an den Mann bringen - oder den Mann an die Sache.[7] In diesem Prozeß erscheint der Schüler als Doppeltes: als Objekt, das sich der Sache und dem Vorgang der Vermittlung zu unterwerfen hat, und als Subjekt, das sich, anders als in der Dressur, ent-schieden der Sache bemächtigt. Auch dieser Eigenart des Schülers hat sich der Unterricht grundsätzlich zu beugen: Motivierung, Aktivierung.
Den Unterrichtsprozeß äußerlich betrachtet, fällt die Seite des Subjekts anderem zu:

5) Vermittlung ist nicht ohne Subjekt (Präparator, Initiator, Realisator, Regulator, Terminator etc.). Als Subjekt erscheint uns der Vermittler nur in der formalen Betrachtung des Vermittlungsvorgangs selbst; er ist nicht zwangsläufig Herr über die Sache; in seinem Verhältnis zum Ziel des Unterrichts erweist er sich u.U. als Repräsentant oder Mediant, ohne es letztlich selbst zu setzen.
Wir fragen nach dem *Wer* der Vermittlung: Dies ist im Unterricht der Lehrende, der Lehrer, der den Gegenstand (idealiter) weiß und ihn vermitteln will. (Der Sonderfall des Selbstunterrichts, in dem Subjekt und Objekt zusammenfallen, wird hier nicht untersucht.)
Auch der Status des Lehrers als Subjekt der Vermittlung birgt Eigentümliches: Soll Unterricht gelingen, hat er sich sowohl den Bestimmungen der Sache als auch den Notwendigkeiten der Schülerseite zu beugen: autonome Dienstbarkeit.
In der Realität des Unterrichtens ergeben sich hier Probleme der Vermittlungs-, der Führungs- und der Erziehungskompetenz des Lehrers, auch solche der Einstellung oder Motivation bezüglich seiner vielfältigen Aufgaben.

---

[7] Hier wird bereits der dialektische Zusammenhang im Begriff von »Unterricht« deutlich: Bloße Sachorientierung, d.h. bloße Vermittlung des Gegenstandes ohne gleichzeitigen Blick für den Adressaten muß scheitern. Unterrichten heißt deshalb: In der Vermittlung der Sache gleichzeitig den Schüler zu berücksichtigen - u.u.! (vgl. 2.1)

6) Der dritte Vermittlungsaspekt von Unterricht zeigt sich im Gegenstand als medial repräsentiertem, als selbst vermitteltem.[8] Im Ideal des Mediums tritt das Wesentliche der Sache hervor. Dies ist einerseits zu betrachten als Notwendigkeit vom Kinde aus (kindtümliche Auffassung) und Notwendigkeit von der Sache her: a) der Gegenstand als konkreter vereinigt Mannigfaltiges, das seine Eigentlichkeit verstellt, b) der Gegenstand existiert nicht als sinnlich erfahrbarer. Die Mediatisierung des Gegenstands macht ihn in Exempel, Schema oder Symbol faßbar (vgl. 2.4.3) bzw. reinigt ihn von Unwesentlichkeiten, so daß der Verstand des Kindes ohne ablenkende Freilegungsarbeiten zupacken kann. (Elementarisierung durch Vereinfachung, Strukturierung, Veranschaulichung.)
Im Medium wird Material für den Geist des Kindes gefunden, um es zu verlieren. Je mehr sich das Medium verliert, desto mehr wird der Begriff gewonnen; dieser ist der eigentliche Gegenstand des Unterrichts. In der Trennung von Gegenstand und medialer Repräsentation, in seiner Vermitteltheit, in seiner didaktischen Zubereitung, in seiner Verhobelung und Säuberung, lauert die Möglichkeit seiner Entstellung, Verfälschung als Gefahr. Vermittlung schafft sich Situationen, in denen Gegenstände aus ihrer quasi-natürlichen Verankerung der lebendigen Wirklichkeit gerissen, in den Unterrichtsraum gezerrt werden. Um ihn ganz, und das Ganze in ihm, zu begreifen, muß der Gegenstand wieder reimplantiert werden: Integrationsphase.
Es stellt sich die Frage nach dem *Wie* der Vermittlung:
a) Wie wird der Unterrichtsgegenstand medial repräsentiert? Frage der Arbeitsmittel, Medien, Hilfsmittel etc.
b) In welcher Form werden Schüler mit ihm konfrontiert? Frage der Unterrichts-, Arbeits- und Sozialformen.
Ziel, Sache und Schüler geben Auskunft über zu wählende Repräsentations- und Präsentationsformen.[9]

---

[8] Während sich bisher der Gegenstand als Sache präsentierte, die zu vermitteln ist, präsentiert er sich uns in der Praxis des Unterrichtens selbst als vermittelter. In diesem Abschnitt wird bereits angerissen, daß der Gegenstand in der Regel in Form eines Mediums repräsentiert wird. Er stellt sich uns deshalb unter einem doppelten Vermittlungsaspekt dar: Zum einen vermittelt er das Ziel des Unterrichts, zum anderen tritt er im Unterricht nur als vermittelter auf. Dieser Gedanke wird im Abschnitt 2.4.3 ausgeführt.

[9] Hieraus ergeben sich Hinweise für die Vorbereitung des Lehrers. Nicht Glanz und Gloria eines Mediums, das darob erhoffte stumme Staunen des Schülers etc. qualifizieren es, sondern seine Funktionalität für den Vermittlungsprozeß. Es soll den Einstieg in den Gegenstand sachlich und psychologisch erleichtern, nicht den Gegenstand durch ein

7) Ausprägungen der hier behandelten bestimmenden Momente des Vermittlungsbegriffes werden von historischen, gesellschaftlichen (ökonomischen, politischen) und institutionellen (schultyp-spezifischen) Bedingungen und Intentionen abhängen, einzelne Momente werden betont oder vernachlässigt. Dieser Zusammenhang wird nicht weiter untersucht.

8) Erstes (allgemeines) Resultat der Definition: Unterricht ist also die zielorientierte Vermittlung[10] eines didaktisch reflektierten und präsentierten Gegenstands durch einen Lehrenden an einen Lernenden in einer konkreten Lehr-Lern-Umwelt.

2. Bestimmungsmomente des guten Unterrichts

2.1 Sachgemäßheit

Guter Unterricht vermittelt die »Sache« in ihrer Istheit/Wesenheit, verfälscht sie nicht.

Sosehr dieser Satz wie eine Ableitung aus dem »Was« von Vermittlung anmuten mag, ist er doch eine Setzung. Es springt aus dem Begriff der Sache als zu Vermittelnde nicht das Vermittlungsprinzip der Sachgerechtheit (Gültigkeit/Objektivität/Wahrheit)[11] sofort hervor.[12]

Historisch gesehen ist es das Postulat der Aufklärung, in dem sich der Mensch der Sache unterwerfen will, um sie zu beherrschen. Dies zu vermögen, setzt das fehlerfreie Wissen um die Sache voraus. Es ist zugleich

---

attraktiv funkelndes Hintertürchen einschmuggeln.

[10] Zum Problem des Vermittlungsbegriffs vgl. Fußnote 1!

[11] Das Prinzip der Sachgemäßheit lautet je nach Zugang oder Auffassung oftmals auch »Prinzip der Gültigkeit«, »Prinzip der Objektivität« etc.. Auf diese Unterscheidung wird hier nicht weiter eingegangen; Gültigkeit/Objektivität/Wahrheit werden als gleich-gültige Aspekte von Sachgemäßheit genommen.

[12] Wir wollen mit diesem Absatz deutlich machen, daß aus dem ersten, deskriptiven Aspekt von Unterricht (Unterricht hat einen Gegenstand) keine präskriptive Aussage abgeleitet werden kann. Es müssen weitere Voraussetzungen oder Bestimmungen hinzutreten (z.B. das Wertesystem einer demokratischen Gesellschaft), um aus der unschuldigen »Sache« den Übergang zur normativen »Sachgemäßheit« zu bewältigen. Hier erhellt auch, daß Unterricht als Vermittlungsprozeß tatsächlich anfällig ist gegen alle möglichen ideologischen Ansprüche. Vertreten wir das Prinzip der »Sachgemäßheit«, ergibt sich sofort die Notwendigkeit der Befürwortung einer freien Fachwissenschaft, die dem Unterricht die sachlich richtigen Resultate liefert.

das Ideal der Aufklärung, daß dieses richtige Wissen genüge, um die Autonomie des Menschen herzustellen; negativ gewendet: das Joch falschen Wissens sei es, die Unterwerfung unter Aberglaube und Ideologie, die den potentiellen Herren zum Knecht macht. Dessen Fähigkeit zur Emanzipation unterstellt, ist seine reale Knechtschaft selbst verschuldet.
Sachgemäßheit läßt nur den Verstand, der Inhalte/Resultate auf Wahrheit überprüft, als Kriterium guten Unterrichts gelten: Leistung und Mangel. Von diesem Prinzip her ist umgekehrt auf Zwecke von Unterricht und bedeutsame Inhalte des Menschenbilds der unterlegten Pädagogik zu schließen: z.B. Rationalität, Mündigkeit.
Richter über Wahrheit oder Unwahrheit des zu Vermittelnden (nicht des an ihm gemessenen Ergebnisses) finden sich im unterrichtlichen Kontext nicht. Wahrheit wird durch die entsprechende Fachwissenschaft garantiert, deren Zweck die pure Suche nach Wahrheit ist.[13] Die Unterrichtslehre, auch die Fachdidaktik, macht sich sehr selbstbewußt zum nutznießerischen Abhängigen von wissenschaftlicher Forschung; in der Unterrichtspraxis tauchen deren Resultate als bloße Bedingung oder komplett beherrschtes Mittel auf: der Gegenstand als das Mittel des Unterrichts.

- Exemplarischer Unterricht

Zur Frage nach der Erschöpfung eines Gegenstandsbereichs pflegt die Didaktik ein besonderes Verhältnis: Kritik der materialen Bildung, enzyklopädischen Wissens. Sie beurteilt und selektiert Inhalte nach anderen Krite-

---

[13] Dies soll nicht heißen, daß sich Fachwissenschaft nicht irren könnte. Auch fremde Einflüsse auf die Wissenschaft sind nicht auszuschließen: Politik, Ökonomie, private Interessen etc.. Dennoch hat sich Unterricht auf die Gültigkeit der durch die Fachwissenschaften gewonnenen Resultate zu verlassen. Sein Verhältnis zu jener ist blindes Vertrauen. Dieses Ergebnis ist auch aus 1 (2) abzuleiten: Da sich Vermittlung der Sache gegenüber prinzipiell gleichgültig verhält, besitzt sie auch keine Handhabe, diese auf Wahrheit zu testen. Vom Standpunkt der Vermittlung her gesehen interessiert nicht, ob es wahr ist, daß die Sonne sich um die Erde dreht, Würmer aus Schmutz entstehen, die arische Rasse die überlegene ist. Genau in diesem Punkt liegt die Möglichkeit des Mißbrauchs von Unterricht. Hieraus ist übrigens auch auf die Anwendung oder den Ausschluß spezifischer Methoden der Vermittlung zu schließen: forschend-entdeckendes Lernen, das dem Gegenstand auf den Grund gehen will, Überprüfung der Ergebnisse an der »Wirklichkeit« etc. sind Verfahren, vor denen sich der ideologisch funktionalisierte Unterricht eher hüten wird. Also ist umgekehrt auch aus den gebräuchlichen Methoden des Unterrichts auf seine Grundsätze bzw. seinen gesellschaftlichen Zweck zu schließen. Nicht untersucht werden an dieser Stelle Fragen wie grundsätzliche Erkenntnismöglichkeit, Objektivität, Erkenntnismethoden etc.. Dies ist Aufgabe der einzelnen Wissenschaften selbst, der Wissenschaftstheorie und der Methodologie.

rien. Für sie nicht mehr endlich zu bewältigende Wissenstürme, Produkte der Forschungsfabriken, bringt sie im Konzept des exemplarischen Unterrichts fruchtbar zu Fall[14]. Dabei fällt der Fachdidaktik die Aufgabe zu, die Ankerpunkte zu finden, an denen das Wesentliche des Faches gelehrt werden kann: zentrale Inhalte, Methoden, Arbeitsweisen. Von diesen her soll eher die Fähigkeit zur Erschließung fachlicher Inhalte erworben denn eine lexikalistische Mästung oder Katalogisierung erzielt werden.
Mit anderer Akzentuierung teilen denselben Gedanken die - nicht disjunkten - Ansätze
- der "fundamentalen Bildung"[15]: In Grunderfahrungen oder -erlebnissen erschließen sich durch stimmungsgeladene Begegnungen dem Schüler wesentliche, "fundamentale" Bildungsinhalte in allen Erziehungsbereichen.
- des "elementarischen Unterrichts"[16]: an einfachen, "elementaren" Inhalten/Exempeln soll das Kind das Allgemeine, Wesentliche des Gegenstands, des Faches, der Wirklichkeit begreifen.
Inhalte des Faches werden mit den Augen des Kindes gesehen, geprüft, gewählt. Wir haben dieses noch einmal aufzugreifen, wenn unsere Ausführungen den Schüler als Vermittlungs-Objekt berührt haben.
- der "kategorialen Bildung"[17]: Schülern werden "prägnante Erfahrungen und Erlebnisse", Anschauungen verschafft, an denen durch "fruchtbare Besinnung" das Wesentliche zur Erscheinung kommt: "kategoriale Erfahrung".

Um »Qualität statt Quantität« bemüht sich auch der Ansatz des *»Lernen Lernens«*, wobei es diesem eher pragmatisch darum geht, durch Erwerb von Strategien die im gesellschaftlichen Fortschritt ständig neu sich ergebenden Aufgaben und Probleme bewältigen zu können. Als Schlagwort ist er mit folgender Kritik zu konfrontieren:
a) Lernen ohne Gegenstand ist nicht realisierbar, oder: »Das Lernen« ist, da inhaltslos, nicht lernbar. Lernen vollzieht sich an bestimmten Gegenständen, wobei im Lernvollzug die Methode oder Praxis erfahrbar werden

---

[14] vgl. Wagenschein 1955; Flitner 1955; Scheuerl 1958; s.a. Küng 1990; Fritsch/Kozdon 1990
[15] vgl. Klafki 1959, S. 441ff.
[16] Möller 1957; Klafki 1958; Spranger 1960
[17] Derbolav 1960; Klafki 1959, S. 433f.

kann und in Anwendung/Transfer sich als günstiges Werkzeug herausstellen mag. Es erhebt sich hier bereits die Frage, an welchen Gegenständen die Erschließung, Erarbeitung, Herangehensweise etc. günstigerweise »gelernt« werden kann.
Auch besteht die Gefahr, daß die kritische Einstellung zum prinzipiell lernbaren Gegenstand verloren geht: Nicht alles, mit dem der Schüler im Leben konfrontiert wird, ist lernwürdig; umgekehrt sollte »Lernfähigkeit« sich nicht wahllos auf jeden Gegenstand stürzen, sondern dessen kritische, auch moralische Beurteilung mit einbeziehen. Hier ergibt sich ein Übergang in eine zweite Kritik:
b) Die Frage nach dem lehrwürdigen Gegenstand ist die erste und wichtigste[18]. »Lernen lernen« diskreditiert den Gegenstand in seiner Würde. Nicht er ist es, um dessentwillen gelernt wird, sondern der Akt des Lernens selbst vollzieht sich am (beliebigen?) Gegenstand. Er gewinnt nur Ansehen als Vehikel der Methode. Diese Sicht negiert die (aktuelle) Bedeutung "fundamentaler" Gegenstände für die geistige und moralische Entwicklung, für Sinnorientierung und Haltfindung des Kindes, eben für "exemplarisches Lernen" oder "kategoriale Bildung".
Gegengerichtete und in diesem Sinne ergänzende Prinzipien/Verfahren finden sich z.B. im "orientierenden Lehren"[19] oder in der "Aufklärung des gelebten Lebens"[20].
Nirgends hat jedoch das Prinzip der Sachgemäßheit fortzufallen, sondern ist nun eben anzuwenden auf exemplarische, elementare, kategoriale Inhalte und Methoden.

Stoffreduzierende, das »Wesentliche« des unterrichtlichen Inhalts oder Faches betonende Konzepte enthalten oder leiten über in Forderungen nach Gründlichkeit, Genauigkeit bei der »Behandlung« des »Themas«; dies ist u.a. der praktische Zweck des exemplarischen Vorgehens, oftmals selbst als Unterrichtsprinzip apostrophiert: Übergänge in Prinzipien der Selbsttätigkeit, des "genetischen Lehrens"[21] oder der *Sicherung*, der *Übung*[22] so-

[18] "Selbstwert durch geistigen Inhalt" bei Willmann 1957, S. 322
[19] Roth 1958
[20] Slotta 1961, nach einem Terminus Grundtvigs
[21] vgl. Wagenschein, 1959

wie der *Wiederholung*[23]. Der Übergang vom "Prinzip der Sachgemäßheit" in das "Prinzip der Wissenschaftsorientierung"[24] birgt die Gefahr unangemessener Verwissenschaftlichung[25]:
a) der Inhalte: Orientierung an der fachwissenschaftlichen Welt statt an der Welt des Kindes,
b) der Ziele: Propädeutik von Fach oder Wissenschaft statt "Aufklärung über das gelebte Leben"[26],
c) der Methodik: Technologisierung des Unterrichts durch Partialisierung, Operationalisierung, Programmierung, Kybernetisierung,
d) der (Schul)Pädagogik: "kognitive Verkürzung"[27] des Schülers, Ausblendung affektiver, moralischer, sozialer Dimensionen.[28]

Das Prinzip »Sachgemäßheit« birgt moralische Größe. Zuerst verlangt es die Unterwerfung[29] des Schülers unter den Primat der Sache. Auch hier wieder: Nur mit Verbeugung vor seiner Würde wird der Gegenstand zum Beherrschten. Über die konsequente Anwendung sachspezifischer Fragestellungen, Arbeitsweisen (Absage an die Universalmethode), Termini, Prüfungen und letztendlich über gewonnene Resultate sedimentiert der gesetzte Standpunkt des Unterrichts als sittliche Haltung im Schüler. An deren Niederschlag sind zum zweiten psychologische Variablen, Gemüt und Moral, mit verantwortlich: Freude am Erkenntnisfortschritt in der Sache, Befriedigung über nachweislich richtige Ergebnisse, Genugtuung bei nützlichen Anwendungen. So wird das Unterrichtsprinzip zum persönlichen Arbeits-, damit zum allgemeinen Erziehungsprinzip: Hingabe an die Sache, Liebe zur

---

[22] Serve, S. 221ff.
[23] z.B. Drews 1976, S. 145ff.; a. Wössner 1954; Huber 1959; Horney 1960
[24] z.B. Wilhelm 1967
[25] Kritik des "Szientifischen" z.B. bei Derbolav 1957
[26] Hentig 1976
[27] Raschert 1975
[28] Klarstellungen zum "Prinzip der Wissenschaftsorientierung" als Verschärfung der Sachgemäßheit trifft Heiland (1979).
[29] Dieser Ausdruck klingt in unseren Ohren heute schrecklich und fremd; er beinhaltet Unnachgiebigkeit und Gewalt. Nur, um die Sache als das, was sie ist, zu begreifen, können wir sie nicht manipulieren oder schmeichlerisch für uns gewinnen. Sie ist die Stärkere. Sachgemäßer Unterricht weiß um die Härte der Sache und nimmt nichts von ihr zurück. Will nun der Schüler Herr über die Sache werden, muß er sich ihr (zuerst) unterwerfen. Dies kann freudig und spielerisch geschehen.
Selbstverständlich ist mit diesem Satz nicht gemeint, daß der Schüler brutal durch Lehrer und Gegenstand gezwungen wird, aufmerksam dem Unterricht zu folgen, sich autoritärer Macht zu beugen o.ä.. Selbst wenn wir den Lehrer ganz außer Betracht lassen, bezeichnet »Unterwerfung« die eine Seite des allgemeinen Verhältnisses des Schülers zur Sache im Prozeß des Lernens.

Wahrheit, Befriedigung in Arbeit und Anstrengung, Sinnfindung im Wissensfortschritt, Objektivität als Maßstab des Urteils, Zähmung egozentrischer Lüste und Interessen, lógos vor páthos, also die umfassende Orientierung an Wissenschaft und Wissenschaftlichkeit durch den Schüler beim Erkennen, Beurteilen, Bewerten als Resultante derselbigen Orientierung des Lehrers und seines Unterrichts. Sache wird darüber zu Inhalt und Sinn: nicht das technokratische Verständnis, die bloße Be-Nutzung der Sache ist (alleiniger) Zweck; hier die Sache als ihr Zweck.

Damit ist aber auch ein anderer Begriff von »Sachlichkeit« generiert als der einer berechnenden Wissenschaft: Interesse am, "Konspirieren mit dem Gegenstand"[30] meint die reine Besinnung auf ihn, das selbstvergessene Versinken in ihm, die Hingebung an die nackte Wahrheit, um so letztlich zu sich selbst zu kommen: "Der Mensch besteht ... nicht in sich selbst, sondern 'auf hin': im Wagnis auf das Andere, vor allem den Anderen, hin ... und kommt ebendarin erst wirklich zu sich selbst"[31].

Verletzungen des Prinzips der Sachgemäßheit liegen vor allem in

- Utilitarismus: bornierte Berechnung auf den individuellen Nutzen, Brauchbarkeit (schnelle, praktisch verwertbare Ergebnisse, Tricks, Techniken, Eselsbrücken)[32],
- Infantilismus: Übersteigerung der Akkomodation an die Form kindlicher Auffassung[33]; Comoedia didactica durch den Primat der falschen Methode,
- Ismus: Verzerrung/Verfälschung der Sache zugunsten ideologischer Zielsetzungen: moralischer oder politischer »Gesinnungsunterricht« (z.B. rassistische Diskriminierung des Juden),
- Monismus: Überforderung des Prinzips durch seine Verabsolutierung; sachliche Richtigkeit reicht für guten Unterricht noch nicht aus.

Hier ergibt sich ein Übergang in Kriterien guten Unterrichts z.B. vom Schüler aus, aus dem allgemeinen Prinzip der Sachgemäßheit in das metho-

---

[30] Hengstenberg 1957, S. 12

[31] Guardini 1956, S. 20; zit. n. Oswald 1964, S. 46

[32] Dies soll nicht heißen, daß Techniken, Tricks und Eselsbrücken aus dem Unterricht zu verbannen sind; an bestimmten Stellen und in bestimmten Phasen haben sie ihre Berechtigung: Dies vor allem dann, wenn die Sache bereits begriffen ist und es um ihre automatisierte Verfügbarkeit geht. Die Sache darf sich jedoch nur selten in solchen nützlichen Umgehensweisen mit ihr erschöpfen.

[33] Erlebnisunterricht bei Scharrelmann, Gansberg, Münch, Neubert; so z.B. im Wärmemodell: Bewegung anthropozentrischer Gestalten

dische Prinzip der Veranschaulichung[34]. Der Gedanke dabei ist, den Gegenstand selbst vor die Augen des Schülers zu stellen, so daß er unverfälscht, »unvermittelt« zur Kenntnis gelangen kann. Beide Prinzipien scheinen jedoch häufig - nicht korrekt - in eins gesetzt zu werden. Sachgemäße Darstellungen können sehr wohl richtig, doch unanschaulich sein. Im Prinzip der Anschaulichkeit muß somit noch ein zusätzlicher Standpunkt zur Geltung kommen.

Hinweise auf die Bedeutung des Grundsatzes der Sachgemäßheit finden sich in der Geschichte der Pädagogik immer wieder:

Mittelbar in der Bedeutung des »Dings« für die Wissenschaft und der Anschauung für die allgemeine Lehrmethode bei *Ratke*, *Comenius* und *Diesterweg*.

Basedow betont, unterscheidet aber nicht exakt zwischen Sachlichkeit und Anschaulichkeit.

Ballauff (1962) begründet "Sachgerechtigkeit" fundamental-anthropologisch: Der Mensch als "Sprecher des Seins von Seiendem" läßt die Dinge sie selbst sein und hat nur durch seine restlose Aufgeschlossenheit gegenüber dem Sein der Dinge als selbst Seiender Anteil am Sein[35]). *Schöneberg* (1967) vertritt unter Berufung auf *Heidegger* und *Ballauff* die "Kompetenz der Sache" gegen die Borniertheit der Persönlichkeitspädagogik[36].

2.2 Zielgemäßheit

In seiner bisherigen Bestimmung als Makler zwischen Sache und Lernendem zeigte sich uns Unterricht als Weg, als Art und Weise der Vermittlung, als Methode. Von diesem Standpunkt aus erscheint guter Unterricht als Praxis der besten Methode.

Diese Eigenschaft, als Mittel zu fungieren, impliziert unmittelbar ein weiteres Moment: das Wohin oder Wozu. Im Wozu ist das Was, im Ziel der Gegenstand, in der Zielgemäßheit die Sachgemäßheit aufgehoben.

---

[34] vgl. Seibert, S. 245ff.

[35] vgl. Wolf 1981, S. 332

[36] vgl. Odenbach 1970, S. 243f. Weitere Hinweise auf die Bedeutung des Prinzips bei Rousseau, Dörpfeld, Kerschensteiner, Montessori, Langeveld...

Die Frage »Wozu« läßt die Fachwissenschaft kalt, ihre Beantwortung fällt den Fachdidaktiken, der allgemeinen Didaktik, der Schulpädagogik und der Pädagogik anheim.
Je nach Blickwinkel betrachtet sich Unterricht als einheitlich in Bedingung, Ziel und Methode begründet (Didaktik) oder als begründetes Handwerk hinsichtlich eines ihm gesetzten Zieles (Methodik)[37].
So oder so - guter Unterricht weiß um sein Ziel, um dessentwillen er Sache und Schüler beugt.[38] Er unterwirft sich nicht der Willkür des Schülers, seinem zufälligen Interesse, sondern begreift dessen Willen als Grundlage seines Gelingens; und er fällt nicht auf die toupierte Bedeutsamkeit oder glitzernde Modernität von Sachen herein.
Wird der beinharte Anspruch der Sache der willkürlichen Wissens*lust* des Schülers geopfert, geschieht zwar noch Unterricht, es unterbleibt aber die begründete Hinführung zum Begriff, die Gefahr oberflächlicher, einseitiger, bruchstückhafter Wisserei. Unmöglich ist es, denjenigen, der um die Sache (noch) nicht weiß, zu deren Subjekt zu erheben, indem er sie zum Zwecke seiner Bildung setze (Paradoxie der kommunikativen Didaktik).[39]
In Fassung und Begründung von Zielen hat sich die Schulpädagogik als souverän zu erweisen. Unterwerfung unter politische, kirchliche, ökonomische Absichten[40] widerspricht ihrem (Selbst)Zweck. In diesem erscheint das Ideal des Zöglings, der Leitstern der Pädagogik, als Beurteilungsmaßstab des Mittels. Im Bildungszweck macht sich sogar der konkrete Schüler bemerkbar, der den zuerst allgemein gesetzten Zweck von sich aus relativiert. Insofern die Anstrengung der Vervollkommnung des Zöglings sich von Bedingungen abhängig erweist, hat sich die pädagogische Praxis auch um diese zu kümmern.[41]
Fügt sich Schulpädagogik/Didaktik bestimmten politischen Bedingungen oder Absichten, hat sie diese als zweckkonform nachzuweisen und mitzuge-

---

[37] vgl. Beckmann 1980
[38] vgl. Fußnote 29 - hier vom Unterricht her betrachtet!
[39] Die positive Haltung des Schülers gegenüber der Sache besteht in Lust (Spiel) oder Interesse (Arbeit). Dies ist der jeweilige Ausgangspunkt, von dem aus er sich der Sache bemächtigt. Der Widerspruch besteht nun darin, daß der Schüler, ohne die Sache zu kennen, sie als Mittel für sein Ziel der Bildung setzen können soll. Dies jedoch verlangt einen höheren Standpunkt, der um die Sache und die Möglichkeit ihrer Mittelfunktion weiß. Im Normalfalle ist dieser dem Subjekt von Unterricht zu unterstellen. Freie Wahl des Gegenstandes kann deshalb nicht generelles Unterrichtsprinzip sein, wenn Unterricht an einem wie auch immer gearteten Bildungszweck festhalten will.
[40] vgl. Petersen 1962
[41] Für diese selbst erweist sich der Gebildete hinwieder als Bedingung, in sich reflektiert so als bedingte Bedingung.

stalten. So gilt heute Demokratie als Grundlage und Gestaltungsweise der (verfaßten) Schulwirklichkeit sowie als selbstbewußt gesetztes Ziel der (Schul)Pädagogik. Bei Funktionalisierungsversuchen für nicht geteilte Zwecke sei sie Verweigerer und Kritiker.
Im ersten Blick erscheint uns die Sache selbst als Ziel, ihr Gewußtwerden, Wissen als Wert, Zielgemäßheit als Sachgemäßheit. Aber *Roths* "Das Ziel ist der Gegenstand"[42] taugt nichts. Die Sache um ihrer selbst willen wissen sollen, heißt das Unterrichtsziel tautologisch begründen. Die absolute Setzung der Sache als Ziel, gleichsam ihre narzißtische Selbstsetzung, blamiert sich bereits insofern, als dabei die weiteren wesentlichen Bestimmungselemente von »Vermittlung« unberücksichtigt bleiben: der Schüler, der Lehrer. Schon der Aufweis in 1.1, daß es ein Kriterium zur Auswahl von Gegenständen jenseits ihrer selbst geben muß, da die Sache in Breite und Tiefe nicht bis zum letzten vermittelt werden kann, zeigt deren Untauglichkeit zur Zielfindung.
Gleichwohl ist zu betonen, daß die Sache sehr wohl als Ziel einer Unterrichtseinheit zentrale Bedeutung haben kann (und gleichwohl wissen wir, was hinter ihr steckt!).
Planung und Durchführung von Unterricht orientieren sich nicht zuletzt an den intentional gesetzten Anforderungen der Sache, deren Aufputz an Umfang und Tiefe; Einlassungen des Schülers mit der Sache reichen dabei von flüchtigen Bekanntschaften bis zu unendlicher Inbesitznahme (Einblick, Kenntnis, Vertrautheit; Bewußtsein, Einsicht, Verständnis; u.ä.).
Leistung der Fachdidaktik ist es jeweils, Selektion und Strukturierung im Gegenstand auch unter dem Blickwinkel des praktischen Bedarfs von Unterricht vorzunehmen. Im Lehrplan hat sie eine mehr oder minder grobe Aufteilung des Gegenstandes nach Lernzielen (Feinzielen, Grobzielen) besorgt, die seine systematische, ökonomische und weitreichendste Aneignung begünstigt. Regellose Zersplitterungen, Sackgassen und Irrwege bei der Vermittlung des Gegenstandes sollen so vermieden werden. Das Gesetz, nicht die Zufälligkeit, die Sache, nicht die Nebensächlichkeit, sind beding-

[42] 1958, S. 135

tes Ziel der Vermittlung.[43]

Wir fragen nach dem Wissen für, nach dem Können für, verlassen damit die tautologische Ebene der Sache als ihr Ziel. Diese Frage ist der Markstein für die grundsätzliche Scheidung von (Schul)Pädagogiken/Didaktiken: Ist der Schüler *letztlich* das Ziel, an dem sie sich orientieren wollen oder ist es ein Anderes (Höheres), dem sie den Schüler darbringen:

a) Gemeinschaft, Volk, Staat, Führer erweisen sich historisch als Ziele, denen der Mensch bis hin zu seiner Leiblichkeit geopfert wurde. Der Schüler als das wert-lose Objekt, sein Sein als Funktion. Manipulation und Repression bis zur Destruktion als probate Erziehungsmittel.

Seither scheuen wir uns nicht, bei der Aufbietung ideeller Kategorien als Unterrichtsziele genau zu fragen, inwieweit sie letztendlich, in dialektischer Verwicklung, den Schüler erheben. Erst dann, wenn sie diesen Nachweis nicht erbringen, sind sie zu verwerfen.[44]

b) Der »Schüler als Ziel«, »Orientierung am Schüler« etc. kann für die sog. »Pädagogik vom Kinde aus«[45] nur heißen, ihn in seinem akzeptierten Sosein als idealisiertes Zukünftiges, noch nicht Fertiges zu betrachten, und dafür Sorge zu tragen, daß er sich selbst und für sich veredle.

Im Ideal vom Schüler ist - im Gegensatz zu früheren Auffassungen - die Wirklichkeit der Person des Zöglings nicht abgeschüttelt, nicht die Modellierung eines idealistischen Ideals verlangt, sondern das aufgeklärte pädagogische Ideal meint *ein* Doppeltes: Erziehung auf der Grundlage der realen Schülerperson, Erzielung des erreichbaren Vorgestellten (Wissen, Können, Moral), Konstitution des Ideals als Ideal des *wirklichen* Schülers. Im Erziehungsziel verschränken sich konkrete Person und Ideal.

Orientierung am Schüler heißt nicht Feier seiner Egozentrik, nicht Unterwerfung des Anderen unter seinen partikularen Zweck. Sie heißt vielmehr Berücksichtigung der Interdependenz von Schüler und natürlicher, sozialer

---

[43] Je nach Vermittlungszweck formieren sich Einrichtungen in Bereichen der Allgemeinbildung (Volksschulen, Realschulen, Gymnasien etc.) und fachspezifischer Bildung (Berufsschulen, Fachhochschulen, Universitäten etc.), die den Gegenstand in sich und im Verhältnis zu anderen zweckdienlich arrangiert haben.

[44] Dieser Nachweis ist schwer zu führen. Vorschnell geurteilt diskreditieren sich Ziele wie Pflichtbewußtsein, Gemeinschaftsfähigkeit, Gehorsam als Schädigungen des Schülers. Bei genauerem Hinsehen können sie sich als unverzichtbare Erziehungsziele für die Formung seiner Gesamtpersönlichkeit erweisen.

[45] Je nach Betrachtungsweise ist *jede* Pädagogik eine »vom Kinde aus«, da sie, um im Kind anzukommen, dieses als Bedingung auch zu reflektieren hat, oder *keine* Pädagogik kann eine »vom Kinde aus« sein, weil sie gleichberechtigt neben dem Kind andere elementare Bedingungen zu berücksichtigen hat (z.B. Sache, Ziel, Umwelt).

und geistiger Umwelt. Notwendige Bedingungen seines Seins (z.B. Gemeinschaft) werden mitreflektiert und als mittelbare Ziele behandelt.
So ergibt sich als Erziehungsideal der gesittete Schüler in seiner gewußten Abhängigkeit, in seiner Möglichkeit und Bereitschaft, diese Abhängigkeit als Seinsbestandteil zu pflegen, darin über sich selbst hinauszuwachsen.
Hierin besteht der Übergang auf »Bildungsziel«, auf einen, der bloßen Sache übergeordneten Zielbereich, der sich inhaltlich am Ideal des Schülers mißt und ihm als Ziel vor-gesetzt wird: Unterrichtsgegenstände müssen nach ihrem Bildungsvermögen befragt und gewählt werden. Die Sache erscheint hierbei als Katalysator der Bildung, Unterrichtsziele veredeln sich zu Bildungszielen. Die pädagogische Durchtränkung der Gegenstände wird zur Voraussetzung der Berechtigung ihrer Vermittlung.[46]
So erweist sich die Pädagogik als zutiefst moralisch begründete Wissenschaft auf der Basis einer wissenschaftlich begründeten Moral.

In der Spannung zwischen dem Schüler als seinem Ideal und der Sache, die durch sie repräsentierte Welt, gründet auch der unentscheidbare, aber immer wieder ausgetragene Streit zwischen dem »Prinzip Lebensnähe« des Unterrichtsgegenstandes und dem »Prinzip Bildung«.
Forderung nach mehr "Lebensnähe und Aktualität"[47] bei Zielfindung und Unterrichtsgestaltung kann Gegensätzliches meinen:
a) Praktisches Beherrschen der materiellen und Mitwirken in der sozialen Welt als Ausgangspunkt, Voraussetzung oder Mittel für Verständnis und Entwicklung der eigenen Person; vom jeweiligen erreichten Stadium der Bildung aus tieferes Verstehen der gegenseitigen Bedingtheit von Person und Welt, Bildung als lebenslanges, fortschreitendes Lernen; fragen, suchen, verstehen ... »Lebensnähe« als bildungsdurchwaltetes Prinzip.
b) »Lebensnähe«, die Gebildetsein als bloßes Sich-zurechtfinden-in-der-Welt begreift, fordert die stumpfe Unterwerfung unter den Weltenzweck. Der Schüler als Maß seiner Bildung gerät außer Blick.
Es bleibt zu fragen, ob sich eine durchaus berechtigte Kritik "der 'Verschulung' des Lehrstoffes, der Überfrachtung der Lehrpläne mit lebensfremden

[46] Ableitung des "Prinzips der Erziehungs- und Bildungsrelevanz unterrichtlicher Maßnahmen", Schöler 1977, S. 96
[47] Wolf 1981

Gegenständen und der Kanonisierung traditioneller Bildungsinhalte"[48] in den auf dem Grunde bildungsfeindlichen Schlund des Absatzes b) stürzt.
In besagter Spannung zwischen Leben und Bildung steht die Schule selbst.
Einerseits gibt es gute Gründe, die Schule dem Leben zu entreißen:
a) Leben verlockt, gefährdet, lenkt ab; ist Komplexität und Diskontinuität,
b) Leben gestattet (deshalb) keinen systematischen Wissenserwerb, bildet nicht, denn
c) Leben unterwirft das Kind seinen materiellen Zwecken (ökonomischen, staatlichen, fremden): das Ideal des Staates hebt die Sphäre der Bildung aus dem Leben heraus.
Obwohl dem Leben so entfremdet, existiert Schule nicht unabhängig von ihm:
a) Sie hat gerade wegen ihrer Bildungsabsicht auf Einflüsse des Lebens zu reagieren, da sie von ihnen bedingt (technische Entwicklung, kulturelles Niveau, politische Verfassung etc.) ist,
b) sie hat den Schüler ins Leben zu entlassen und es deshalb in ihrem Bildungszweck aufzuheben,
c) sie sorgt durch ihre Bildung für die stete Erneuerung des Lebens, somit auch für seine Unstetigkeit.
Die Aufhebung dieses Gegensatzes finden wir z.B. im pädagogisch durchgestalteten Schulleben (und) der Lebensgemeinschaftsschule.

Unterrichten nimmt sich sein Ziel als Ausschnitt des ihm vorgeordneten Zielekanons: doppelte Unfreiheit der Zielnahme durch Verpflichtung auf den Zielekanon als solchen und dessen zwingende Ordnung, die die unbeschränkte Behandlung von Gegenständen nicht erlaubt.
Wie bei der Errichtung des Zielekanons sind auch in der Setzung des Unterrichtsziels Eklektizismus, Synkretismus, Subjektivismus zu vermeiden.
Unter der Betrachtung der Sachgemäßheit von Unterricht ist bereits hervorgegangen, daß in ihrer Realisation andere Dimensionen der Zöglingsseele berührt werden: Haltungen wie Wahrhaftigkeit, Gründlichkeit, Freude am Wissen etc. werden angebahnt oder verwirklicht.
Also erhellt, daß *jeder* Unterricht, auch in seiner vorgeblichen Beschrän-

[48] Wolf 1981, S. 335f.

kung auf die Sache selbst, moralisch wirkt. Im verläßlichen Besitz der Sache mag sich die Zielorientierung des Unterrichtens bisweilen erschöpfen. Dennoch gibt es die zweite, die moralische Zieldimension von Unterricht für sich. Begründungen moralischer Ziele erfolgen funktionell: Existenz und Mitwirkung in menschlicher Gemeinschaft (Ziele: Toleranz, Hilfsbereitschaft, Verständnis, Friedenswille etc.), oder grundsätzlich anthropologisch: Ziele als Wesensausdruck des Menschen, Versittlichung durch Verwirklichung dieser Ziele (Werthaftigkeit, Transzendenz).

Im Lehrplan finden sich auch fachliche Ziele unter diesem Aspekt reflektiert: Ziele des gelungenen Miteinanders nicht nur in Sozialkunde, sondern auch in Deutsch, Erdkunde, Biologie u.a..

Unterrichtsplanung reflektiert ebenso Implikationen oder Konzeptionen moralischer Qualitäten: Bereitschaft zum Helfen/Spenden in Folge von Naturkatastrophen, Gehaltsanalyse von Texten (z.B. "Das Fenstertheater", *Ilse Aichinger*), Hingabe an die Ästhetik biologischer Vielfalt in Wassertümpeln (Unterrichtsfilm).

Das gekünstelte Aufpfropfen moralischer Inhalte gefährdet deren Wirksamkeit und die Erreichung vorausgehender oder allgemein anderer Ziele.

Guter Unterricht konzentriert sich in der Praxis der Unterrichtseinheit auf *ein* Unterrichtsziel[49]. Dies versucht er über wenige Teilziele zu erreichen. Erfolg von Unterricht besteht nicht in der Vermittlung einer enormen Summe von Einzelwissen (didaktischer Materialismus), sondern in der gelungenen Vermittlung funktioneller Teilziele, dies nicht nur unter dem Aspekt von Elementarisierung oder Exemplarisierung.

In der Zielorientierung nimmt sich der Unterricht selbst an die Kandare: alle Tätigkeiten haben sich dem Ziel unterzuordnen; epische Erzählungen vom Hobby des Bienenzüchtens im Mathematikunterricht verbieten sich, aufgeblasenes Gerede, Action um der Aktion Willen, das Verlieren in faszinierenden Nebensächlichkeiten usw. disqualifizieren den Unterricht.

Faktoren des Unterrichts[50] wie Methode, Arbeitsmittel, Arbeitsform werden nach ihrer Zieltauglichkeit befragt: Eine Unterrichtseinheit über Kindersterblichkeit darf sich nicht in der Vorführung verschiedener Statisti-

[49] Glöckel 1971, S. 249
[50] Einsiedler 1978

ken erschöpfen - guter Unterricht rührt an! Übergang in den Schüler.

Unterricht der anrühren soll, kann auf den Menschen als Unterrichtenden nicht verzichten. Lehrererzählung, mimische, gestische, pantomimische Darstellungen, Engagement und Hingabe, gelebtes Vorbild, sind Wirkungsparameter nicht nur affektiver, sozialer oder ästhetischer Lernziele. Verirrungen wie programmierter Unterricht (die Maschine als Vermittler) meinen nicht nur, auf diese Qualitäten verzichten zu können, sondern übersehen die Gefahren, die sich durch den als Vorteil verstandenen Verzicht ergeben: Entfremdung von der Wirklichkeit durch ständige Erfahrung aus zweiter Hand[51], Verkümmerung der Kinderpsyche, technokratisches Bewußtsein etc.

Auch Versuche, nur Lernziele gelten lassen zu wollen, die operationalisierbar, objektiv überprüfbar sind, münden in schlechten Unterricht. Nicht zuverlässig quantifizierbare Bildungsziele (Freude, Toleranz etc.), wichtiger als andere, müßten einem bornierten Standpunkt geopfert werden, der sie praktisch doch, und zwar negativ, wirksam werden ließe. Armut der »kybernetischen Didaktik«.

Die Didaktik des guten Unterrichts läßt dem Lehrer begründete begrenzte Freiheit in seiner Bestimmung von Teilzielen, in seiner Unterrichtsgestaltung und Erziehungsarbeit. Curriculare Festlegungen von Tafelzeichnungen zwängen Lehrer- und Schülerdenken in ein Korsett, das die Entwicklung nicht nur affektiver Dimensionen behindert (Kreativität, Freude etc.).

Guter Unterricht liefert Rechenschaft über seine Ergebnisse (mündlich, schriftlich, graphisch etc.), fragt nach dem Ausmaß der Erreichung von Teilzielen, Grobzielen, Leitzielen, Richtzielen. Sicherungsphasen und Lernzielkontrollen sind bös' vernachlässigte Abschnitte heutigen Unterrichtens. "Prinzip der Leistungssicherung und -kontrolle" bei *Brunnhuber* (1988), "Prinzip der Lernkontrolle und Leistungssicherung" bei *Schöler* (1977), "Prinzip der Sicherung fester und dauerhafter Bildungs- und Erziehungsergebnisse" bei *Drews* (1976)[52].

Um Ziele zu erreichen, ist es manchmal notwendig, Ziele zu stornieren:

---

[51] Flitner 1985

[52] vgl. Serve, S. 221ff.

Entspannungsphasen, bewußtes Abweichen, Zurückstellen etc. (s. 2.3). Hinweise auf die Unverzichtbarkeit der Zielorientierung für den guten Unterricht sind bereits zu finden bei *Comenius*[53].

2.3 Schülergemäßheit

Unterricht zielt auf ein Objekt, bezweckt die Ausstattung des Schülers mit seinem Gegenstand. Genauso wie sich Unterricht und Schüler der Sache, haben sich Unterricht und Sache dem Schüler zu unterwerfen. Unterricht darf nicht am Schüler vorbeigehen, darf kein Selbstzweck sein, muß über sein Gelingen als Resultat im Schüler Rechenschaft ablegen können.
Hier gerät der Schüler als Besonderer in den Blick; Sein und So-Sein sind zu studieren, um als Bedingung der Möglichkeit des unterrichtlichen Gelingens durchschaut zu sein.
Die Besonderheit des Objekts der Vermittlung, sein Subjekt-Status, birgt es in sich, daß Aneignung kein passiver Akt, nicht Eingießen oder Auffüllen, sondern aktives Ergreifen der Sache ist. Dieser kann sich der Schüler verschließen. Unterricht ist deshalb immer prekär, es gibt keine Garantie für sein Gelingen; er kann immer nur Absicht sein, Angebot.
Voraussetzung des Gelingens ist das So-Sein des Schülers in einer Ausprägung, in der er die Sache ergreifen *kann* - um von ihr ergriffen zu werden. Für die Sache hinwiederum gilt, daß sie den Schüler ergriffen machen können und daß sie ergreifen gekonnt werden soll (beides erfordert ihre didaktische Bearbeitung): *Wagenschein*[54] verdanken wir den treffenden und schönen Ausspruch des "ergriffenen Ergreifens" - eigentlich der Begriff von Unterricht.
Der Schüler in seiner Eigenheit wird so zum Kriterium für die Sache (heißt nicht: Verfälschung der Sache!), die Sache zum Kriterium für den Schüler: »Passung« von Lerngegenstand/-methode und Schüler.

---

[53] 1657; "lückenloses Fortschreiten des Unterrichts", Anklänge an das fragwürdige Prinzip "Lebensnähe": "wirst du dem Schüler seine Arbeit erleichtern, wenn du ihm von allem, was du ihn lehrst, den Nutzen nachweist, den es im gewöhnlichen täglichen Leben hat" XVII, S. 44, und Diesterweg u.a. (1835); stetiges, lückenloses, gründliches Fortführen.
[54] 1959, S. 394

Damit die Sache greifen kann, sind verschiedene Aspekte der Schüler zu berücksichtigen[55]:

- *anthropologische Gemäßheit*: der Schüler als Mensch mit spezifisch menschlichen Bedürfnissen (Genu*ß*, Sinn, Schönheit), Fähigkeiten (Verstand, Vernunft, Wille, Moral), Möglichkeiten (Entwicklung, Bildung, Selbstbestimmung etc.); guter Unterricht ignoriert nicht die (natürliche und geistige) Bedürfnislage des Schülers, sondern bezieht sich in Ausgang und Ziel auf seine vielfältigen Fähigkeiten zum Zweck ihrer allumfassenden Förderung.

Das Erziehungsverhältnis zeigt sich als besonderes vor allem hinsichtlich der Personalität des Schülers, der wesentlich nicht Befehlsempfänger, Untergebener ist, sondern hier als Subjekt seiner Entwicklung (i.G. zu Reifung) in Erscheinung tritt. Seine in ihm angelegte Fähigkeit zur Einsicht, zur Kritik, zur Verantwortung, zu Moralität und Sittlichkeit, fordert vom guten Unterricht Möglichkeiten der Selbst- und Mitbestimmung des Schülers, seine Anerkennung/Wertschätzung als Person als Voraussetzung für das Werden der Persönlichkeit. Dies ist möglich, ohne das Erziehungsverhältnis auf den Kopf zu stellen.

- *Kindgemäßheit*: Berücksichtigung der Eigenart/des Eigenrechts des Kindes als Kind (Bedürfnis nach Bewegung, Spa*ß* und Spiel, mangelnde Einsichtsfähigkeit/Verantwortung, geringeres Wissen),

- *Entwicklungsgemäßheit*: Kind ist nicht gleich Kind. Je nach Entwicklungsalter sind ihm spezifische Denk-, Erlebnis- und Handlungsweisen eigen. Entwicklungspsychologie und Pädagogik zergliedern die kindliche/jugendliche Entwicklung oftmals in Phasen-, Stufenmodellen. Diese sind nicht unumstritten. Lassen wir uns auf die Diskussion der Stufigkeit von Entwicklung nicht ein, bleibt das Ergebnis einer im wesentlichen kontinuierlich fortschreitenden Entwicklung, z.B. vom anschaulich-konkreten hin zum vorstellungsgelösten abstrakten Denken[56], vom einfachen hin zum komplexen[57]. Auch die Einteilung in "sensible Perioden" bei *Montessori* oder Wachstumsperioden bei *Steiner* teilen diesen Gedanken. Stufungen des Unterrichts wie bei Herbart nehmen in ihren inhaltlichen Explikationen

[55] ähnlich bei Glöckel 1985
[56] so z.B. bei Piaget, Aebli
[57] z.B. bei Comenius, Pestalozzi; ähnliche Entwicklungsgänge bei Spranger, Hetzer u.a.

darauf Bezug.

Guter Unterricht hat danach die kognitiven, affektiven und moralischen Möglichkeiten des Kindes in seinem Entwicklungsabschnitt zu berücksichtigen. Unterrichtshygienische Maßnahmen im Sinne eines angemessenen Wechsels der Arbeitsformen, einer sinnvollen Reihung von Anstrengungs- und Erholungsphasen, von Bewegungs- und Ruheperioden, sind, angemessen an den Entwicklungsstand des Schülers, für den guten Unterricht unabdingbar. Die Schwierigkeit im Konkreten liegt darin, sich in nicht kindtümelnder Weise auf das Kind zu beziehen und es über seinen aktuellen Entwicklungsstand hinaus zu fordern.

Hinweise auf die Bedeutung der Abwechslung von Arbeits- und Erholungsphasen sind bereits bei *Comenius* und *Francke* zu finden.

- *individuelle Gemäßheit*: Wenn und inwieweit auch allgemein gültige Entwicklungsstadien für »das« Kind festgelegt werden können, realisieren sich Entwicklungszustand und -verlauf doch im *Individuum*: dessen Entwicklung läuft dem Durchschnitt seiner Alters- oder sonstigen Population in der Regel hinterher oder voraus. Diese Tatsache erschwert gutem Unterricht das Gelingen: nicht nur individuelles sondern auch individualisiertes Verankern der Sache im einzelnen Schüler.

Im Individuum vereinigt sich eine Vielfalt von Eigenschaften, Einstellungen, Interessen etc., die seine Eigenheit definieren. Diese Eigenheit mag generelle Verzögerungen oder Beschleunigungen in sämtlichen Bereichen des Lernens bedingen.

Guter Unterricht trägt dieser Eigenheit bezüglich Wissen, Auffassung, Fähigkeit, Gemüt, Vitalität, Sensibilität, Geschicklichkeit, Fertigkeit, auch der körperlichen Ausstattung der Schülerperson, Rechnung. Soziale Einflüsse, z.B. des häuslichen Erziehungsmilieus, machen sich als differente Ausprägungen der Schülerperson mit geltend.

Bereits in seiner Vorbereitung erkundet guter Unterricht die "Individuallage des Schülers" (*Pestalozzi*), insbesondere seinen je sachstrukturellen Entwicklungsstand: Vorerhebung/Vortest als formalisierte Variante.

Bedeutsame Elemente der Individuallage sind neben den genannten personalen Merkmalen u.a.: sachliche/fachliche Voraussetzungen, sprachliche Fähigkeiten, Erfahrungsvolumen, Interesse und Interessierbarkeit, Leistungsbereitschaft und Arbeitshaltung, aktuelle Befindlichkeiten, soziodyna-

mische Voraussetzungen der Klasse als Gruppe (Individuallage der Klasse!).
»Schülergemäßheit« ist wie die »Pädagogik vom Kinde aus« geistige Errungenschaft und gedankliche Mitte der Reformpädagogik, die zu ihrer Zeit mehr war als Re-form. Im Rückgriff auf vor allem *Rousseau* und *Pestalozzi*, in den 20-er und 30-er Jahren unterstützt von den damals geltenden Auffassungen der bereits etablierten Entwicklungspsychologie[58], formierte sich eine bunt gefächerte Betrachtungs- und Gestaltungsweise von Unterricht/Erziehung, die hartnäckig und radikal, bisweilen bis zum unterrichtsuspendierenden Extrem verzerrt, nur den Schüler als Bedingung, Maßstab und Ziel von Entwicklung oder Bildung begreifen wollte. Verschiedene Spielarten des Gedankens ziehen pandemisch seit ca. 100 Jahren um den Erdenball: Schweden (*Key*), v.a. Deutschland (Gedankengut schon bei den Philanthropisten; Landerziehungsheimbewegung, *Otto, Gaudig/Scheibner, Petersen, Tausch*, Anthroposophen, bis hin zur absoluten Vereinseitigung in der Absurdität der »Anti-Pädagogik«), Belgien (*Décroly*), Schweiz (*Ferrière*), Frankreich (*Demolins, Freinet*), Italien (*Montessori*), Großbritannien (*Neill*), USA (*Dewey, Kilpatrick, Rogers*) und viele weitere Personen, Ansätze, Schulen und Schulchen.
Wesentliche Aspekte der Schülergemäßheit liefern weitere Kriterien guten Unterrichtens:

2.3.1 Differenzierung[59]

Zweck oder Ideal der Vermittlung ist das Sich-zu-eigen-machen des Gegenstands (seine Durchdringung, Beherrschung) durch den, d.h. *jeden* Schüler. Guter Unterricht richtet sich also nach der Individualität des Schülers (s.o.). Im numerischen Extremfall, damit ja sein Zweck erreicht wird, vereinzelt er die Lerngruppe: *Individualisierung*. Ansonsten faßt er gleiche Voraussetzungen in Gruppen unterschiedlicher Größe zusammen: *Differenzierung*. Dies tut er des öfteren in Erarbeitungs-, insbesondere aber in Übungsphasen.

---

[58] Stern, Meumann, Ch. Bühler, Hetzer, Kroh, Spranger
[59] vgl. Seibert, S. 95ff.

Individualisiertes/differenziertes Unterrichten verlangt die Bereitstellung von für diese Unterrichtsform geeigneten Arbeitsmitteln (Gestaltung, Gliederung, Selbstkontrollmöglichkeit) bzw. die Fähigkeit des Schülers, sie richtig und effektiv zu handhaben: eingeführte Arbeitsweisen und Techniken als Voraussetzung einer »freien geistigen Tätigkeit«. Gruppenunterricht erfordert zudem eingeschulte Weisen des Zusammenarbeitens: *Regeln, Rollen, Ruhe*.
Modalitäten der (inneren) Differenzierung, z.B. die Unterscheidung in quantitative und qualitative Formen, spielen bei unserer Betrachtung keine Rolle[60]. Auch die Tatsache der geschehenen »äußeren Differenzierung« im Schul- oder Klassensystem bleibt hier unberücksichtigt.
Guter Unterricht begegnet der Gefahr, daß durch mangelnde oder mangelhafte Differenzierung (auch und gerade zu Beginn der Schulzeit, Grundschule) Defizite etabliert bzw. stabilisiert werden können, die nur schwer zu beseitigen sind: der kompensatorische Aspekt differenzierten Arbeitens. Differenzierung heißt aber nicht bloß Förderung von Leistungsschwachen mit dem falschen Zweck der Egalisierung von Unterschieden, sondern ebenso Einsatz für leistungsstarke Schüler, ihre Fähigkeiten auszubilden und Fertigkeiten weiterzuentwickeln. Alles andere widerspräche dem Grundsatz der Schülergemäßheit.
Guter Unterricht unterjocht sich nicht einem möglichen Prinzip der Differenzierung, sondern setzt diese überlegt als Mittel der Schülergemäßheit ein, verzichtet also durchaus auch darauf.

2.3.2 Motivierung[61]

Planmäßiger und installierter Unterricht hat mit einem schweren Schicksal fertig zu werden: anstehende Gegenstände (»das, was dran ist«) schließen nicht notwendig von sich aus das Interesse des Schülers auf. Dieser muß für den Gegenstand gewonnen werden. Erschwerte Bedingungen ergeben sich durch große Klassen.
Unter dem Blickwinkel von Schüler- und Sachgemäßheit folgt für den Akt

---

[60] s. Vierlinger/Feiner 1974
[61] vgl. Serve, S. 165ff.

der Aufschließung: Er macht keine Stimmung für den Schüler, sondern erzeugt Gestimmtheit für den Gegenstand; deshalb verbieten sich bombastische Einführungen oder Zwischenmotivierungen, Knalleffekte, Tricks und Zaubereien, wenn sie - und das tun sie - (weit) am Gegenstand vorbeiführen. Zum zweiten: Es ist eine Aufschließung des Schülers, hat also dessen Stand und Verfaßtheit zu berücksichtigen. Komplizierte Verwicklungen, abstrakte Darstellungen regen den sehr jungen Schüler weniger an, Kasperl und Seppl weniger den Abiturienten.

Am besten besorgt die Aufschließung die kindgerechte Präsentation des Gegenstands selbst. Kinder denken gerne, agieren gerne, sprechen gerne. "Von sich aus ... will das Kind lernen, nichts als lernen"[62]. Wird es mit bewegenden, frag-würdigen, er-staunlichen Seiten des (didaktisch präparierten) Gegenstandes konfrontiert, zeigt es sich schnell aufgeschlossen[63]. Aus der "Fragehaltung"[64] geborene oder vom Lehrer initiierte problemhaltige Fragestellungen fachen die epistemische Neugier an, führen zu ersten Vermutungen und u.U. selbständig organisierten Problemlösungen, zu "entdekkendem Lernen"[65]. »Probleme« aus der Lebenswelt der Schüler, aktuelle Ereignisse (im Gelegenheitsunterricht), unmittelbare Kontakte, unterstützen das Interesse. Ein, bezogen auf das individuelle Leistungsvermögen, mittlerer Schwierigkeitsgrad von Aufgaben, der - dies ist dasselbe - den Schüler nicht über- und nicht unterfordert[66], eine an der jetzigen oder zukünftigen Lebens- bzw. Berufswelt orientierte Stoffauswahl[67], die nicht zum Prinzip »Lebensnähe« mutiert, lebendige Sachverhalte, expressive Präsentationen[68], kontrastreiche, provozierende Darbietungen, tätigkeitsorientierte Auseinandersetzungen u.a. (s. 2.4) steigern Motivation und Konzentration.

Die genaue Inspektion von Elektrogeräten auf ihr Herkunftsland (»Made in ...«) als Hinführung auf ein ostasiatisches Land im Geographieunterricht, die in tagelanger Arbeit montierte Eisenbahn, die einen Zettel mit der

---

62 Wagenschein 1956, S. 54
63 Schiefele 1963: "Primärmotiv des Machens"
64 Copei 1955
65 z.B. Bruner 1972
66 Heckhausen 1970
67 z.B. Roth 1958
68 z.B. Fitzner 1984

Kundgabe der Hausaufgabe für den nächsten Tag vorbeifährt, der Videofilm, der sehr teuer und professionell im Filmstudio in Auftrag gegeben wird, um am nächsten Tag eine packende Einstiegsphase zu entfesseln, sind vielleicht extreme, aber tatsächlich geschehene und gescheiterte Versuche einer schüler- und sachgemäßen Motivierung.
Extrinsische, also eine außerhalb des Lerngegenstandes liegende Motivation ist selten ein Werkzeug guten Unterrichts, intrinsisch zu motivieren ist seine Kunst. Im praktischen Unterricht kann jedoch auf Möglichkeiten der extrinsischen Motivation nicht verzichtet werden[69]: Bedürfnis nach Identifikation mit dem Erwachsenen, Bedürfnis nach Zustimmung, Bedürfnis nach Geltung und Anerkennung etc.
Es ist nicht nur Aufgabe des Lehrers, eine gelungene und anhaltende Motivation zu bewerkstelligen, sondern er ist oft selbst diese Bewerkstelligung. Durch seine akzeptierende, verständnisvolle, optimistische Haltung, durch pädagogische Liebe und Taktgefühl, Freude und Humor, Lob, Ermutigung, Unterstützung befriedigt er nicht nur die (sozialen) Bedürfnisse der Kinder nach Anlehnung, Geltung, Zustimmung, Führung, sorgt er nicht nur für eine angstfreie, humane Klassenatmosphäre, sondern begünstigt und fördert er freudevolles Lernen, Anstrengungsbereitschaft und Arbeitswillen.
Die Bedeutung des Interesses des Kindes am Gegenstand als allgemeine Voraussetzung des (guten) Unterrichts finden wir nicht erst als neuzeitige Leihgabe der Psychologie[70], sondern bereits im schulpädagogischen Denken von *Comenius, Diesterweg*[71], *Scheibner, Niemeyer* u.a., mittelbar in der Forderung nach (Selbst)Tätigkeit des Schülers bei nahezu allen bedeutsamen Schulpädagogen.

2.3.3 Aktivierung/Selbsttätigkeit

Aufgeschlossenheit setzt den Schüler in Bewegung - Richtung Gegenstand. Er selbst will "im Sog der Sache"[72] entdecken, erkunden, erfahren, ausprobieren: lernen. Über die geistige, intellektuelle Aktivität hinaus, will er

---

[69] vgl. Serve 1990, S. 180
[70] z.B. von Heckhausen
[71] 1835: "Suche den Unterricht anziehend zu machen!"
[72] Wagenschein 1956, S. 61

- zudem im günstigen Fall auch affektiv bewegt - 'was tun: anfassen, zupacken, aufdröseln, ...; die Seele drängt den Körper. Dieser Bewegtheit ist im Unterricht Raum zu verschaffen.

"Aktivität äußert und entwickelt sich in der Tätigkeit"[73]. Dabei meint *Aktivierung* nicht oder mehr als die bloße Gelegenheit körperlicher/motorischer Bewegung: Gespanntheit, Sammlung, Dabeisein, Bewegt-und In-Bewegung-sein der ganzen Person, was nicht nach außen deutlich werden muß (es sei denn im Bereich der Körpersprache!).

Körper*starre* mit aufgerissenen Augen und Mund bei fesselnder(!) Lehrererzählung mag als höchster Ausdruck von Aktiviertsein gelten[74].

Vorteile umfassender Aktivierung des Lerners liegen nicht nur im hygienischen Bereich (Betätigung der vernachlässigten Körpermuskulatur, vermehrte Sauerstoffzufuhr etc.), aktives Beteiligtsein befruchtet den gesamten Lernprozeß. Es wird schneller, gründlicher und mit einer höheren Behaltensrate gelernt.

Lernen gelingt dann am besten, wenn möglichst der ganze Mensch beteiligt ist. Diese Einsicht finden wir in der Geschichte der Pädagogik als Kampf gegen die Wort-, Buch- oder Kathederschule. An uns selber vollziehen wir sie des öfteren nach einem längeren Vortrag, den wir eingezwängt in eine Stuhlreihe verfolgen mußten. Im Bereich des moralischen Lernens, der Werterziehung, ist die "Handlungskomponente"[75] die entscheidende Bedingung.

Guter Unterricht schafft Situationen, in denen sich unter Nutzung der verschiedenen Wahrnehmungsmodi[76] und unter Beteiligung der verschiedenen psychischen Qualitäten, der Schüler selbst mit dem Gegenstand auseinandersetzen kann: *Selbsttätigkeit, Tätigkeit des (ganzen) Selbst*. So muß denn der Lehrer in der Tat öfters passiv werden, damit der Schüler aktiv werden kann[77].

Der Begriff »Selbsttätigkeit« will mehr sein als plumper Pleonasmus - jede Tätigkeit ist die eines Einzelnen, eines Selbst:

---

[73] Drews 1976, S. 91
[74] Eggersdorfers "Element der Spannung" (1928)
[75] Oerter 1967
[76] kommunikationstheoretisch mit dem häßlichen und abwegigen Begriff »vielkanalig« ausgedrückt
[77] Montessori 1934, S. 281

a) Zum einen betont er den individuellen Charakter der Tätigkeit: das Individuum ist am Werk, jeder Einzelne ist für sich tätig, findet seine Heran- und Umgehensweise an den/mit dem Gegenstand. Dies schließt andere Sozialformen der Betätigung nicht aus: Selbsttätigkeit im Gruppen-, Klassenzusammenhang.

b) Zum anderen zielt er auf die Einzigartigkeit, Einmaligkeit des Einzelnen, seine existentielle Dimension. In der eigenen Auseinandersetzung mit dem Gegenstand betätigt und entfaltet sich das Selbst. Gegenstand und Arbeit erfahren Selbst-Sinn. Erst so wird aus dem (einzelnen) Individuum das (einzige) Selbst. Dazu muß es die Möglichkeit haben, sich entscheiden zu dürfen:

c) So enthält der Begriff »Selbsttätigkeit« auch das Moment der Selbstbestimmung. Nur wenn der Schüler selbst sich frei für den Gegenstand entscheidet (was die Funktion des Lehrers nicht durchstreicht), ist der Gegenstand ganz für ihn da. In seiner freien Arbeit am Gegenstand praktiziert er Verantwortung: Bedingung der Person.

Das Ideal der Selbsttätigkeit: Der Schüler findet aus eigenem Beweggrund seinen(!) Gegenstand, seine Aneignungsweise und seine Methode des Behaltens. Konkretionen dazu im Ansatz des »entdeckenden Lernens« (bisweilen tautologisch: »selbstentdeckendes Lernen«).

Im engeren Sinne zielt Selbsttätigkeit auf Lernen durch eigenes *praktisches*/manuelles Tun. Vernachlässigungen der Handarbeit, be-greifender Aktivitäten im Rahmen von Unterricht wurden von Pädagogen in unterschiedlichen Epochen kritisiert: *Comenius*[78], *Francke, Niemeyer, Rousseau, Salzmann, Fröbel, Beneke, R. Hildebrand* (v.a. für den Deutschunterricht), *Geheeb* u.a..

Konzeptionelle Begründungen der Selbsttätigkeit im Unterricht finden sich vor allem in *Deweys* "learning by doing", in *Kerschensteiners* Arbeitsschule, in *Blonskijs* bzw. *Oestreichs* Produktionsschule, in *Gaudigs* "freier und selbstbestimmter Tätigkeit", in *Diesterwegs* "Schule der Tat", in *Lays* "Handeln als Grundprinzip der Schulreform".

Selbsttätigkeit meint hier und sonst "sachgerechte Aktivität"[79], nie bloßes

---

[78] 1627, XVIII, S. 28: "die Dinge selbst kennenlernen und durchforschen"

[79] Brunnhuber 1988, S. 40

Agieren, sondern sinnvolles Tun, nie blindes Probieren, sondern zielbewußtes Handeln, nie nur körperliche Betätigung, sondern ganzes »Bei-der-Sache-sein«, nie nur Spaß, sondern harte Arbeit, nicht Vergnügen, sondern Bildung.

Sie ereignet sich im guten Unterricht funktional oder intentional u.a. als Suchen/Lösen, Planen/Durchführen, Informationsbeschaffung/-entnahme/-auswertung[80], Schauen/Betrachten, Ausprobieren/Untersuchen, Finden/Herstellen, also auf jeder Stufe, in Einzel-, Partner-, Gruppenarbeit, mit oder ohne richtige/zufriedenstellende Ergebnisse. Der Lehrer hat dabei dafür zu sorgen, daß »Selbsttätigkeit« nicht zu »Eigenaktivitäten« verkümmert.

Selbsttätige, selbstgesteuerte Arbeitsweisen sind vor allem in Phasen sog. »freier Aktivitäten« zu realisieren[81]. *Petersen*, *Montessori* und *Freinet* haben als eine der ersten auf die herausragende Bedeutung freien Arbeitens und des dafür gestalteten und geschulten Arbeitsmittels hingewiesen. Neben dessen Erstellung und Einführung hat der Lehrer in der Situation seiner Anwendung die Aufgabe, die Kinder nicht in Ruhe zu lassen - aber ggf. in Ruhe arbeiten zu lassen -, sondern für sie da zu sein: Hilfe, Anregung, Ermutigung, u.U. Mitwirkung oder Kontrolle, Verpflichtung des Kindes auf das Arbeitsmittel! Mit dem geschickt arrangierten Arbeitsmaterial steht und fällt die hochgeschätzte freie Arbeit, insofern es das Kind führt oder verführt. Genau dieses gilt auch für den gewinnbringenden Einsatz der scheinbar unvermeidlichen *Freinet*-Druckerei.

Eine Hochform von Unterricht auf der Basis verschiedener teils selbstgeleiteter Tätigkeiten ist die planvolle, differenzierte, längerfristige Zusammen-Arbeit unter gemeinsamem Ziel: Vorhaben, »Projekt-Unterricht«[82].

Die Erhebung der oftmals als Prinzip postulierten Selbsttätigkeit zum allmächtigen Dogma des Schulunterrichts torpediert Ziele und Prinzipien, die wir oben als wichtig nachgewiesen haben. Auch »Selbsttätigkeit« hat sich deshalb dem Zweck des Unterrichts als gesamtem zu unterwerfen.

---

[80] z.B. Kopp 1970

[81] vgl. v.a. Wenzel 1982; Geppert/Preuß 1988; Hauptmann/Schubert 1989

[82] vgl. schon Haase 1932; Dewey/Kilpatrick 1935

2.4 Elementarisierung

Im Gegensatz zu Sache und Schüler gibt uns der Akt der Vermittlung, hier als konstituierender Bestandteil von Unterricht genommen, keinen Hinweis auf seine prinzipielle Gestaltung aus seinem Begriff heraus. »Vermittlung« ist ein bloßes Für, absoluter, Dienst, Sein für Anderes, Katalysator, Ferment, hat keinen Wert für sich; es gibt also keine »Vermittlungsgemäßheit«.[83]
Erst aus Zweck und Objekt der Vermittlung ergeben sich Kriterien für den guten Unterricht: Im Wie vereinigen sich Sach-/ Ziel- und Schülergemäßheit, im Unterrichtsmittel (i.e.S. als Arbeitsmittel, Medium) haben sie sich vergegenständlicht.
Das Problem der Vermittlung liegt zum ersten im Dasein der Sache selbst: sie ist komplex, je konkreter desto komplexer; sie enthält deswegen Unwesentliches, sie bietet sich in ungeordneter Fülle dar: damit Ordnung als Leistung des Gedankens, sie ist manchmal nicht oder nicht unmittelbar wahrzunehmen, entzieht sich unseren Sinnen, tritt erst durch Denkakte hervor, ist oft selbst nur als Abstraktes, als Idee.
Zum zweiten kann sie dem kindlichen Verstand unzugänglich sein. Dieser ist eher anschauungsgebunden. Die Konsequenz des Unterrichts ist, entweder auf diese bestimmte Sache als Unterrichtsgegenstand zu verzichten oder nur zu verstehende Aspekte von ihr, also nicht sie selbst als sie selbst, zu vermitteln, »sie« in für das Bewußtsein des Schülers faßbarer Form zu präsentieren: Guter Unterricht schafft so eine Reduktion/Transformation der Sache auf einen begreifbaren repräsentativen Inhalt, in dem jedoch ihr Begriff aufscheint; Aufgabe des Unterrichts ist nun, *am* Aspekt die Sache durchzunehmen, eine Stufe der Generalisierung, des Transfers, der Induktion, allgemein: der Hin- oder Rückführung auf den Begriff, vorzunehmen. Das Teil repräsentiert das Ganze, das Konkrete veranschaulicht das Abstrakte, das Einfache ermöglicht die Einsicht in das Komplexe, das Exem-

[83] Nachdem wir aus den konstituierenden Momenten von »Vermittlung«, aus der Sache die Sachgemäßheit, aus dem Ziel die Zielgemäßheit, aus dem Schüler die Schülergemäßheit, »abgeleitet« haben, bemerken wir, daß diese Verwandlung des Elements in das Prinzip für den Akt der Vermittlung nicht mehr möglich ist. Auf die Grundlage dieses Gedankens sind wir bereits in Abschnitt 1 (6) gestoßen. Kriterien für das »Wie« der Vermittlung müssen aus den bisherigen Bestimmungen abgeleitet werden.

pel steht für den Begriff[84]. Dieses Verfahren des Unterrichts mit der Sache nennen wir Elementarisierung, ein in der Unterrichtswissenschaft nicht eindeutig verwendeter Begriff, der nicht oder nur im besonderen die Auflösung und schrittweise Darbietung der Sache in ihren Elementen meint.
Guter Unterricht hat seinen Gegenstand genau analysiert, für seinen Zweck Wesentliches von Unwesentlichem geschieden, im Unterrichtsmittel den optimalen Zugang zum Verstand des Schülers gefunden, im gewählten Exempel den Begriff dargestellt und im weiteren auf den Begriff hingeführt.
In Abhängigkeit vom kognitiven Entwicklungsstand des Schülers bereitet er in unteren Jahrgangsstufen durch Verbreiterung des empirischen Wissens über die Anschauung von immer mehr Gegenständen[85] eher auf Akte des Vorstellens und Denkens ("kombinatorisches" bzw. "demonstratives Verfahren") vor. Seine Güte besteht dort im nicht nur äußerlichen Anschauen oder Betrachten, sondern in der gedanklichen Durchdringung des Gegenstandes.
Im Vorgang der Elementarisierung sind mehrere Momente zu unterscheiden, die wiederum als Kriterien guten Unterrichts aufgefaßt werden können, u.a.:

2.4.1 Vereinfachung

Zum ersten findet Komplexitätsreduktion statt. An einem einfachen, aber markanten Beispiel, dem Prototyp, wird das Bestimmende des Gegenstands aufgewiesen. So steht die Tulpe durch ihren einfachen und leicht zugänglichen Aufbau als Exempel für die Blüte, die Ente für den gut angepaßten Wasservogel, die Bundespost im Heimatort X für den Dienstleistungsbetrieb etc. In Mathematik werden Zahlen oder Sachverhalte vereinfacht, wenn es um die Entdeckung oder Darstellung mathematischer Zusammenhänge geht. Zeitwörter werden regel-mäßig solange kleingeschrieben, bis schließlich der Spezialfall ihrer Großschreibung eingeführt wird. Am »Erlkönig« werden die Kennzeichen der Ballade erarbeitet.
»Vereinfachung« gilt auch für die sprachliche Repräsentation und Präsenta-

[84] vgl. die "Spielarten der exemplarischen Repräsentation" bei Scheuerl (1958)
[85] "epideiktisches Verfahren"; Rosenkranz (1848)

tion des Gegenstands: Vor allem in der Grundschule werden komplexe und schwierige Ausdrücke bzw. Sätze, Fremdwörter und Fachtermini weitgehend vermieden; Fachsprache wird nur dann verwendet, wenn sie didaktisch überlegt eingeführt wurde.
So lassen wir z.B. Bestandteile und Funktionen der Kaffeemaschine erst in der Sprache der Schüler benennen/beschreiben, bevor wir diese Bezeichnungen (behutsam) durch Fachtermini ersetzen.
Das Prinzip der »Einfachheit« gilt auch für die Lehrersprache: einfache Fragen, Impulse, Arbeitsaufträge, Erklärungen etc.
Forderungen nach »Einfachheit« drückten sich immer wieder als »Regeln guten Unterrichtens« aus, z.B.: "Nicht mehr denn eins auf einmal! Eins oft wiederholt!" (*Ratke*)[86], "Vom Leichten zum Schweren! Langsam vorgehen!" (*Comenius*, ähnlich *Niemeyer*[87]), "Vom Einfachen zum Zusammengesetzten! Vom Nahen zum Entfernten! Vom Leichten zum Schweren!" (*Diesterweg*) u.a..

2.4.2 Strukturierung[88]

Wirklichkeit ist komplex, geordnetes Chaos. Menschlicher Verstand säubert und rastert, damit der Gegenstand erkennbar hervortrete.
Die ordnende Funktion des Verstandes gibt jedoch keine Ruhe. In den Gegenständen selbst sucht sie nach Ordnung, spürt sie auf oder schafft sie sich (z.B. Zeiteinteilung). Auch die Ordnung selbst existiert als Gegenstand (Biologie, Poetik).
Unterricht ist aber nicht Wissenschaft, sondern die Vermittlung von geschaffenem Wissen. Er muß von seinem Zweck her deshalb nicht Gegenstände erkennen oder erklären (Erklärung I als wissenschaftlicher Prozeß), aber erkannte und erklärte Gegenstände an den Mann bringen (Erklärung II als didaktisches Verfahren). Dies schließt das Suchen, Finden, Erkennen von Gegenständen, Eigenschaften, Zusammenhängen als Mittel des Unterrichts nicht aus (Selbsttätigkeit).
Guter Unterricht hilft dem suchenden Verstand, Ordnungen zu finden,

---

[86] bei ihm auch Hinweise auf die Bedeutung sprachlicher Einfachheit
[87] vgl. S. 22
[88] vgl. Seibert, S. 197ff.

durch Präparation des Pfades oder Präsentation der Ordnung selbst: Ordnungen als Qualität des Gegenstands oder Mittel für seine Aneignung! Strukturierungen müssen sowohl dem Gegenstand in seiner Geordnetheit gerecht werden (Struktur als Grundlage der Strukturierung) als auch dem Schüler Hilfe zur Erfassung sein. Im Unterrichtsmittel fallen so Strukturiertheit des Gegenstands und Auffassungsweise des Schülers wieder zusammen.

Um Ordnungen zu stiften, gliedern wir zu bearbeitende oder zu erstellende Texte im Deutschunterricht, unterstreichen die wesentlichen Angaben in einer Sachaufgabe, verwenden Rechenhaus und Rechenbaum in Mathematik, verfolgen Organ für Organ den Weg der Nahrung durch den menschlichen Körper in Biologie, ordnen unterschiedliches Erzieherverhalten zu Erziehungsstilen in Erziehungskunde, behandeln die Geschichte gegliedert nach Epochen (hier tritt der ordnende Verstand sehr kritisch in den Vordergrund: trotz vielerlei Anfechtungen wird an solchen Strukturierungen festgehalten, ja *muß* an ihnen festgehalten werden), untersuchen Liedform oder Sonatensatz im Musikunterricht, analysieren buchstaben- bzw. lautfolgend Schreib- oder Sprechweise im Lese- und Schreibunterricht.

Strukturierte Darbietung/Erarbeitung birgt die Gefahr der isolierten Betrachtungsweise, Zerpflückung, und damit nur vermeintlichen Erkenntnis (z.B. Gedichtanalyse). Ganzheitliche Betrachtungen müssen sich neben oder hinter die Analyse stellen, ausgewiesene Artikulationsphasen den Gegenstand wieder als Ganzes fassen: Restitution (s.u.).

Neben ihrer methodischen Bedeutung durchherrscht »Strukturierung« im Prinzip alle didaktischen Ebenen; immer wenn gründlich über Unterricht oder Unterrichten nachgedacht wird, penetriert sie alsbald unsere Überlegungen; vielleicht darf sie als erstes und deshalb oberstes Prinzip für guten Unterricht gelten.

Auf kleinster Ebene der (in sich geschlossenen) *Unterrichtseinheit* (die Sach-, aber keine Zeiteinheit ist) finden sich Betrachtungen, Vorschläge bis Forderungen zur Strukturierung schon in den Anfängen systematisch-wissenschaftlicher Untersuchung von Unterricht als einfache Regel (z.B. bei *Comenius*: "Stufenweises Fortschreiten!"), als methodischer Grundsatz der Stufung des Unterrichts (z.B. *Diesterwegs* "Stufengänge des Unterrichts"), als explizite Stufenmodelle, Grundstrukturen, Artikulationstypen (so bei

Herbart, purifiziert bei vor allem *Ziller*, weniger bei *Stoy, Rein, Waitz; Dörpfeld, Scheibner* u.v.a.), als allgemeine logische Vorgehensweisen (*Comenius*: induktives Vorgehen, synthetische Methode; *Herbart*: analytischer, synthetischer Unterricht etc.).

Strukturierungen in erweiterter oder repetitiver Form gelten grundsätzlich auch für die nächst-komplexeren Ebenen der *Unterrichtssequenz* als Ordnung von zwei oder mehreren Unterrichtseinheiten bezüglich eines (umfassenderen) Gegenstands oder einer Lerneinheit (Fabel, Naturkatastrophen, Bündeln) bzw. des mehrere Unterrichtssequenzen umgreifenden, schematisch aufbauenden, kaum modifizierbaren *Lehrgangs* (Drucken, Schreiben, Lesen, Maschinenschreiben), erst recht für den hinsichtlich seiner vielfältigen, konzentrativen Tätigkeiten verschiedener Schüler oder Gruppen planungsbedürftigen, fächerübergreifenden *Projekt-Unterricht*.

Im Zielbereich von Unterricht lernten wir »Strukturierung« bereits als Lehr(ziel)plan oder - bis hin zu empirischer Überprüfbarkeit ausgetüftelt und ver(lehr)plant - als Curriculum kennen. Bei der Unterrichtsplanung sorgen wir für eine angemessene Auswahl und Ordnung von (wenigen) Teilzielen; Anknüpfung an gesichertes Wissen, vom (mit dem Auge des Kindes betrachtet) Einfachen zum Komplexen/Schwierigen/Abstrakten etc.

Im Arbeitsmittel liegen sehr häufig Strukturierungshilfen oder gegebene Ordnungen vor. Diese haben so den Gegenstand vereinfacht und ihn vor das Auge des Schülers gestellt: veranschaulicht.

2.4.3 Veranschaulichung[89]

Das Erkennen/Denken von Kindern zumal der Grundschule lebt von der sinnlichen (nicht nur visuellen) Erfahrbarkeit des Gegenstands. *Piaget* (1946) spricht von der "konkret-operationalen Entwicklungsperiode" (ca. sieben bis elf Jahre).

»Veranschaulichung« fordert zum einen - als Kritik der Wortschule - nicht bloß über das Was zu reden, sondern »Zu den Sachen selbst!« zu drängen, in den Apfel beißen zu lassen statt ihn zu kopieren oder zu diskutieren. Zum anderen verlangt sie als besondere Weise der Elementarisierung das Sichtbarmachen des Nicht-Sichtbaren, das Herunterziehen des Begriffs in

[89] vgl. Seibert, S. 245ff.

den Sumpf faßbarer Realität auf Kosten seiner Wahrheit. Darin liegt ihre Gefahr (s.u.).

Verschiedene Stufen der Repräsentation sind denkbar:

a) Vermittlung des Gegenstands in seinem Exemplar (der Maulwurf): primäre Repräsentation,

b) der Maulwurf als Stück umweltangepaßter Natur: sekundäre Repräsentation,

c) daneben: die Repräsentation des Gegenstands im Bild, in der Zeichnung etc.: tertiäre Repräsentation.

Guter Unterricht führt die entwicklungsgemäße, notwendige und spezifische Anschauung des Gegenstands herbei und macht den Charakter der Anschauung als Hypotypose in Abhängigkeit vom Geistesvermögen des Kindes bewußt.

Kant (1790) unterscheidet zwischen drei Formen der "Hypotypose als Versinnlichung", die in Abhängigkeit von der Gattung des jeweils veranschaulichten Begriffs spezifische Denkleistungen verlangen:

a) Empirische Begriffe werden durch Exempel veranschaulicht: »Apfel« durch den Apfel; der Schüler hat vom konkreten Beispiel auf das Allgemeine zu schließen bzw. es als Vertreter des Allgemeinen zu nehmen.

b) Verstandesbegriffe sind in »Schemata« darstellbar, die Demonstrationen des Begriffs sind: So sind die Ergebnisse physikalischer Experimente als Ausdruck der nur verstandesmäßig zu fassenden Naturgesetzlichkeiten zu verstehen. Exempel der Kategorien.

c) Der objektiven Realität der Vernunftbegriffe ist keine Anschauung angemessen; diese sind nur indirekt, vermittelst einer Analogie darzustellen: kaiserliche »Größe« durch naturwüchsige, Gut und Böse durch Licht und Finsternis, Gnade Gottes durch Leiden Christi. Exempel der Idee.

(Bloßes) Ideal der »Anschauung« ist der reale Gegenstand vor den »Augen« des Kindes (das Exempel des »wahren« Gegenstandes!). Dies ist im Bereich der Sachkunde oftmals einfacher, in anderen Fächern schwierig bis unmöglich (Mathematik, Physik, Religion).

Originale Begegnung mit dem Unterrichtsgegenstand (auch außerhalb des Klassenzimmers) ist nicht nur günstige Voraussetzung seiner über die Anschauung fortschreitenden geistigen Durchdringung, sondern schafft durch erlebtes Leben, Erfahren wurzelnder Wirklichkeit, über Staunen, Sich-freuen, Sich-abhängig-wissen etc. auch Möglichkeiten moralischer Anrührung, sittlicher Erziehung.

Im Medium schickt die Sache ihren Stellvertreter. Es ist so auch immer nur Exempel, Repräsentation des Gegenstands in zweiter Ordnung. Je näher es als Abbild am Gegenstand ist, desto anschaulicher/einfacher wird dieser für den Schüler dargestellt (vom Film über die Zeichnung/Skizze bis zum Wort). Von der »Anschauung« als notwendigem Ausgangspunkt des Erkenntnisprozesses kommen wir zur »Anschaulichkeit« als Kriterium des Mediums.

Modell, Bild, Dia, Film, Kassette, Schema, Skizze, Karte, Relationspfeil etc. wollen in elementarisierender Absicht nichts anderes als den Gegenstand für den Schüler »anschaulich machen«. Darin berücksichtigen sie den für den Entwicklungsstand des Schülers jeweils angemessenen Aspekt des Gegenstands, die Sachstruktur.

Der Nachvollzug eines Kinderalltags im Zeitalter der Industrialisierung, z.B. in England, macht die Probleme dieser historischen Epoche am Beispiel einsichtig. Die Aufgaben bei der Pflege von Haustieren werden am »Fiffi« des Mitschülers erarbeitet. Die Lösung sozialer Konflikte, z.B. in der peer group, wird im Rollenspiel stellvertretend untersucht. Unterschiede von Klimagebieten werden anhand von Dias, Diagrammen, Tabellen etc. deutlich.

Die Beispiele zeigen, daß (bei entsprechender Anforderungsstufe des Unterrichtsziels) mit der anschaulichen (Re)Präsentation des Gegenstands erst ein Einstieg in ihn gewonnen ist. Hier *beginnt* die Unterrichtsaufgabe. Resultat muß der Besitz des Gegenstands, seine Aufhebung im Begriff sein. Guter Unterricht wählt markante Beispiele, nicht eines, sondern mehrere, und bahnt an oder stellt her den Schluß auf deren Allgemeines. Dies gilt vor allem für den Unterricht in den höheren Klassen.

Auch in der Entwicklung des Zahl*begriffs* wird auf das anschauungsgebundene Denken des Kindes Rücksicht genommen, indem unterschiedlichste konkrete Gegenstände gezählt, abgezählt, zusammengefaßt, in Mengen abgebildet werden. Durch vielfältige Variationen, Operationen und progressive Repräsentationen (Rechenbilder, -streifen, -strahl etc.) gelingt die Ab-

straktion vom Gegenständlichen, damit erst die Gewinnung des Gegenstands. Diese Emanzipation von der Anschauung ist eine Leistung kindlichen Denkens und Ziel des Unterrichts. Schwierigkeiten in der Entwicklung des Zahlbegriffs machen den Rückgriff bis auf konkrete Operationen notwendig. Veranschaulichung als didaktisches Mittel ihrer Aufhebung!
Durch den Hinblick auf den Schüler mag es dem Medium gelingen, diesen zu motivieren, mit ihm zu arbeiten; im günstigsten Falle bietet es ihm Gelegenheit zu selbständiger Arbeit. Übersichtlichkeit, Bild-, Tonqualität, Sauberkeit, Ordnung, Hygiene des Arbeitsplatzes fördern darüber hinaus die Arbeitsbereitschaft des Schülers.

Die inhaltliche und methodische Orientierung von Unterricht an möglichst konkreten und realen Lebenssituationen der Schüler schließt Sach- und Schüleraspekte (Motivierung, Aktivierung) als didaktische Forderung zusammen, die die bisherigen Momente der Elementarisierung ebenfalls einbindet. *Dollase* (1979) unterscheidet im "Prinzip der Situationsbezogenheit" drei Haupttypen von Situationen, die bei der Unterrichtsplanung orientierende Funktion haben (sollten): a) zukünftige Lebens- und Berufssituationen, b) gegenwärtige und kurz bevorstehende Lebenssituationen (hier Übergang ins "Prinzip der Heimatbezogenheit",[90] c) Erziehungssituationen in der Schulklasse.
Guter Unterricht als Anschluß an und Vorbereitung auf Lebenssituationen wird in der Geschichte der Didaktik häufig thematisiert: bei *Comenius, Rousseau, Basedow, Tolstoi*; in der Arbeitsschulbewegung, Erlebnispädagogik, im Ansatz des Gesamtunterrichts...[91]
In teilweise unbekümmerter Fortsetzung aristotelischer Denktradition erschlossen sich Pädagogen/Didaktiker (u.a.) schon lange vor dem Siegeszug des Empirismus Anschauung/Erfahrung als wesentliches Unterrichtsprinzip. Bereits *Augustinus*[92] erteilt dem Katecheten didaktische Ratschläge bezüglich der anschaulichen Gestaltung des Vortrags.
Ratke[93] mahnt eindringlich: "Alles durch Erfahrung und stückliche Unter-

---

[90] s. Oswald 1964; Eggersdorfer 1928; Rettenmaier o.J.
[91] Kritik von »Lebensnähe« als didaktisches Prinzip in 2.2!
[92] "De catechizandis rudibus", ca. 400
[93] 1618; zit. n. Odenbach 1970, S. 28

suchung! - Erst ein Ding an ihm selbst, hernach die Weise von dem Ding!"

Comenius[94] deutlich und schon sehr ausführlich : "Demnach gelte es als die goldene Regel für die Lehrenden, alles in möglichst großem Umfang den Sinnen vorzuführen; nämlich das Sichtbare dem Gesicht, das Hörbare dem Gehör, das Riechbare dem Geruch... der Anfang der Erkenntnis muß immer von den Sinnen ausgehen... Wenn aber die Dinge einmal fehlen, so kann man an ihrer Stelle Modelle oder Bilder nehmen, die man zu Lernzwecken angefertigt hat...

wenn nämlich etwas recht gesehen werden soll, so muß es 1) vor Augen gestellt werden, 2) nicht weit weg, sondern in der gehörigen Entfernung, 3) und zwar nicht seitwärts, sondern gerade vor die Augen, 4) und nicht so, daß die Oberfläche des Dinges verkehrt oder umgekehrt, sondern gerade zugekehrt ist, 5) so, daß der Blick zuerst das ganze Ding überschaut, 6) dann es in seinen einzelnen Teilen durchmustert, 7) und zwar der Reihe nach vom Anfang bis zum Ende, 8) und bei jedem Teil solange verweilt, 9) bis alles nach seinen Unterschieden recht begriffen ist." "... nichts durch bloße Autorität, alles durch sinnlichen und vernünftigen Nachweis lehren".[95]

Im weiteren Betonung des Grundsatzes der Anschauung bzw. Anschaulichkeit bei *Francke* (1713), *Rousseau* (1762), *Basedow* (1768), *Trapp* (1780) - Bedeutung der Anschauungsmittel z.B. im Rechenunterricht, *Pestalozzi*[96]: "...ich habe den höchsten, obersten Grundsatz des Unterrichts in der Anerkennung der Anschauung als dem absoluten Fundament aller Erkenntnis festgesetzt...", *Diesterweg* (1835) - Anschauung und Erfahrung als Grundlagen wahrhaften Unterrichts, *Spencer* (1861), *Kehr*[97] für den Geometrieunterricht: "... von der Anschauung zum Begriff, von der Erfahrung zum Lehrsatz, vom Lehrsatz zu seinen Folgerungen, vom Konkreten zum Abstrakten", *Dörpfelds* Formalstufen "Anschauen - Denken - Anwenden", um nur sehr wenige anzuführen.

Gefahren der Reduktion durch Veranschaulichung bzw. Elementarisierung:
- Sachverfälschung: Die Veranschaulichung des biologischen Gleichgewichts anhand einer gegenständlichen Waage mit Borkenkäfer und Specht in beiden Waagschalen wird dem Begriff des »biologischen Gleichgewichts« nicht gerecht. Im Ausgleich der einzelnen Tierarten handelt es sich nicht um einen Ausgleich von Gewichten. Das Fließen des elektrischen Stroms kommt nicht durch Bewegung von kleinen Männchen/Weibchen zustande. Nicht Karius und Baktus sind für das Entstehen von Karies verantwortlich.

---

[94] 1657, XX, 6ff.
[95] ebd., Kap. XVIII, XXVIII
[96] 1801, Kap. IX.
[97] 1861; zit. n. Odenbach 1970, S. 106

- Sachverzerrung/Simplifizierung: In der Statistik über Kindesmißhandlungen wird die Tragik solcher Geschehnisse bei weitem nicht deutlich. Die Trümmerfrauen waren es nicht ausschließlich, die den Aufbau Deutschlands nach dem Zweiten Weltkrieg trugen. Vollkornbrot allein erhält den Menschen nicht gesund.

Da der Gegenstand nicht seine Veranschaulichung ist, ist ein wesentlicher Unterrichtsabschnitt seine »Restitution«, eigentlich: seine Konstitution. In Phasen des Transfers, der Abstraktion, der Überhöhung, durch die Behandlung von Ausnahmefällen, durch Einführung von Termini der Fachsprache etc. wird der Gegenstand erst hinreichend gelernt.

2.5 Sozialisierung

Findet Vermittlung nicht reduziert in der Dyade Lehrer-Schüler statt, hat sie Wirkungen sozialer Beziehungen, von Strukturen, Qualitäten der Schülergruppe, auf Verlauf und Ergebnis zur Kenntnis zu nehmen. Guter Unterricht begreift soziale Bindungen in der Klasse nicht als bloße Voraussetzung, sondern als Aufgabe und Chance für erzieherisches und unterrichtliches Arbeiten. Unter Maßgabe seiner Ziele löst er Gruppierungen auf und richtet sie ein.

Zuerst rekurriert die Gruppierung mehrerer Schüler zu einer Klasse auf ein allgemeines existentielles Bedürfnis des Menschen, homo sociologicus (*Aristoteles, Guardini, Heidegger, Portmann, Petersen, Durkheim*).

Der Schüler ist Mensch, als Mensch ist er auf den anderen, auf Gemeinschaft, auf Kommunikation und Interaktion angewiesen. Er lernt von und mit anderen, wird von anderen angeregt und beurteilt, muß sich mit anderen verständigen, Konflikte lösen, spielen, planen, arbeiten. In der Allgemeinen Psychologie wird diese existentielle Daseinsform unter der Rubrik Gesellungstrieb, Kontaktbedürfnis, soziale Strebung o.ä. abgehandelt. Qualitative Veränderungen in diesem Streben in Abhängigkeit vom Alter des Kindes/Jugendlichen zeichnete die Entwicklungspsychologie frühzeitig auf[98]. Die Sozialpsychologie teilt uns mit, daß allein die Anwesenheit von

[98] z.B. Ch. Bühler, Hetzer, Remplein

anderen Personen vielfältig stimulierend wirkt.
Bei *Eggersdorfer* (1928) und *Reiring* (1955) wird aus der anthropologischen Bestimmung des Menschen als von Gemeinschaft abhängig und auf sie hin orientiert das Unterrichtsprinzip der "Sozialität", bei *Opahle* (1934) das (oberste) Prinzip der "Gemeinschaft" abgeleitet; *Oswald* fächert diese im Sinne *Bubers* (1954) zum "Prinzip des Dialogischen" aus: "Erst am Du ... wird der Mensch zum Ich"[99].
Geben für die und Empfangen von der Gemeinschaft, der Beitrag zu gemeinsamer Leistung, die Verantwortung für den anderen und die Gruppe, der Dienst eines jeden zum Wohle eines jeden sind Grundlage der Sozialisation des sonst nur Individuums, Wirkkräfte der Personwerdung des Schülers und Bedingungen seiner Mündigkeit.
Vermittlung von Unterrichtsgegenständen berücksichtigt die soziale Wesenart des Schülers nicht nur als Befriedigung sozialer Bedürfnisse sondern als erzieherische Möglichkeit. Guter Unterricht gibt Gelegenheit, mit dem Partner zusammenzuarbeiten, in der Gruppe zu agieren, im Klassengespräch sich einzubringen. In der Einrichtung von Helfersystemen fungiert der Schüler als Berater bzw. erfährt die Hilfe von Mitschülern, in der Besorgung von Klassenämtern bewährt er sich im Dienst für die Gemeinschaft und in der Erfüllung übernommener Pflichten.

Bei Festen und Feiern im und außerhalb des Unterrichts erfährt der Gemeinschaftsbezug eine besondere affektive Dimensionierung. Zu Festen des Jahreskreises oder zu Schulfesten, auch zur Wochenfeier, findet sich die gesamte Schule (Schulgemeinde) zusammen als *ein* vielgestaltiger Organismus zur würdevollen Ehrung eines Höheren (Weihnachten, Entlassung, die Gemeinschaft selbst etc.). Das letzte Kriterium unterscheidet die Feier von der Party.
In der Feier gibt sich die Gemeinschaft als solche Zweck und Form, reflektiert sich in ihrer Erhebung in sich selbst.
Auch in der Feier tritt wieder das Moment des Dienstes hervor: Klassengemeinschaften, Gruppen oder einzelne Schüler gestalten Beiträge für die Schulgemeinde bzw. die Geehrten.

---

[99] zit. n. Oswald 1964, S. 35

Dasselbe gilt für die Feiern in der Klassengemeinschaft: Morgen-, Wochenend-, Geburtstags-, Adventsfeier etc..
Der Schüler als wertvolles Glied der Gemeinschaft, hervortretend als Akteur bzw. Gefeierter oder nicht, leistet seinen Beitrag für den anderen und erfährt sich eben dadurch als Nehmender: Geben ist Empfangen.
Guter Unterricht gibt der Durchführung von Festen/Feiern - vom Lehrer und/oder von den Schülern initiierten bzw. gestalteten - den nötigen Raum.

Neben den Gesprächskreisen oder den durch Frontalunterricht geprägten Sozialformen sind bedeutsam:
Formen der *Einzelarbeit*, in denen sich das Kind ausschließlich mit dem Gegenstand beschäftigt, unterstützen die konzentrierte, selbstregulierende, versenkende Arbeit.
Letzten Endes ist es immer das Kind als einzelnes, das - unabhängig von Mitschüler, Gruppe oder Lehrer - den Gegenstand zu ergreifen hat. Ruhiges, ungestörtes Arbeiten in einer "Schule des Schweigens und der Stille"[100], in teilweise gelenkter oder freier Arbeit, ist oftmals - und leider viel zu selten - die beste »Methode« der Aneignung, Übung oder Vertiefung. Selbständiges Umgehen, Untersuchen, Entdecken in Erarbeitungs-, Problemlösungsphasen, konzentrierte, wiederholte Übung, überlegtes, originelles Produzieren auch/gerade in gestalterischen Fächern, tiefes (teils meditatives), genaues Nachdenken an allen didaktischen Orten, geben Möglichkeit zu selbständiger, selbstgelenkter Einzelarbeit. Sie wird heute aus übertriebener Kommunikationsneigung (Diskussionsfieber, Lehrer-Schüler-Gesprächs-Gelage) und schon wahnhaften Sozialisationsbemühungen (gruppalen Infekten) in einer »Schule des Schwatzens und Schwätzens« als Bildungsmittel in erschreckender Weise unterschätzt.
Auch das Gelingen von Einzelarbeit ist zuerst abhängig vom didaktisch durchgestalteten Arbeitsmittel[101].
In der *Partnerarbeit* werden durch Auseinandersetzungen mit dem anderen Denkprozesse angeregt, es werden Ideen untersucht, Arbeiten verteilt, Ergebnisse überprüft, Kompromisse geschlossen etc. Sie ist auch als Über-

[100] Petersen 1950, S. 38
[101] schon Harsche 1952; Jeziorsky 1965

gangsstufe in die Gruppenarbeit zu sehen[102].
Sinnvoll einzusetzen ist Partnerarbeit vor allem in Situationen, in denen durch den Beitrag des Partners ein gemeinsames, damit umfangreicheres und/oder fundierteres Ergebnis erzielt werden kann (z.B. in Phasen der Problemfindung, Vermutung, Problemlösung, Anwendung, Gestaltung).
Ähnliches gilt für die *Gruppenarbeit*, arbeitsteilig oder arbeitsgleich. Sie setzt im Vergleich zur Partnerarbeit aber erhöhte Kooperationsfähigkeit, Koordination, Rücksichtnahme, Kompromi*ß*bereitschaft voraus. Für sie gilt nur im Prinzip, "da*ß* die Gruppe der bessere Ort der Gemeinschaftsbildung und Bildung zur gemeinschaftsverbundenen Persönlichkeit" ist[103].
Lernerfolge bei Gruppenarbeit sind u.a. bedingt durch das Beherrschen spezifischer (eingeschulter) Arbeitsweisen, Verteilung der Aufgaben innerhalb der Gruppe nach entsprechendem Können/Interesse der Mitglieder, klare Arbeitsaufträge (auch wenn diese von der Gruppe selbst gegeben wurden), Verständnis der Funktion der Arbeit für das Gesamtergebnis der Klasse, gründliche Auswertung der Gruppenergebnisse im Plenum (Berichtskreis), Zusammenfassung, endgültige Formulierung des Gesamtresultats, Unterstützung der Arbeiten in den Gruppen durch den Lehrer unter Berücksichtigung disziplinärer Aspekte (*Petersens* "Weite der Aufmerksamkeit").
Wissen die Schüler in den Gruppen, was sie zu tun haben und ist es ihnen möglich, die Bearbeitung ihrer Aufgabe zu organisieren oder direkt vorzunehmen, ist ihnen auch genügend Zeit für die gründliche Durchführung der Arbeit zu geben: Unsinn der 7-Minuten-Regel für die Gruppenarbeit.
Gruppenarbeit um ihrer selbst willen ist didaktischer Unfug. Nach dem Motto »Setzt euch schnell in Gruppen zusammen und besprecht ...« wird heute manch hohle Plauderei mit dem entsprechenden dürftigen Ergebnis als sinnvolle Arbeitsform verkauft: Gruppenlarifari statt gruppenunterrichtlichem Verfahren.
Es sollte jeweils gründlich geprüft werden, ob nicht z.B. in Teilabschnitten wie Textproduktion, Übung, Lösen einer Rechenaufgabe etc. auf Gruppenarbeit zugunsten von Einzelarbeit verzichtet wird. Nicht singuläre Gruppen-

---

102 Kopp 1970
103 Fuhrich/Gick 1951, S. 68

aktivitäten, sondern planvoller, konzeptioneller Gruppen*unterricht* sollte Raum greifen[104].
Im Wechsel von Sozial- oder Arbeitsformen wird u.a. dem Bedürfnis des Kindes nach Variation und äußerer Anregung Rechnung getragen. Erstes Kriterium für einen Wechsel in die bestimmte Sozialform hinein ist abermals ihre Funktion für effektives Lernen. Vielfalt, Dichte und Stärke menschlicher Aktivitäten, aufwendiges Bewegen von Klassenmöbeln, Hin- und Herhüpfen im Klassenzimmer, sind jedoch keine (zuverlässigen) Indikatoren für gelingenden Unterricht, verletzen aber häufig das Prinzip »des Schweigens und der Stille«.
Die Bedeutung sozialer Bedingungen für Unterricht und Erziehung finden wir schon bei *Comenius* hervorgehoben; ausführlichere Darstellungen z.B. bei *Lietz, Geheeb, Willmann, Kerschensteiner, Parkhurst, Washburne, Lochner, Nohl* u. insb. *Petersen.*

2.6 Der Lehrer

Der Lehrer ist Subjekt der Vermittlung, des öfteren auch in Personalunion ihr Medium. Als dieses hat er in Unterrichtsplanung und -durchführung die bisher genannten positiven Kriterien zu berücksichtigen und zu realisieren. Auf seiner Führung und Autorität, auf Liebe und Engagement, gründet die gesamte Unterrichtsarbeit.
Im Unterrichtsakt fungiert der Lehrer als Mittler oder Mittel dreifach: erstens als Mittel zur Realisierung von Zielen, die - unmittelbar - seine Personalität gebrauchen (moralische, soziale Ziele), zweitens vermag seine Person - mittelbar - die Sache zu vermitteln (zeigen, sprechen, schreiben), drittens ist er Organisator, Herrscher über Unterrichtsmittel, die ihrerseits die Sache repräsentieren.
In seiner Personalität ist er die menschliche Seite des Unterrichts. Er ist Vorbild, Ansprechpartner, Bezugsperson. In ihm personifizieren sich sämtliche moralische Ziele von Erziehung: Humanität, Toleranz, Mündigkeit. Er führt die Kinder und läßt sie frei. Er belehrt sie und toleriert ihre

---

[104] z.B. Meyer 1954; Hillebrandt 1956; Dietrich 1969

Schwächen. Er aktiviert sie und gönnt ihnen Ruhe. Er lobt und tadelt sie. Er ist freundlich zu ihnen und streng. Er fordert und gewährt. Er verpflichtet auf die Sache, manchmal läßt er sie sein. Er ist der bereits gebildete Mensch.
Die zentrale Bedeutung der Lehrerperson für das Gelingen von Unterricht und Erziehung wird schon bei *Schleiermacher, Diesterweg, Kerschensteiner, Spranger, Blättner, Petersen*, in besonderer Form bei *Steiner* hervorgehoben.

2.7 Institutionelle, gesellschaftliche, historische Bedingungen

Resultante des Gesamtprozesses von Unterricht ist Bildung, allseitige und allgemeine, Bildung hinsichtlich Wissen und Haltung.
Ziel der Bildung ist der Schüler, daß er zu sich komme, als Einzelner in der Gemeinschaft: Gemeinschaftsfähigkeit im aktiven und passiven Sinne (diese auch aufhebbar im Selbst des Schülers!).
Konkrete Ausprägungen des gesamten Prozesses sind u.a. abhängig von der institutionellen Lehr-Lernumwelt, in der Unterricht stattfindet. Verschiedene Aspekte unterliegen der Bedrohung durch Vereinseitigung, Überbetonung, und überwuchern so guten Unterricht bis zur Erstickung: in reformpädagogischen Bestrebungen z.B. die Schülerorientierung, in der Arbeitsschulbewegung die Bedeutung manueller Tätigkeiten, in Montessori-Schulen die Selbsttätigkeit des Schülers am Material, in Freinet-Schulen freinetisches Drucken.
Letzte Abhängigkeiten bestehen von der Verfassung der Gesellschaft: der Schüler als bloßer Untertan in faschistoiden Systemen, der Schüler als bedingt Mitbestimmender in demokratischen.
Entwicklungen hin zu oder weg von der hier vorgestellten demokratischen Bildung vollziehen sich historisch[105]; gleichwohl ist die Rede von der historischen Abhängigkeit von Unterrichtsauffassungen oder -grundsätzen leer: Daß sie sich in der Zeit verändern ist nicht die Erklärung ihres Wandels!
So erwiesen sich denn unsere "Ableitungs"-Bemühungen sogar der "fundie-

[105] z.B. Schmack 1976

renden Unterrichtsgrundsätze"[106] aus dem Begriff der »Vermittlung« eher als Betrachtungsweisen guten Unterrichts, bisweilen als unter dem Blickwinkel des demokratischen Unterrichtsideals gesetzte Kriterien.
Solange der Mensch aber als einzelner und anderer werthaft im Mittelpunkt der schulischen Bestrebung steht, hat dieses Modell des guten Unterrichts Gültigkeit: Tradition und Fortschritt.

[106] Glöckel 1981, S. 144ff.; ders. 1990, S. 276ff.

2.8 Schematischer Überblick

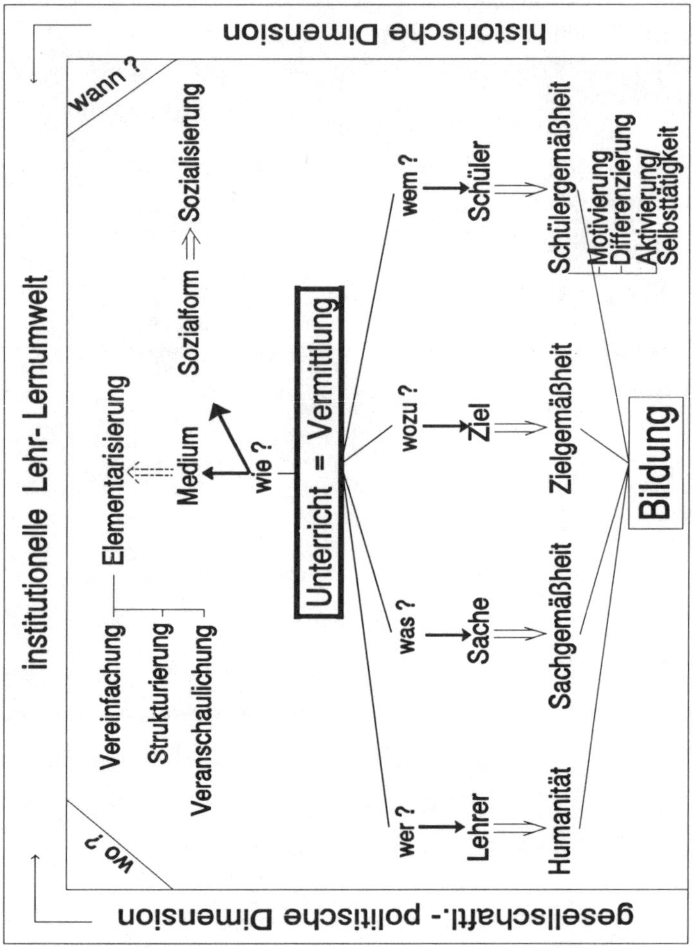

3. Literatur

Apel, H.J.: Schulpädagogik. Eine Grundlegung. Köln 1990
Ballauff, T.: Systematische Pädagogik. Heidelberg 1962
Beckmann, H.-K.: Didaktik und Methodik. In: Die Psychologie des XX. Jahrhunderts. Bd. 11, Zürich 1980, 779-805
Bruner, J.S.: Der Prozeß der Erziehung. 2. Aufl., Berlin 1972
Brunnhuber, P.: Prinzipien effektiver Unterrichtsgestaltung. 17. Aufl., Donauwörth 1988
Buber, M.: Das Dialogische Prinzip. Heidelberg 1954
Comenius, J.A.: Große Didaktik. 1657. Berlin 1961
Copei, F.: Der fruchtbare Moment im Bildungsprozeß. Heidelberg 1955
Derbolav, J.: Das "Exemplarische" im Bildungsraum des Gymnasiums. Düsseldorf 1957
Derbolav, J.: Versuch einer wissenschaftlichen Grundlegung der Didaktik. In: Didaktik in der Lehrerbildung. 2. Beiheft der ZfP. Weinheim, 1960, 17-45
Dewey, J./Kilpatrick, W.H.: Der Projekt-Plan. Weimar 1935
Diesterweg, F.A.W.: Wegweiser zur Bildung für deutsche Lehrer. Essen 1835
Dietrich, G.: Die Bildungswirkungen des Gruppenunterrichts. München 1969
Dollase, R.: Das Prinzip der Situationsbezogenheit. In: Wöhler 1979, 130-149
Drews, U. nebst Autorenkollektiv: Didaktische Prinzipien. Berlin 1976
Eggersdorfer, F.X.: Jugendbildung. München 1928
Einsiedler, W.: Faktoren des Unterrichts. Donauwörth 1978
Fitzner, T.: Expressives nichtverbales Lehrerverhalten. Frankfurt 1984
Flitner, A.: Isolierung der Generationen? In: Neue Sammlung, 1985, 345-355
Flitner, W.: Der Kampf gegen die Stoffülle: Exemplarisches Lernen, Verdichtung und Auswahl. In: Die Sammlung, 1955, 556-561
Fritsch, G./Kozdon, G.: Erziehung in der "Offenen Gesellschaft". Fragen und Perspektiven. Bad Heilbrunn 1990
Fuhrich, H./Gick, G.: Der Gruppenunterricht - Theorie und Praxis. Ansbach 1951
Geppert, K./Preuß, E. (Hrsg.): Selbständiges Lernen. Bad Heilbrunn 1988
Glöckel, H.: Das Ziel des Unterrichts als Bedingung der Methode. In: Welt der Schule, 1971, 241-256
Glöckel, H.: Unterrichtsgrundsätze: ihr Wesen und ihre Bedeutung für Theorie und Praxis des Unterrichts. In: Glöckel, 1981, 136-148
Glöckel, H.: Beiträge zu einer realistischen Schulpädagogik. Donauwörth 1981
Glöckel, H.: Unterricht in der Spannung zwischen Sachanspruch und Schülergemäßheit. In: PW, 1985, 338-342 (347)
Glöckel, H.: Vom Unterricht. Bad Heilbrunn 1990
Guardini, R.: Begegnung und Bildung, Weltbild und Erziehung. Würzburg 1956

Haase, O.: Gesamtunterricht, Training, Vorhaben - drei Elementarstufen des Volksschulunterrichts. In: Die Volksschule, 1932, 28

Harsche, J.: Produktive Selbsttätigkeit in der Grundschule durch sinnvolle Arbeitsmittel. Braunschweig 1952

Hauptmann, H./Schubert, R.: Freie Aktivitäten in ihrer Bedeutung für eine Erziehung zur Selbständigkeit. In: u/e, 1989/2, 8-13

Heckhausen, H.: Förderung der Lernmotivierung und der intellektuellen Tüchtigkeit. In: Roth, 1970, 193-228

Heiland, H.: Das didaktische Prinzip der Wissenschaftsorientierung. In: Wöhler, 1979, 26-43

Hengstenberg, H.E.: Philosophische Anthropologie. Stuttgart 1957

Hentig, H.v.: Was ist eine humane Schule? München 1976

Hillebrandt, F.: Gruppenunterricht - Gruppenarbeit. Wien 1956

Horney, W.: Allgemeine Grundsätze des Unterrichts. In: Hdb. für Lehrer. Bd. I. Gütersloh 1960, 411-428

Huber, F.: Allgemeine Unterrichtslehre im Abriß. 6. Aufl., Bad Heilbrunn 1959

Jeziorsky, W.: Selbstbildungsmittel in der Grundschule. Braunschweig 1965

Kant, I.: Kritik der Urteilskraft. 1790. Werkausgabe Bd. X, Frankfurt 1974

Kehr, K.: Praktische Geometrie. 1861. Zit.n.: Odenbach, 1970, 106

Klafki, W.: Die Bedeutung des Elementaren für die Bildungsarbeit der Volksschule. In: Die Deutsche Schule, 1958, 6-21

Klafki, W.: Das pädagogische Problem des Elementaren und die Theorie der kategorialen Bildung. Weinheim 1959

Kopp, F.: Didaktik in Leitgedanken. 3. Aufl., Donauwörth 1970

Küng, H.: Projekt Weltethos. München 1990

Meyer, E.: Gruppenunterricht, Grundlegung und Beispiel. Worms 1954

Möller, H.: Elementarischer Unterricht. In: WPB, 1957, 68-78

Montessori, M.: Grundlagen meiner Pädagogik. In: Hdb. der Erz.wiss.. Bd. I. München 1934

Niemeyer, A.H.: Grundsätze der Erziehung und des Unterrichts. 2 Bde. Wien 1877/1878

Odenbach, K.: Lexikon der Schulpädagogik. Braunschweig 1970

Oerter, R.: Moderne Entwicklungspsychologie. Donauwörth 1967

Opahle, O.: Kurze Unterrichtslehre im Sinne ganzheitlicher Unterrichtsauffassung. Freiburg 1934

Oswald, P.: Bildungsprinzipien im Unterricht. Ratingen 1964

Pestalozzi, J.H.: Wie Gertrud ihre Kinder lehrt. 1801. 4. Aufl., Bad Heilbrunn 1983

Petersen, P.: Führungslehre des Unterrichts. 1937. 2. Aufl., Braunschweig 1950

Petersen, P.: Allgemeine Erziehungswissenschaft. Bd. I. 1924. 2. Aufl., Berlin 1962

Piaget, J.: Psychologie der Intelligenz. 2. Aufl., Zürich 1946

Raschert, J.: Möglichkeiten und Grenzen der Forschung bei der Findung, Begründung und Auswahl von Lernzielen. In: Roth/Friedrich, 1975, 58-85
Reiring, H.: Unterricht. In: Lexikon der Pädagogik. Bd. IV. Freiburg 1955, Sp. 717-729
Rettenmaier, F.: Kleine Unterrichtslehre. München o.J.
Rosenkranz, K.: Die Pädagogik als System. Königsberg 1848
Roth, H.: Pädagogische Psychologie des Lehrens und Lernens. 2. Aufl., Berlin 1958
Roth, H. (Hg.): Begabung und Lernen. 5. Aufl., Stuttgart 1970
Roth, H./Friedrich, D. (Hrsg.): Bildungsforschung. Teil 2. Stuttgart 1975
Scheuerl, H.: Die exemplarische Lehre - Sinn und Grenzen eines didaktischen Prinzips. Tübingen 1958
Schiefele, H.: Motivation im Unterricht. 2. Aufl., München 1963
Schmack, E.: Unterrichtsanalytik. Kastellaun 1976
Schöler, W.: Strukturen und Modelle des Unterrichts. Paderborn 1977
Schöneberg, H.: Entdecken und Gestalten. Ratingen 1967
Seibert, N./Serve, H.J./Zöpfl, H.: Schulpädagogik. Eine Einführung in die Themenbereiche Erziehung und Unterricht in der Schule. München 1990
Serve, H.J.: Motivation. In: Seibert et al., 1990, 171-191
Slotta, G.: Dic Prinzipien des "Exemplarischen", des "Elementaren" und der "Aufklärung des gelebten Lebens" als didaktische Grundkategorien. In: Unsere Volksschule, 1961, 453-462
Spranger, E.: Die Fruchtbarkeit des Elementaren. In: Pädagogische Perspektiven. 6. Aufl., Heidelberg 1960, 87-92
Twellmann, W. (Hrsg.): Handbuch Schule und Unterricht. Bd. 4.1., Düsseldorf 1981
Vierlinger, R./Feiner, W.: Innere Differenzierung. Linz 1974
Wagenschein, M.: Das Exemplarische in seiner Bedeutung für die Überwindung der Stoffülle. In: Bildung u. Erz., 1955, 8, 519
Wagenschein, M: Wesen und Unwesen der Schule. In: "Erziehung wozu?", Stuttgart, Kröner 1956, 49-62
Wagenschein, M.: Zur Klärung des Unterrichtsprinzips des exemplarischen Lehrens. In: Die Deutsche Schule, 1959, 393-404
Wenzel, A.: Freiarbeit in der Grundschule. Bad Heilbrunn 1982
Wilhelm, T.: Theorie der Schule. Stuttgart 1967
Willmann, O.: Didaktik als Bildungslehre. 6. Aufl., Freiburg, 1957
Wolf, A.: Prinzipien des Unterrichts. In: Twellmann, 1981, 328-343
Wöhler, K. (Hrsg.): Didaktische Prinzipien. München 1979
Wössner, G.: Lernen und lehren. 2. Aufl., Stuttgart, 1954

Norbert Seibert

Das Unterrichtsprinzip der Differenzierung

Inhaltsverzeichnis

1. Aspekte eines neuzeitlichen Differenzierungsbestrebens

Der Unterrichtsgrundsatz der »Differenzierung« weckt bei jedem Lehrenden eine mehr oder weniger klare Vorstellung. Nach geläufiger Meinung werden unterschiedliche Leistungsvoraussetzungen festgestellt und unterschiedliche Maßnahmen im Methodenkatalog gewählt, um kognitive Defizite zu beheben bzw. Stärken besonders zu fördern. Hierzu gibt es in der Allgemeinen Didaktik die vielfältigsten Möglichkeiten: arbeitsteilige Gruppenarbeit, individuelle Lernprogramme, Einsatz und Optimierung fachspezifischer Arbeitstechniken, spezifische Unterrichtsformen, Leistungsgruppen, individuell gestaltete Arbeitsblätter mit steigenden Schwierigkeitsgraden usw.

Dem Einfallsreichtum des Lehrers scheinen nahezu keine Grenzen gesetzt zu sein, um Lehr- und Lernziele zu erreichen, um das Leistungsniveau zu heben, um für eine gesteigerte Übertrittsquote an weiterführende Schulen zu sorgen. Selbst wenn der einzelne noch gelegentlich Unsicherheiten in der Orthographie, im schlußfolgernden Denkvermögen und im Abstrahieren von komplexen Zusammenhängen, in der Reduktion langwierig erarbeiteter mathematischer Formeln aufweist, gibt es methodische Kunstgriffe, um hier und da noch eine Sicherungsphase, eine Übungseinheit oder ein individuell konzipiertes, auf die spezielle Lernschwäche abgestimmtes Programm einzuplanen.

Gegen diese Sichtweise des Unterrichtsprinzips der Differenzierung ist vorerst nichts einzuwenden, da wir in einer Leistungsgesellschaft leben und dem Lehrer nach den »Empfehlungen der Bildungskommission«[1] neben den Aufgaben des Lehrens, Erziehens, Beratens und Innovierens auch die Aufgabe des Beurteilens zukommt. Damit wird die erbrachte schulische Leistung als Gütemaßstab für die Vergabe von Qualifikationen und Selektionen verwendet.

"Durch die inhaltliche Bestimmung der Leistung als Vollzug oder Ergebnis von Arbeit ergibt sich sowohl ein *dynamischer* als auch ein *statischer* Leistungsbegriff.
In unseren Schulen dominiert (leider) der statische Leistungsbegriff. Die Schüler werden vornehmlich nach den Leistungsergebnissen, die sie im Schulalltag erbringen, beur-

[1] Deutscher Bildungsrat (Hrsg.) 1972, S. 217 ff.

teilt und gefördert. Nicht selten wird ein Schüler ausschließlich mit seinen Leistungsergebnissen in den verschiedenen schulischen Bereichen identifiziert."[2]

Aus der verengten und einseitigen Sichtweise des statischen Leistungsbegriffes erwächst die Gefahr, daß die schulische Differenzierung als Mittel zum Zweck degradiert, der Mensch nicht in seiner Gesamtdisposition gesehen, sondern lediglich auf eine Komponente reduziert wird.

Wird Lernen als "eine relativ dauerhafte Verhaltensänderung aufgrund von Erfahrung"[3] bezeichnet, kommt man nicht umhin, die einzelnen Bestandteile der Definition noch präziser abzugrenzen. Der Begriff »Lernen« muß notwendigerweise mit »Disposition«[4] kombiniert werden, wenn nicht wiederum eine lang andauernde Verhaltensänderung oder der statische Leistungsbegriff Ausgangspunkt und Zielaspekt differenzierender Überlegungen sein sollen.[5]

Das *Unterrichtsprinzip* der Differenzierung muß gerade von der Schulpädagogik als "Prinzipienlehre, also eine das Handeln anleitende Theorie"[6] im Konnex eines erziehenden Unterrichts begründet sein, der der Lehrplanforderung "Erziehung hat Vorrang vor bloßer Vermittlung des Lehrstoffs"[7] gerecht wird. Neben den Anforderungen an die kognitive Leistungsfähigkeit müssen ebenso Schwächen und Stärken im individuellen und sozialen Bereich berücksichtigt werden. Ein differenzierender Unterricht, der zwar nach Fähigkeiten, Fertigkeiten, Interessen und Begabungen zu unterscheiden weiß, Hilfestellungen zu geben vermag und Lernfortschritte aufzeigen

---

[2] Schröder 1990 (a), S. 13

[3] Schröder 1989, S. 14

[4] Brezinka 1981, S. 80: "Es wird nicht an aktuelle seelische Erlebnisse oder Verhaltensweisen gedacht, die auftreten und wieder verschwinden, sondern an das Gefüge relativ dauerhafter psychischer Bereitschaften eines Menschen, die wir als seinem Erleben und Verhalten zugrundeliegend denken. Eine solche aus dem wahrnehmbaren Verhalten erschlossene Bereitschaft zum Vollzug bestimmter Erlebnisse oder Verhaltensweisen wird »psychische Disposition« genannt. Kenntnisse, Haltungen, Einstellungen, Handlungsbereitschaften, Gefühlsbereitschaften, Fähigkeiten, Fertigkeiten, Interessen usw. müssen als Dispositionen angesehen werden. Sie sind nicht beobachtbare Phänomene, sondern - kurz gesagt- hypothetische Kausalfaktoren des psychischen Geschehens, theoretische Konstrukte, die wir erfinden, wenn wir bestimmte Erlebnisse oder Verhaltensweisen unter ähnlichen Umständen immer wieder auftreten sehen."

[5] Zu den verschiedenen Ansätzen des Lernbegriffs vgl. Apel, S. 13f.

[6] Apel 1990, S. 18

[7] Hier wird besonders auf die Präambeln der bayerischen Lehrpläne für die Grund- und Hauptschule hingewiesen.

kann, der aber nicht verdeutlicht, daß individuelle Grenzen[8] trotz größten Einsatzes und Engagements nicht überwunden werden können, verfehlt eine wichtige erzieherische Intention.
Der Schüler muß bei einer optimalen, persönlichen und langdauernden Förderung durch Forderung auch zu der Einsicht gelangen, daß unter Umständen persönliche Grenzen erreicht sind, die es zu bejahen gilt. Eine damit verbundene realistische Selbsteinschätzung, die individuelle Stärken hervorhebt und personengebundene Schwächen nicht verheimlicht, dient zur eigenen Standortbestimmung in der Welt.

Das *Erziehungsprinzip* Differenzierung fordert geradezu von jedem Lehrer, jeden Schüler *un*gleich zu behandeln, und zwar nicht nur in didaktisch-methodischer Hinsicht, sondern auch bezüglich der Wahl der Erziehungsziele und der Erziehungsmittel.

2. Terminologische Klärung

"Differenzierung ist die Auflösung des heterogenen Klassenverbandes zugunsten homogener Gruppen in bezug auf die Leistungsfähigkeit oder Interessenrichtung der Schüler. Unter Differenzierung versteht man sowohl ein Unterrichtsprinzip als auch die entsprechenden Maßnahmen der Unterrichtsgestaltung zur Verwirklichung dieses Prinzips (...). Als eine pädagogische und organisatorische Maßnahme dient Differenzierung der gruppenmäßigen oder individuellen Anpassung entweder von Schwierigkeiten der Anforderung an den Entwicklungsstand und die Leistungsfähigkeit der Schüler (Differenzierung nach Fähigkeiten) oder von Lernzielen und Angeboten an ihre Neigungen und Lernbedürfnisse (Differenzierung nach Interessen).[9]

"Unter Binnendifferenzierung (innere Differenzierung) wird eine gruppeninterne Differenzierung verstanden. Die zugrundeliegenden Differenzierungskriterien können unterschiedlich sein. Lerngeschwindigkeit, Arbeits-

---

[8] z.B. Konzentrationsfähigkeit, Gedächtnis, Begabung ... Diese Grenzen können nur vermutet, allerdings nie mit Sicherheit exakt bestimmt werden.
[9] Schröder 1990 (b), S. 141

menge, Leistungshöhe, Lernschwierigkeiten, Kooperation, Interessen usw. (...). Binnendifferenzierung strebt keine Dauerlösung an, sie bleibt in der Regel situations- und lernzielgebunden. Im Extremfall bedeutet Binnendifferenzierung Individualisierung."[10]

"Der Begriff der Differenzierung läßt sich aus dem allgemeinen Sprachgebrauch herleiten. Die Forderung, etwas differenzierter zu sehen oder differenzierter zu urteilen, taucht dann auf, wenn zu pauschal geurteilt wird, d.h. wenn die Feinheiten des Problems, die Unterschiede, die es von einem anderen trennen, nicht beachtet werden. Die Forderung nach Differenzierung im Unterricht tritt ebenfalls erst auf, wenn der Verdacht besteht, daß eine geplante Lernsituation zu pauschal arrangiert ist, wenn die Unterschiede zwischen den Lernenden nicht genügend beachtet werden. Differenzierung ist ein Organisationsprinzip für die Gruppeninstruktion, das beim Arrangement der Lernsituation die unterschiedlichen Lernvoraussetzungen der Schüler so weit wie möglich einbezieht, um ein zielerreichendes Lernen bei jedem Schüler zu gewährleisten."[11]

"Wenn über die Bildung von Groß- und Kleingruppen, von Arbeitsgemeinschaften, von Grund- und Leistungskursen, von Wahlkursen, Lehrgängen und Ad-hoc-Gruppen ein großes Maß an äußerer Differenzierung hergestellt ist, braucht man keine umfangreichen inneren Differenzierungsmaßnahmen mehr vorzunehmen. Bei der Entscheidung über den Umfang der Differenzierung muß jedoch das eigentliche Ziel des Differenzierens im Auge behalten werden: Die Differenzierung der Schüler ist kein Selbstzweck, sondern ein Mittel zur individuellen Förderung und zur Integration aller Schüler. Die Differenzierung der Schüler soll ihre Befähigung zum solidarischen Handeln vorbereiten, sie darf nicht zum bloßen Selektionsinstrument verkommen."[12]

Differenzierendes Unterrichten soll als das Bemühen des Lehrers verstanden werden, die individuellen Anlagen - basierend auf der genetischen Anlage, der Entwicklungs- und Lerngeschichte der Schüler - mit den gesellschaftlichen Anforderungen der Institution Schule in Einklang zu bringen. Die Individualität der einzelnen Schüler ist dabei ein sehr wichtiges Element für die Unterrichtsplanung,- vorbereitung, -durchführung und -nachbereitung.

---

[10] Bönsch 1989, S. 3; vgl. Seitz, S. 67f.
[11] Buck, in: Preuß 1976, S. 12
[12] Meyer 1988, S. 137

Damit die verbindlichen Lehr-/Lern- *und* Erziehungsziele möglichst weitgehend realisiert werden können, *muß* bei der Formulierung der Lernziele, der Wahl der Lehr- und Erziehungsmethode, der Bereitstellung des Lernmaterials und der zur Verfügung stehenden Lernzeit das Spektrum der möglichen Lernvoraussetzungen der Schüler Grundlage und die ganzheitliche Förderung des einzelnen Ziel jeglichen unterrichtlichen *und* erziehlichen Bemühens sein.[13]

Bemerkenswert bei allen begrifflichen Einordnungsversuchen ist, daß das Unterrichtsprinzip der Differenzierung sowohl als unumstößlicher Grundsatz für die Unterrichtsplanung und -vorbereitung wie auch als didaktisch-methodisches Vorgehen für eine schülerorientierte Unterrichtsgestaltung gesehen wird. Gemeinsamkeiten bestehen auch darin, daß die Lernvoraussetzungen der Schüler und der Sachanspruch des zu behandelnden Lerninhalts die Richtschnur für die konkrete Unterrichtseinheit bilden. Schwierigkeiten ergeben sich jedoch dann, wenn die Grundlagen - die Lernvoraussetzungen - näher bestimmt werden sollen, die in Einklang mit dem Methodenpluralismus gebracht werden müssen.[14]

Arbeitstechniken, Arbeits- und Unterrichtsformen und somit die Unterrichtskonzeption werden wesentlich von der Bejahung und Umsetzung des pädagogischen und gesellschaftlichen Auftrags durch den Lehrer bestimmt.

Verdeutlichung der Zusammenhänge der inneren Differenzierung

Ausgehend von der Begriffsgrundlegung soll der Zusammenhang unterrichtlicher Bedingungsvariablen verdeutlicht werden:

---

[13] vgl. Seibert 1990, S. 193-220

[14] Drescher 1990, S. 4: "Ein Unterricht, der »Lernvoraussetzungen« nicht bedächte, käme einem mehr oder weniger glückenden Aufpropfen von Reisern in einer Baumschule gleich. ... Mit dem Terminus »Lernvoraussetzungen« betreten wir ein noch zu wenig beachtetes unterrichtliches Feld. Die »Individuallage« des Schülers, seine Einstellung zu einer unterrichtlichen Zielsetzung bzw. Thematik sowie Umfeldbedingungen sind im großen und ganzen die Problemstellungen, wie wir sie im Zusammenhang mit dem Thema aus der klassischen »Unterrichtsvorbereitung« kennen."

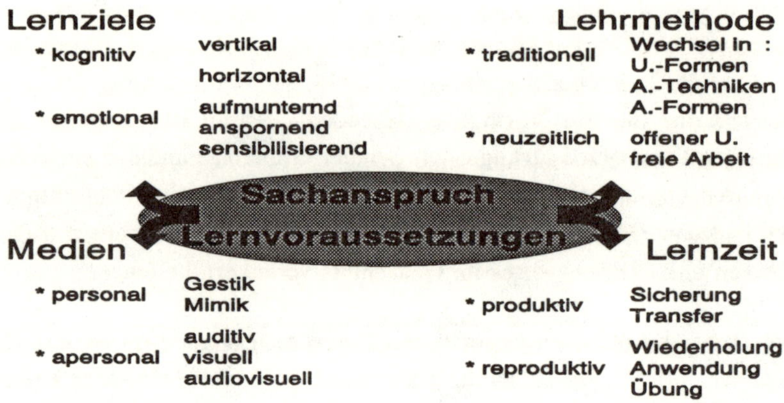

Die in der Theorie hier aufgespalteten Variationsmöglichkeiten als Zusammenspiel wesentlicher Faktoren des differenzierenden Unterrichts lassen sich in der Praxis nicht getrennt voneinander feststellen. Bereits eine Entscheidung, z.B. die entsprechende Wahl der Lehr-/Lernmethode, muß alle anderen Faktoren in das Kalkül einbeziehen, damit einem Überangebot an Lernzeit oder etwa der Dominanz bestimmter Medien und Lernziele als unbeabsichtigter Wirkung vorgebeugt werden kann. Differenzierender Unterricht mit dem Ziel der Individualisierung verlangt eine angemessene Berücksichtigung von Arbeitstechniken und Arbeitsformen, vor allem aber eine größtmögliche Flexibilität im Lehr- und Lernprozeß, der von geplanten Lehrschritten abzurücken und situationsbedingte, kognitive und emotionale Hilfestellungen anzubieten vermag.

3. Das Unterrichtsprinzip der Differenzierung - eine stets aktuelle Forderung

Vielleicht mag so mancher Lehrer vom Aufwand eines differenzierenden Unterrichts abgeschreckt werden, wenn er sich überlegt, daß er z.B. für seine fünf Arbeitsgruppen in der Klasse streng genommen fünf unterschiedliche Arbeitsblätter konzipieren müßte, daß er bereits bei den Überlegungen zur Motivierung unterschiedliche Ausgangslagen bedenken muß, daß er Erarbeitungs-, Lösungs-, Übungs- und Anwendungsphasen auf minimal fünf - wenn auch nicht unbedingt stark heterogene - Gruppierungen aufteilen muß - und daß dann immer noch der Fall gegeben sein könnte, daß innerhalb der relativ homogenen Zusammensetzung je nach Differenzierungskriterium wieder deutliche Unterschiede auftreten können, die erneut nach differenzierenden Bestrebungen verlangen! Vielleicht glaubt auch der eine oder andere, Leistungsunterschiede durch entsprechend ausgiebige Übungsstunden nivellieren zu können, oder daß im Laufe der Zeit Sinnzusammenhänge deutlich werden, die dem verknüpfenden Lernen zugute kommen und Wissenswertes im Gedächtnis verankern helfen.

Sicherlich gibt es verschiedene Auffassungen über einen differenzierenden Unterricht, doch lassen sich die kurz skizzierten Ansichten nicht mit der pädagogischen Pflicht und gesellschaftlichen Verantwortung vereinbaren. Damit soll jedoch nicht zum Ausdruck gebracht werden, daß an einem Unterrichtsvormittag jede Unterrichtseinheit bis auf das geringste Charakteristikum durchgeplant und ebenso durchgeführt werden müßte - man würde unweigerlich an Flexibilität und Spontaneität verlieren und müßte gerade die notwendigen, situationsbedingten Phänomene einer Ver-Planung opfern.

3.1 Differenzierung unter Berücksichtigung des Prinzipienverbundes

Differenzierung ist nicht das Allheilmittel, das allein in der Lage wäre, individuelle Schwächen zu beheben und Stärken zu fördern. Es stellt lediglich einen, wenn auch nicht unbedeutenden Grundsatz neben anderen dar[15]. Da es nicht *das* wichtigste Unterrichtsprinzip gibt, kommt jedem einzelnen Unterrichtsgrundsatz sowohl eine eigene wichtige Bedeutung zu wie auch eine Komplementärfunktion[16]. Das Differenzierungsbemühen des Lehrers ist stets in Abhängigkeit vom Unterrichtsgrundsatz der Entwicklungsgemäßheit[17], der Kindorientierung, der Sachgemäßheit[18], der

[15] vgl. Apel, S. 16
[16] Glöckel 1990 (S. 273-311) verwendet die Begriffe fundierende und regulierende Unterrichtsprinzipien.
[17] vgl. Seitz, S. 64ff.
[18] vgl. ebd., S. 50f., 54ff.

Motivierung, Aktivierung[19], der Übungs- und Erfolgssicherung etc. zu sehen.
Werden die unterschiedlichen Lernvoraussetzungen der Schüler in Erfahrung gebracht, müssen ihnen gemäß die Ziele, Arbeitsmaterialien und Medien (Prinzip der Veranschaulichung) ausgewählt werden, damit möglichst alle Lerntypen angesprochen werden können.
Niermann unterscheidet dabei:
"1. den primär visuell Lernenden,
2. den primär auditiv Lernenden,
3. den haptisch Lernenden, der praktisch tätig werden muß,
4. den primär kognitiv, verbal Lernenden und
5. jenen, der durch das Gespräch lernt." [20]

Aus dieser einsichtigen Auflistung ergibt sich, daß verschiedene Arbeitsmittel und Unterrichtsmedien eingesetzt werden müssen, um Lernvorgänge zu initiieren.

In ähnlichem Zusammenhang steht der Unterrichtsgrundsatz der Differenzierung mit den Prinzipien der Aktivierung und Motivierung.

Ist es dem Lehrer gelungen, das Interesse beim Schüler zu wecken, das aus Neugierde, Wissensdurst, Lernbereitschaft und Anstrengungsvermögen u.v.a.m. bestehen kann, müssen die sich entfaltenden Lernmotive, soweit erkennbar, entsprechend berücksichtigt werden. Diese exemplarisch aufgezeigten Zusammenhänge soll das obige Schaubild genauer verdeutlichen.

---

[19] ebd., S. 70f.
[20] Niermann 1981, S. 19

Selbstverständlich kann es der graphischen Darstellung nicht gelingen, alle Abhängigkeiten und Zusammenhänge des intendierten Prinzipienverbundes aufzuzeigen. Sie würde zum einen an Anschaulichkeit und Übersichtlichkeit einbüßen, zum anderen würde der Eindruck entstehen, daß der Schüler eindeutig determiniert werden könnte, falls das methodische Geschick des Lehrers dieses Arrangement auslöse. Beabsichtigt ist jedoch, daß die diversen Unterrichtsgrundsätze stützende, leitende und ergänzende Funktionen innehaben, die die *Lernfähigkeit* des Schülers fördern sollen. Daß jeder Unterrichtsgrundsatz nur in Abhängigkeit und Beachtung der Lernvoraussetzungen und des Sachanspruchs Anwendung finden kann, wurde bereits betont.

3.2 Differenzierung im Blick auf die Lernvoraussetzungen

Obwohl die Lernvoraussetzungen - das sind all die Bedingungen und Faktoren, die den Schüler in seiner Entwicklung, in seiner Lern- und Lebensgeschichte fördern, aber auch hemmen können - die unbedingte Grundlage für das differenzierende Bemühen des Lehrers sein müssen, ist dieser zentrale Begriff bisher weitgehend undefiniert geblieben.
"Jeder qualifizierte Unterricht hat sich an den Lernvoraussetzungen der Schüler zu orientieren. Gelingt es dem Lehrer, seine Lehrhandlungen dem Lernvermögen der Schüler anzupassen, dann ist dies sicher optimal; doch kann ein solcher Anspruch zwar gestellt, praktisch aber selten eingelöst werden."[21]
Die Schwierigkeit ist in der großen Anzahl von Einflußfaktoren[22] zu sehen, die sich auf das unterrichtliche Arrangement auswirken. Entscheidet man sich aus pragmatischen Gründen für eine grobe Einteilung, um interne Bedingungsvariablen übersichtlich und zusammenhängend aufzeigen zu können,[23] wird unweigerlich eine Verkürzung erreicht, die in der Praxis

---

[21] Becker 1984, S. 15
[22] vgl. Glöckel 3/1990, S. 7ff. Im großen und ganzen können Lernvoraussetzungen mit all den Bedingungen in Verbindung gebracht werden, die zur Persönlichkeitsentwicklung des einzelnen Menschen zählen. "Wenn wir den Begriff aber so weit fassen, würde er alle Didaktik und Methodik, Schultheorie und Schulpolitik, ja Gesellschaftstheorie umgreifen." Aus diesen Lernvoraussetzungen und Lern-Bedingungen überlappenden Faktoren seien exemplarisch nur einige aufgelistet: " ... außerschulische Erfahrungen - Einstellungen - ... sensible Phasen - lernpsychologische Gesetzmäßigkeiten - ... Gruppenprozesse - ... gesundheitliche Belastungen - ... Tageszeit - Wetter - äußere Störungen - ... Familienverhältnisse -Nationalität - Religion - Schulgröße - ... Schulleben - ... Berufs- und Lebensziele - ... Prüfungsdruck - Benotung - ... Lehrerstatus - Lehrerbildung - Schulpolitik - ... "
[23] vgl. Heimann/Otto/Schulz 1972. Die Autoren teilen die möglichen Lernvoraussetzungen in anthropogene und sozio-kulturelle Voraussetzungen und anthropogene und soziale Folgen auf.

bedacht werden muß. Selbst eine so einfache Kategorisierung wie in beobachtbare und erfahrbare Lernvoraussetzungen beinhaltet noch den Mangel subjektiver Färbungen, da das Resultat der Befragung von Eltern, Kollegen etc. wie auch z.B. die Informationsentnahme aus der Schülerakte vielleicht zu Etikettierungsprozessen führen können.
Trotz der Schwierigkeiten und Erschwernisse müssen die möglichen Lernvoraussetzungen genauer in Erfahrung gebracht werden.

Obwohl in der graphischen Anlehnung an *Becker*[24] »nur« noch 12 Lernvoraussetzungen herauskristallisiert wurden, die direkten Einfluß auf die Unterrichtskonzeption nehmen, können nicht alle in der notwendig erscheinenden Breite ausgeführt werden. An fünf Beispielen werden deswegen Überlegungen angestellt, in denen die Lernvoraussetzungen erläutert werden, mit denen der Lehrer zu rechnen hat und die er - jedenfalls zunächst - nicht ändern kann. In den einzelnen Kapiteln wird jeweils auch auf solche Voraussetzungen hingewiesen, z.B. Möglichkeiten der Motivierung, Veranschaulichung etc., die der Lehrer als günstige Bedingungen schaffen kann und muß, damit Schüler erfolgreich lernen können.

3.2.1 Kognitive Lernvoraussetzungen

Kognitive Strukturen, z.B. Leistungsbereitschaft und Leistungsfähigkeit, schlußfolgerndes und abstrahierendes Denkvermögen, Logik und Kreativität sind nur einige Umschreibungen, die andeuten sollen, daß ein Schüler einen Lerninhalt sachlich durchdringen und verarbeiten kann. Es wird in Sinnzusammenhänge eingeordnet und es werden neue Anwendungsgebiete

[24] Becker, S. 17

erschlossen, indem bereits Bekanntes auf Neues transferiert wird.

" Was von den Tag für Tag auf uns einströmenden Eindrücken vergessen wir, was behalten wir? Welchen Einflüssen unterliegt die Fähigkeit zu kombinieren, im richtigen Moment die richtigen Einfälle zu haben, sich zu erinnern und Zusammenhänge zu erkennen? Jeder weiß, daß er manche Dinge nur für wenige Sekunden behält, ein andermal speichert er sie gerade lang genug, um eine Prüfung zu bestehen, und vieles geht ihm das ganze Leben nicht mehr aus dem Kopf. Warum ist das so?"[25]

Wird Lernen lediglich als relativ überdauernde Verhaltensänderung aufgrund von Erfahrung[26] beschrieben, legt das Modell der kognitiven Prozesse "eher die Definition nahe, daß Lernen eine überdauernde Veränderung des Wissens bzw. der kognitiven Struktur ist, die sich in motorischen oder verbalen Verhaltensweisen nachweisen läßt."[27]

Die Psychologie hat sich in verschiedene Einzeldisziplinen aufgespalten, z.B. in die Lernpsychologie, in die Denkpsychologie, um komplexe Vorgänge wie Lernen, Denken, Wahrnehmen ... erklären zu können. Hier würde der Rahmen gesprengt, wollte man die Gesetzmäßigkeiten des Denkens, Lernens, Vergessens in aller Breite aufführen.

An einigen ausgewählten Fragen kann sich der Lehrer überlegen, welche kognitiven Faktoren bei der Aufbereitung des Unterrichts ausschlaggebend sein könnten:

- Welchen Lerntyp habe ich vor mir?
  Muß zusätzlich versprachlicht, veranschaulicht, auf bereits bekannte Sinnzusammenhänge verwiesen werden?
- Welche Hinweise konkreter Art müssen gegeben werden, um das Abstraktionsvermögen zu erleichtern?
- Müssen mehrere kleine Teilzielzusammenfassungen vorgenommen werden, um den zu behandelnden Lerninhalt zu sichern?
- Welche Gedächtnisstützen können angeboten werden, um Fakten in den Behaltensprozeß einzugliedern?
- Inwieweit ist der Schüler auf Eigeninitiative, auf Selbsttätigkeit, auf Fragen und weiterführende Impulse angewiesen?
- In welchem Ausmaß bedarf der Schüler haptischer Anschauungsmaterialien, um das für ihn gesteckte Lernziel zu »begreifen«?

---

[25] Vester S. 43

[26] vgl. als besondere Leseempfehlung Maurer 1990, S. 12f: "Begrifflich gesehen ist Lernen eine auf einem weiter nicht ableitbaren Lebensphänomen aufbauende hypothetische Konzeption, ein gedankliches Konstrukt, das für eine Vielzahl innerer Prozesse steht, die nicht direkt beobachtbar, sondern nur indirekt in ihren Auswirkungen auf Verhalten und Selbstbewußtsein, Sprache und Handlung erschließbar sind."

[27] Angermeier 1984, S. 27

Die Fragen lassen sich noch beliebig weiterführen und ergeben sich im Grunde von selbst aus der konkreten Schülerbeobachtung, wobei sich das Bild des kognitiven Leistungsverhaltens aus vielen Einzelbeobachtungen zusammensetzt.

3.2.2 Sprachliche Lernvoraussetzungen

Die Bedeutung der Sprache wird explizit, wenn wir sie als den "Sinnraum, in welchem jeder Mensch lebt"[28] verstehen und zugleich auf den Bildungssinn hinweisen, den *Hamann* in vier Punkten zusammenfaßt:

"Ihr Bildungssinn beruht darauf, daß sie
1. Welt in Geist umschafft, ja geradezu »Welt« hervorbringt,
2. daß der Mensch an der Sprache zu sich selbst kommt, indem er die Enge seines Erlebens durch die sprachliche Bewältigung überwindet und dabei sich selbst und gleichzeitig seinen Ort im Ganzen der Weltwirklichkeit erfährt,
3. daß sie Menschen in Kontakt bringt, die Verwirklichung des Ich-Du-Verhältnisses ermöglicht ...
4. daß sie das geistige Erbe der Vergangenheit überliefert."[29]

Der Weiterentwicklung und Pflege der Sprache kommt gerade im Unterricht entscheidende Bedeutung zu. "Schulische Lehr-Lern-Situationen entstehen durch sprachliche Verständigung, Interaktion und zielgerichtete Arbeit. ... Über Sprache, Interaktion und Arbeit konkretisieren sich Absichten, entstehen Umgangsformen, die entweder ein Herrschaftsverhältnis oder ein pädagogisches Interesse ausdrücken."[30]
Unsere moderne Zeit fördert durch Überangebote in der Medienlandschaft mehr das passive Sprachverhalten als zur tätigen und aktiven Auseinandersetzung mit der Umwelt anzuleiten. Der damit verbundene Erfahrungsverlust äußert sich u.a. auch darin, daß sich Konflikte verschärfen können, weil man Streitigkeiten nicht mehr sprachlich bewältigen kann und Mißverständnisse entstehen, weil im Gesagten nicht das zum Ausdruck kommt, was man eigentlich sagen will.

---

[28] Guardini 1965, S. 25
[29] Hamann 1970, S. 57
[30] Apel 1990, S. 55

Wie sehr im differenzierenden Unterricht gerade die sprachlichen Lernvoraussetzungen mitbedacht werden müssen, verdeutlicht das die ganze Problematik aufzeigende Zitat von *Biser*:

"Entscheidend verschärft wird der drohende Empirieverlust noch durch die Entwicklung der Sprache in der modernen Lebenswelt. Da sie zünehmend unter den Druck der Produktions- und Konsumverhältnisse gerät, wird sie im Sinn des dort herrschenden Gesetzes der Quantifizierung der Qualitäten umstrukturiert. Das hat unvermeidlich eine Verkümmerung der empirievermittelnden Elemente zugunsten der sprachlichen Informationsleistung im Gefolge. Das Ergebnis ist zwar eine in informativer Hinsicht außerordentlich leistungsfähige, gleichzeitig aber auffällig ausgedünnte Sprache, die zusehends unfähiger wird, die Vielfalt der menschlichen Erlebnis- und Gefühlswelt auszudrücken. Schon heute steht ihr nachweislich ein nur noch grober Beziehungsraster zur Verfügung, durch den die entlegeneren und nuancierten Gefühlswerte hindurchfallen. Wenn es aber zutrifft, daß die »Grenzen meiner Sprache... die Grenzen meiner Welt« bedeuten (*Wittgenstein*), schlägt die sprachliche Entwicklung unvermeidlich auch auf die menschliche Erlebnisfähigkeit zurück. Das kann im Ergebnis nur heißen, daß die Gegenwart im Begriff steht, einen emotionalen »Retorten-Menschen« hervorzubringen."[31]

Als Konsequenz ergibt sich, wenn man die Warnung *Bisers* ernst nimmt, ein offener Fragenkomplex für die Vorbereitung und Gestaltung des Unterrichts:

- Werden in der Unterrichtsgestaltung genügend Zeiträume berücksichtigt, in denen der Schüler Erlebnisinhalte versprachlichen kann?
- Wird der Grundwortschatz (1. bis 4. Jahrgangsstufe) nicht nur nach den Regeln der Orthographie geübt? Werden eigene Erlebnisinhalte und Erfahrungen miteinbezogen, die alle Sinne ansprechen und zu einer Versprachlichung drängen?
- Werden Wörter in der Umgangssprache auf ihren wirklichen Bedeutungsgehalt hin überprüft? Was sagen dem einzelnen Schüler Worte wie Vertrauen, Freundschaft, Kameradschaft?
- Welche Hilfen können gegeben werden, wenn Worthülsen, Floskeln und nichtssagende Worte im zwischenmenschlichen Bereich den Umgang miteinander bestimmen?
- Wird die Begriffsbildung als Ergebnis eines anschaulichen Unterrichts gefestigt, indem der Inhalt des Begriffs auf bekannte und neue Situationen übertragen und gesichert wird?

---

[31] Biser 1988, S. 96

3.2.3 Emotionale Lernvoraussetzungen

Emotionale Lernvoraussetzungen spielen im Lernprozeß eine große Rolle, denn sie schaffen u.U. die Bedingungen, die dazu führen, daß selbst ein sehr abstrakter Lerninhalt langfristig behalten werden kann. Wenn sich der Schüler wohl fühlt, eine Atmosphäre des Vertrauens und der Geborgenheit erlebt, Erfolgserlebnisse verspürt, die ihm zeigen, daß er als Person Anerkennung erfährt, motiviert ihn die Erfüllung der emotionalen Grundbedürfnisse für weitere Anstrengungsbereitschaft und Leistungsfreude. "Gefühle des Anerkannt- und Geborgenseins, Gefühle der Sympathie, der Liebe und des Seligseins können einerseits unsere Sicht der Welt und der Menschen in helles Licht und schönste Farben tauchen, andererseits auch ungeahnte Kräfte zu beschwingtem Handeln und schöpferischem Tun freisetzen."[32]
Gerade bei Kindern und Jugendlichen spielt die emotionale Komponente eine sehr wichtige Rolle, denn der Mensch wird in seinem Handeln und Urteilen nicht in erster Linie von Einsichten, sondern von Gefühlen bestimmt. Lernprozesse stellen immer eine Mischung aus rationalen, sachbezogenen und emotionalen, personbezogenen Faktoren dar.
Lernprozesse sind deshalb so anzuordnen, daß sie als ein tragfähiges Fundament eines aktiv gestalteten pädagogischen Bezugs Elemente der Besinnlichkeit, des Schweigens, des Staunens ebenso berücksichtigen wie die Einwirkung äußerer Rahmenbedingungen. Darunter fallen die Ausgestaltung des Klassenzimmers, die Anordnung der einzelnen Unterrichtsfächer und nicht zuletzt eine starke Gewichtung der Schul- und Psychohygiene. Emotionalität kann nicht durch die Aufstellung von Feinzielen in das Unterrichtsgeschehen eingebracht werden. Es kommt vielmehr darauf an, daß der ganze Mensch mit all seinen Sinnen zur Erschließung und Bewältigung der Welt befähigt wird, daß er Erfahrungen sammeln kann, die ihn in seinem Wertempfinden prägen und stabilisieren.

Die Bedeutung der Emotionalität des Menschen kann bei der unterrichtsvorbereitenden Tätigkeit des Lehrers auf Überlegungen folgender Art stoßen:

---

[32] Schubert 1985, S. 45

- Wie kann ich einem Schüler mit sozialen Schwierigkeiten helfen, seine entsprechenden Fähigkeiten z.B. in einer Gruppenarbeit zu beweisen, damit er von seinen Klassenkameraden geachtet und geschätzt wird?
- Welche Möglichkeiten bieten sich, die Lernbereitschaft zu steigern, wenn häufige Mißerfolge die schulische Lernsituation des Schülers negativ beeinflussen?
- Gelingt es mir als Lehrer, einen persönlichen Bezug zu jedem Schüler herzustellen?
- Kann der Lerninhalt so aufbereitet werden, daß emotionale Faktoren wie Freude, Begeisterung, Betroffenheit ... die denkende Auseinandersetzung anregen?
- Welche Aktivitäten schulischer und außerschulischer Art[33] erscheinen geeignet, um die Klassengemeinschaft in ihrem *Wir*gefühl zu stärken?

3.2.4 Motivationale Lernvoraussetzungen

Eng verbunden mit den emotionalen Lernvoraussetzungen sind die motivationalen. Damit sind all die Bedingungen gemeint, die dazu beitragen, daß sich der Schüler für den Lerninhalt interessiert, daß er bereit ist, Anstrengungsbereitschaft und Durchhaltevermögen zu beweisen. Der Lehrer wird also Überlegungen anstellen, wie er die Neugierde und die Lernbereitschaft wecken, stärken, fördern und aufrecht erhalten kann, indem er z.B. die Form der originalen Begegnung einem Medieneinsatz vorzieht, sach- und fachgerechte Arbeitstechniken anwendet, die Eigeninitiative, Selbsttätigkeit, Entdeckungsdrang und Problembewußtsein ermöglichen, Diskussionen und Rollenspiele initiiert, Provokationen in den Raum stellt, an Verantwortungsbewußtsein und Verantwortungsfreude appelliert, aber auch auf Erfolgserlebnisse hinweist, die sich aus getaner Arbeit, Fleiß und Konzentration ergeben.

"Die Motivation steht in engem Zusammenhang zwischen dem erlebten Schwierigkeits-

[33] vgl. Serve 1990, S. 111ff.

grad einer Aufgabe und den vom Schüler sich selbst zugemuteten Fähigkeiten. Es wird dann zu motivationalen Störungen kommen, wenn das vom Lehrer gesetzte Ziel (Anforderungsniveau) zu stark von dem Ziel, das der Schüler für erreichbar hält (Anspruchsniveau) abweicht."[34]

Motivation in Verbindung mit Leistungsbereitschaft entsteht vornehmlich dann, wenn dem Prinzip der »produktiven Mehrforderung« entsprochen wird, d.h. wenn Anforderungs- und Anspruchsniveau in etwa zur Deckung gebracht werden können.

Es ist allgemein sehr umstritten, welche Gewichtung die motivationalen Lernvoraussetzungen einnehmen. Die einen behaupten, daß ohne Motivation kein Lernen stattfände, die anderen stellen die These auf, daß Lernprozesse nicht immer motiviert sein müßten. Unbeschadet, welcher Richtung man anhängt, sei darauf hingewiesen, daß die motivationalen Lernvoraussetzungen die Bedürfnislagen des Schülers widerspiegeln, die es bei der Planung und Vorbereitung des Unterrichts unbedingt zu berücksichtigen gilt. In der Verbindung mit den emotionalen Bedingungen können sicherlich Grundlagen geschaffen werden, die nicht nur das schulische Leistungsverhalten, sondern auch das Selbstbild des Schülers reifen lassen.

Überlegungen kritischer Art wären etwa:

- Berücksichtigt das Motivierungsbemühen des Lehrers die momentane Situation des Schülers? Werden Faktoren wie Aktualität, Bedürfnis nach Anerkennung berücksichtigt und der Bedeutungsgehalt der Sache für die Gegenwart und Zukunft transparent gemacht?
- Weswegen ist ein Schüler leicht zu motivieren, obwohl seine Lernbereitschaft nur von kurzer Dauer ist?
- Welches Repertoire an methodischen Maßnahmen steht dem Lehrenden zur Verfügung, um den Schüler intrinsisch begeistern zu können?
- Warum scheitern Motivierungsversuche? Sind die Gründe zu suchen im praktizierten Erziehungsstil, in der Erwartungshaltung an die Schüler, in der eigenen Anstrengungsbereitschaft, in der Zusammensetzung der Lerngruppen, in der methodischen Aufbereitung des Lerninhalts...?

---

[34] Schröder 1989, S. 118

3.2.5 Individuelle Lernvoraussetzungen

Die Beachtung der individuellen Lernvoraussetzungen muß in einem differenzierenden Unterricht die zentrale Aufgabe bei der Vorbereitung und Durchführung des Unterrichts sein. Gelingt es dem Lehrer, auch nur annähernd dieser Forderung gerecht zu werden, bewegt er sich auf das Ziel der Differenzierung, die Individualisierung, zu.
Individuelle Lernvoraussetzungen können nur schwer von den übrigen Bedingungen des Lehrens und Lernens getrennt werden, da sie alle Bereiche tangieren, die Unterricht und Erziehung betreffen. Das Ziel erziehlichen und unterrichtlichen Bemühens ist die Entwicklung der persönlichen Fähigkeiten.
Dabei richtet sich die Orientierung auf den Schüler als *Person*, der als Mitmensch gleichwertiger Partner ist, dessen Gefühle, Ängste, Unsicherheiten, Stimmungslagen, dessen besondere Fähigkeiten, aber auch Schwächen, Neigungen und Interessen es ernstzunehmen gilt, da durch sie der Personwert, die Einmaligkeit jedes menschlichen Lebewesens, explizit wird. Eine personal verstandene Pädagogik[35] sieht den Menschen in der Gesamtheit aller möglichen Voraussetzungsspektren und will auf dem Wege der Persönlichkeitsentwicklung den Menschen als Person anerkennen.

Dieser Fragenkomplex ist äußerst umfangreich, weswegen nur einzelne Bereiche angedeutet werden können:

- Ist es dem Fachlehrer mit nur wenigen Unterrichtsstunden in einer Klasse überhaupt möglich, individuelle Lernvoraussetzungen einzelner Schüler in Erfahrung zu bringen?
- Inwieweit gelingt es dem Lehrer, den Schüler in seiner persönlichen Lebenssituation kennenzulernen?
- Welche Bedeutung für die individuelle Entwicklung des Schülers haben z.B. der Einfluß von peer groups, der soziale Status innerhalb

[35] vgl. Dickopp 1973, S. 9: "Die Personale Pädagogik ist eine bildungstheoretische Konzeption der Gegenwart, für die ein vorgängig gegebenes (gesetztes) menschliches Sein (Person-Sein) der theoretisch begründende und praktisch bestimmende Grund jeglichen Erziehungs- und Bildungsgeschehens ist. Sie ist von pädagogischen Konzeptionen abzugrenzen, die den Personbegriff im nur psychologischen, biologischen, soziologischen und juridischen Sinne oder bloß funktional oder gleichbedeutend mit Begriffen wie Selbst, Persönlichkeit, Individuum, Ich verwenden und den metaphysischen bzw. ontologischen Selbststand des Menschen in Frage stellen.

der Klassengemeinschaft, die familiäre Situation, die Etikettierung von Lehrerseite, die eigene Konfliktfähigkeit und Konfliktbereitschaft?
Inwieweit berücksichtigt der Lehrer in der Anwendung von Sozialformen die Interessen und Neigungen, die Schwächen und Lerndefizite, die zur Zusammensetzung des Persönlichkeitsbildes des Schülers beitragen? Ist er zur flexiblen Leistungsdifferenzierung, zur Neigungs- und Interessendifferenzierung bereit, die mit einem vermehrten Arbeitsaufwand verbunden sind?

4. Differenzierung im Blick auf methodische Möglichkeiten

Die Differenzierung des Unterrichts betrifft vor allem didaktisch-methodische Handlungsentscheidungen des Lehrers. Jedes individuelle Eingehen auf Stärken oder Schwächen, jede Zusammenführung von Lernergebnissen sowie jede Auswertung und Veranschaulichung von Zusammenhängen bedarf gezielter methodischer Vorgehensweisen.

Grundsatzentscheidungen qualitativer bzw. quantitativer Art sind bereits bei der Planung der Unterrichtseinheit zu treffen, um sie dann in die Vorbereitungsarbeit für die konkrete Unterrichtsstunde einfließen lassen zu können.
Qualitative Überlegungen betreffen die Hierarchie der Anforderungen bei den Lehr-/Lernzielen. Das vertikale Vorgehen kann folgendermaßen veranschaulicht werden:

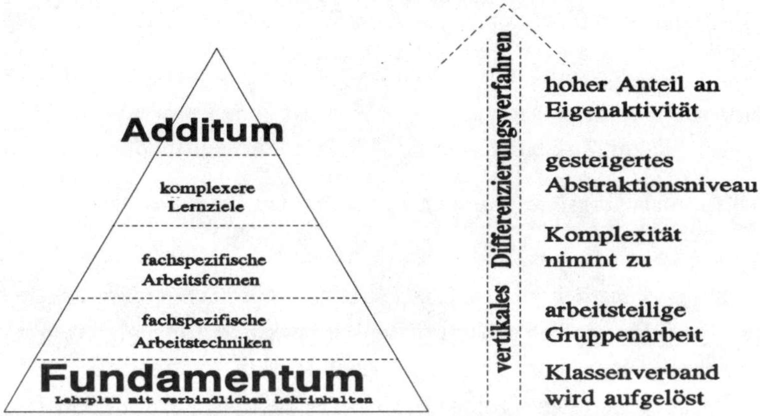

Qualitative Differenzierung, hier am Beispiel der Leistungsdifferenzierung aufgezeigt, erfordert vom Schüler z.B. die Beherrschung relevanter fachspezifischer Arbeits*techniken*. Mit ihrer Hilfe erarbeitet er in fachspezifischen Arbeits*formen* komplexere Lernziele. Dies verlangt von ihm die Fähigkeit zum schlußfolgernden und abstrahierenden Denkvermögen.

Quantitative Überlegungen erstrecken sich auf Handlungsabsichten zur Erreichung des FUNDAMENTUMs, der verbindlichen Lehr- und Lernziele. Bei Aufgabenstellungen mit annähernd gleichem Schwierigkeitsgrad ist den einzelnen Schülern, entsprechend ihrer Ausgangslage, individuelle Hilfestellung zu gewähren. Das Aufgabenpensum und die zugestandene Lernzeit sind zur Erreichung des beabsichtigten Lernerfolgs auf die Lernfähigkeit der Schüler abzustimmen.

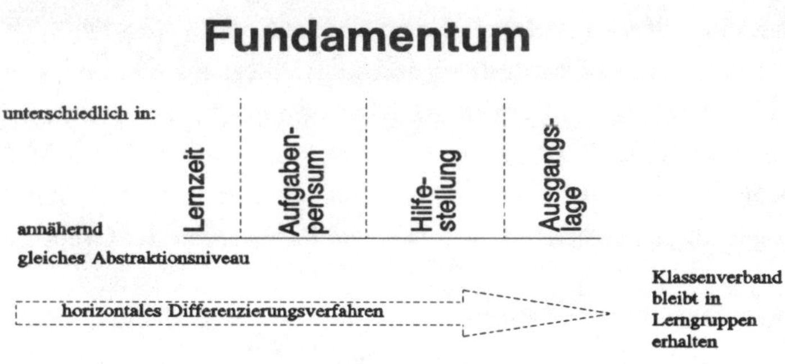

Qualitative Differenzierungsmaßnahmen können erst erfolgen, wenn alle Schüler die verbindlichen Anforderungen des FUNDAMENTUMs erreicht haben. Selbstverständlich kann - auf dem Wege zum ADDITUM - zwischenzeitlich horizontal differenziert werden, um einige Schüler in ihrer Lern- und Leistungsbereitschaft nicht zu überfordern, bzw. andere nicht zu unterfordern.

4.1 Differenzierungsbemühungen durch die Organisation des Unterrichts

Unterricht als »künstlich geschaffene Wirklichkeit im Schonraum Schule« erfordert das Erkennen von bedeutungsvollen Zusammenhängen, die einander bedingen, ja sogar einander ausschließen können.
Da verschiedene Lerntypen zur Aufnahme des Lerninhaltes differenzierte Angebote der Sachvermittlung brauchen, sollte bereits bei der Vorbereitung der konkreten Unterrichtsstunde die Gliederung der Lernsequenzen, also die Artikulation des Unterrichts, bedacht werden. Eine monotone Unterrichtsgestaltung lähmt die Aktivität, läßt der Spontaneität und Kreativität, vor allem aber der Selbsttätigkeit, wenig Handlungsspielraum.
So sollten bereits zur Eröffnung des Unterrichts Aktionsformen abwechseln mit Phasen der Rückbesinnung, der Wiederholung, der Meditation, der Übung, der Versprachlichung, der Stille, der Sammlung etc.
Die Erarbeitungsphase kann gestaltet werden durch Einzelarbeit, Partner- und Gruppenarbeit, durch einen Gesprächskreis, ein Rollen- oder Planspiel, mit einer Problemstellung, einem Medieneinsatz, Versuchsvorbereitungen, Interviews, Auswertung eines Unterrichtsgangs u.v.a.m.
In der Lösungsphase muß erneut Aktivität ermöglicht werden, da es hier gilt, den erarbeiteten Lösungsweg auf seine Richtigkeit zu überprüfen, eigene Denkstrategien zu entwickeln, Kritikfähigkeit zu beweisen, Durchhaltevermögen zu demonstrieren, sich mit dem Partner, mit der Gruppe abzusprechen ...
Die Schlußphase des Unterrichts ist von besonderer Bedeutung und sollte nicht durch lange Merktexte oder zugeklappte Tafelhälften das Lernergebnis oftmals nur vordergründig sichern. Die praktische Umsetzung der erarbeiteten Wege, der Versuch der Anwendbarkeit auf ähnliche oder neue

Gebiete dient zugleich der Verlaufsmotivierung, in jedem Fall aber der Festigung des Lernzuwachses. Diskussionsrunden, Pro und Contra eines Ergebnisses, die nochmalige Versprachlichung und Rückführung auf die Ausgangslage, der Versuch, eigene Aufgabenstellungen zu entwickeln, das Erlernte anhand von Sachbüchern nachlesen, revidieren, ergänzen oder bestätigt wissen sind weitere Möglichkeiten, die Aktivität der Schüler differenziert zu nutzen.
Es ist dabei evident, daß nicht jeder Schüler in gleicher Weise über das aufgezählte Handlungsrepertoire verfügen kann, aber durch die Schulung und Anwendung entsprechender Arbeitstechniken und Arbeitsformen wird er zusehends Selbstvertrauen und Eigenständigkeit gewinnen, zumal er seine Stärken erproben kann, seine Schwächen erkennt und korrigierbare Mängel selbst beseitigt.

Vom Lehrer erfordert die Methodenpluralität eine differenzierende Vorbereitung, die Schaffung von Freiräumen und Pufferzonen und den Mut, einen Teil des Unterrichts aufgrund der Schüleraktivität »unverplant« zu lassen. Es sind infolge einer arbeitsteiligen Gruppenarbeit und deren anschließender Auswertung, Besprechung und Verdeutlichung der Ergebnisse mit Sicherheit quantitativ weniger Lehr-/Lernziele im amtlichen Lehrplan abzuhaken, dafür steht aber die Gewißheit, daß der Unterricht nicht »durchgezogen«, sondern von den Schülern getragen worden ist.

4.2 Differenzierung in der Auswahl der Lernziele

Die Lernziele für die einzelne Unterrichtsstunde ergeben sich einerseits aus der Sache, die als Lerninhalt im amtlichen Lehrplan verbindlich grundgelegt ist, andererseits muß der Anspruch auf Erreichbarkeit der gestellten Sollforderungen mit den Lernvoraussetzungen der Schüler in Einklang gebracht werden. Örtliche, traditionelle, kulturelle, klimatische ... Gegebenheiten müssen gleichermaßen berücksichtigt werden, um den Anforderungen der Schülergemäßheit[36] gerecht zu werden.

[36] vgl. Seitz, S. 64ff.

Bereits bei der Formulierung der Lernziele darf nicht nur an kognitiv Vermittelbares gedacht werden, da Emotionen und Empfindsamkeiten großen Einfluß auf die Behaltensleistung des Schülers nehmen. Die Taxonomie der Lernziele, die sich bei der Einführung eines neuen Lerninhaltes in Erfahren - Erkennen - Wissen - Anwenden - Beherrschen - Übertragen gliedern könnte, muß bedacht sein, um Unter- oder Überforderungen zu vermeiden. An der Formulierung und der Erreichbarkeit der Lernziele will guter Unterricht bemessen sein, da er einerseits dem »Ethos der Sache«, andererseits dem Schüler in seiner Gesamtdisposition genügen muß.

Werden folglich Formulierungen gewählt, die die Transferleistung des Schülers betreffen, müssen auch die dazu erforderlichen Arbeitstechniken und Arbeitsformen vom Lernenden beherrscht werden, damit kognitive und psychomotorische Anforderungen kein zusätzliches Hemmnis darstellen. Erst auf dieser Grundlage kann der Schüler Eigenaktivität entwickeln, neue Lösungswege erproben oder Bekanntes in geordnete Zusammenhänge bringen. Dabei dürfen wiederum nicht nur Stärken weiter gefördert werden, indem qualitativ durch weiterführende Lernziele differenziert wird: Es müssen auch Schwächen erkannt, ihre Ursachen beseitigt und Wege gefunden werden, um Lernfortschritte zu ermöglichen und zu verdeutlichen.

Differenzierender Unterricht, am qualitativen und quantitativen Differenzierungsverfahren ausgerichtet, eröffnet Wege für Lernerfolge und Leistungsbereitschaft.

Ohne eine Nivellierung zu intendieren, muß die »produktive Mehrforderung« angestrebt werden, die die Erreichbarkeit von Aufgabenstellungen - mittels genau reflektierter Lernziele - in Aussicht stellt. Durchhaltevermögen, Anstrengungsbereitschaft und Arbeitseifer sind erkennbare Anzeichen für die richtige Wahl der Lernzielebenen.

Während kognitive Lernziele in der erwähnten Lernzielstruktur in ihrem zeitlichen Umfang relativ exakt geplant werden können, erfordert die Bandbreite emotionaler Zielsetzungen vom Lehrer viel Flexibilität und Einfühlungsvermögen, Nähe und Distanz.

Beispielhaft soll an den Formulierungen »... sich hineinversetzen, zu verstehen suchen, begreifen, internalisieren, überzeugt sein, handeln ...« verdeutlicht werden, daß zur Erreichung dieser Zielsetzungen Diskussionen nicht ausufern dürfen, daß aber auch Tiefe erreicht werden muß, daß Zeit zugestanden und Toleranz geübt werden muß, daß herkömmliche Unterrichtsmedien wenig geeignet sind, um Lernergebnisse zu sichern oder Lerninhalte zu veranschaulichen.

Werden erziehliche Thematiken berührt, die ein verändertes Handeln zur Folge haben wollen, müssen die Lernziele in ihrer Anzahl reduziert werden, um nicht durch Zeitdruck den Tiefgang zu verhindern.
Lernzielformulierungen basieren auf einer genauen didaktischen Analyse und resultieren u.a. aus ständiger genauer und aufmerksamer Unterrichtsbeobachtung. Dem einzelnen Schüler können keine festen Attribute zugeschrieben werden, will sich differenzierender Unterricht nicht selbst ad absurdum führen, denn das Lern- und Leistungsverhalten soll durch das differenzierende Bemühen des Lehrenden nicht stagnieren, sondern in Fluß kommen.

4.3 Differenzierung durch die Auswahl des Medienangebots

Der junge Mensch ist in seinem Denken und in seinen Vorstellungen weitgehend an Bilder gebunden. Orientierungen und Fixpunkte, Zeichen und Symbole, Bilder, Modelle, Skizzen und Diagramme unterstützen den Wahrnehmungsprozeß, erleichtern Assoziationen und strukturieren die Vorstellungskraft.
Visuelle Medien sollten immer dann eingesetzt werden, wenn das gesprochene Wort nicht genügt, akustische, wenn die Veranschaulichung ergänzender »hörbarer« Hinweise bedarf, um die enthaltene Information entnehmen und verarbeiten zu können. Originale Begegnungen haben oftmals, aber keineswegs immer, Vorrang vor einer vermittelten Wirklichkeit.

Da die Polarität von Sachanspruch und Kindgemäßheit für das Unterrichtsgeschehen konstituierend ist, müssen aufgrund der unterschiedlichen Auffassungsfähigkeit zusätzlich Mittler eingesetzt werden, um eine gemeinsame Informationsbasis herstellen zu können.
Die Auswahl der Unterrichtsmedien und deren Bereitstellung verdeutlichen das differenzierende Vorgehen des Lehrenden. Visuelle, auditive und au-

dio-visuelle Medien sollen das lernprozessuale Geschehen stützen, vor allem aber Lerninhalte veranschaulichen und Assoziationen hervorrufen, die dem Behaltensprozeß dienlich sind.

Von großer Bedeutung ist dabei, an welchem didaktischen Ort das Unterrichtsmedium mit welcher didaktischen Funktion zum Einsatz kommt. Am Beispiel des Arbeitsblattes sollen diese Zusammenhänge erläutert werden.

Artikulation des Unterrichts	Tafelbildarbeit	Arbeitsblattgestaltung	differenzierende Lernhilfen	denkbare Alternativen
Eröffnungsphase	Bildmaterial/Text/Symbole **Zielangabe an Mitteltafel**	Textvorgabe/Grafik/Tabelle **Fixierung der Überschrift**	Worterklärungen/ Querverweise/zusätzl. Bildmaterial ...	Schulbuch/ Arbeitstransparent/ Lehrererzählung/ ...
Erarbeitungsphase	Hypothesenbildung an der Seitentafel/ erste Abstraktionen durch Symbole/ Hervorhebungen ... Hinweise zur Erarbeitung/ Arbeitsaufträge ...	konkrete Arbeitsaufträge/ Aufteilung in Lerngruppen/ Hinweis auf Arbeitsmittel/ indiv. Veranschaulichungshilfen/Aufzeigen von Strukturen/ optische Hervorhebungen/ Angebot von Lösungshilfen ...	Querverweis zu anderen Fachbereichen/ Verwendung von Symbolen/Bildmaterial ...	Ergänzung durch OHP-Folie/Kreisgespräch/ Referate/ Filmeinsatz/ Tonband ...
Lösungsphase	Auswertung der Ergebnisse/ Verdeutlichung des Lösungsweges/ Aufzeigen von Strukturen/ Ergänzung durch Stichpunkte/visuelle Veranschaulichung ...	Überprüfen der eigenen Ergebnisse/Unterstreichen/ Umranden/eigene Merksatzformulierung/Nachvollzug des eigenen Lösungsweges ...	grafische Unterstützung des Lösungsvorgangs/ indiv. Lernhilfen ...	Kombination mit Hefteintrag/Rollenspiel/Schulbuch/OHP-Folie ...
Sicherungsphase	Versprachlichen des Ergebnisses anhand der Strukturierung/ Anleitung zum Hefteintrag/visuelles Hervorheben von Zusammenhängen ...	Anwendung des Gelernten mit indiv. Aufgabenstellungen/-Transferaufgaben (qualitative Differenzierung)/Hinweise auf Hausaufgabenstellung/Wiederholung des Lösungsweges ...	Hinweise auf Vorgehensweise/ optische Hervorhebungen/ Unterstreichen wichtiger Lösungsschritte ...	Klassengespräch/Diskussion/Verbalisation durch einzelne Schüler/Arbeit auf dem Block ...

Das Arbeitsblatt[37] genießt in der pädagogischen Öffentlichkeit keinen guten Ruf, obwohl es - bei didaktischer Reflexion - in besonderer Weise geeignet ist, individuellen Schwächen zu begegnen und Stärken zu fördern.

---

[37] vgl. hierzu besonders: Wellenhofer 1991

4.4 Differenzierung durch das Angebot an Lernzeit

Wenn man sich fragt, welche Faktoren den Erfolg in einer Lehr-Lern-Situation mitbeeinflussen, dann lassen sich neben den Persönlichkeitsvariablen wie kognitive Fähigkeiten, Lernbereitschaft sowier Ausdauer noch zwei weitere Einflußgrößen aufzeigen: die Qualität des Unterrichts und die Lernzeit.
Die genannten Variablen wurden von *Carroll* in einem Modell schulischen Lernens zusammenhängend dargestellt[38]. *Carroll* ging davon aus, daß Lernende prinzipiell eine ihren Fähigkeiten und ihrem Vorwissen angemessene Lernzeit benötigen (»benötigte Lernzeit«), daß sie während eines Lernprozesses eine bestimmte Zeit zum Lernen aufwenden (»aufgewendete Lernzeit«) und daß ihnen auch nicht beliebig viel, sondern nur eine bestimmte Menge Zeit zur Verfügung gestellt wird ("zugestandene Lernzeit"). Der Grad des Lernerfolgs hängt, *auf die Lernzeit bezogen*, davon ab, inwieweit die benötigte und die aufgewendete Lernzeit übereinstimmen.

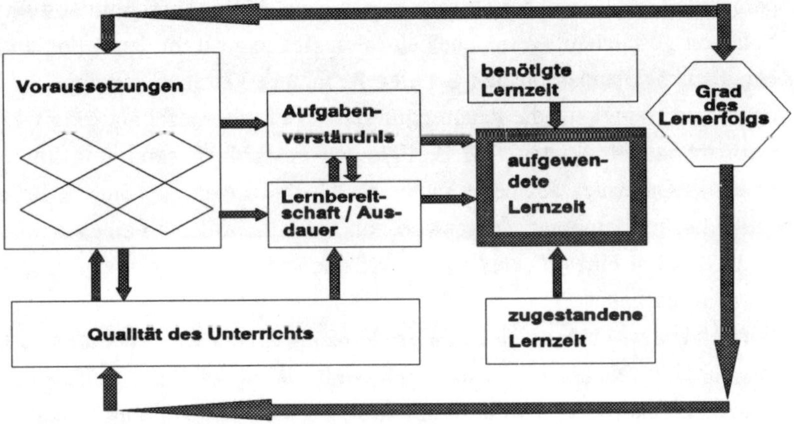

Differenzieren läßt sich hinsichtlich der zugestandenen Lernzeit. Je nach den individuellen Voraussetzungen (Vorwissen, kognitive Fähigkeiten, Lernstrategien, Leistungs-

[38] dargestellt in: Harnischfeger/Wiley 1977, S. 207-228; Abbildung bei Apel 1988, S. 14

motiv) wird zum Verständnis und zur Bearbeitung der Aufgaben mehr oder weniger Zeit benötigt; die Lernbereitschaft und Ausdauer hängen einerseits von früheren Lernerfahrungen, vom erreichten Aufgabenverständnis und auch von der Qualität des Unterrichts ab. In der Abbildung bedeutet Differenzierung ein spezifisches Angebot von Lernzeit, damit lernschwächere Schüler eher Lernerfolge erzielen und dadurch einige ihrer Voraussetzungen verbessern können. Lernstärkere Schüler erfahren dadurch auch eine Förderung: Ihnen werden weitere oder umfangreichere bzw. schwierigere Aufgaben zur Verfügung gestellt, durch die sie ihre Fähigkeiten innerhalb der zur Verfügung stehenden Zeit entwickeln oder trainieren können.

Komplexe Lerninhalte müssen, wenn Wert auf Eigenaktivität gelegt wird, erarbeitet werden. Die in den Sozialformen dafür zur Verfügung stehende Lernzeit sollte in etwa zur Deckung kommen mit der benötigten und zugestandenen Lernzeit, wenn nicht Langeweile oder Zeitdruck die Qualität des Lernergebnisses mindern sollen.
Die erziehliche und unterrichtliche Zielsetzung ist davon abhängig, was, wie und zu welchem Zweck etwas gelernt werden soll. Ist nur ein Einblick in verschiedene Lernbereiche gefordert, kann dies mühelos durch eine spannende Lehrererzählung, einen Filmeinsatz, einen Ausschnitt aus einem Sachbuch geschehen. Wird aber ein Transfer angestrebt, muß der unterschiedlichen Disposition der Schüler Rechnung getragen werden, da die Auffassungsfähigkeit, die Anstrengungs- und Lernbereitschaft, die psychomotorischen Fähigkeiten und Fertigkeiten ausschlaggebend sein können, um etwas Gelerntes auf neue Sachverhalte übertragen zu können. Bereits beim Abschreiben eines Textes von der Tafel, beim Lesen eines Artikels, beim Gliedern eines Textes usw. wird die unterschiedlich benötigte Arbeitszeit deutlich.
Gibt der Unterrichtende einen zu großen Zeitrahmen vor, geht dies zu Lasten der Zielorientierung und Effektivität. Wird aber die zugestandene Lernzeit zu knapp bemessen, bleibt zu wenig Zeit zur Besinnung, zum entdeckenden Lernen. Der Zeitdruck kann zu Oberflächlichkeiten verführen, zu Resignation, zu Arbeitsunlust bis hin zur Leistungsverweigerung, da das gesteckte Ziel nicht erreichbar erscheint.
Hinzu kommt, daß äußere Faktoren, etwa die Psychohygiene im Klassenzimmer, der Anreizcharakter einer Aufgabenstellung, die Gestaltung eines Unterrichtsmediums und die Tageszeit Auswirkungen auf das Arbeitstempo

der Schüler zeigen können.

5. Differenzierung aus theoretischer und praktischer Sicht

Der Bildungstheoretiker sucht nach didaktisch-methodischen Maßnahmen zum Ausgleich von Lerndefiziten. Unter Berücksichtigung dieser Erkenntnisse wählt der Lehrer Inhalte, gestaltet Verfahren rhythmisch, bestimmt Themen und wählt Unterrichtsmedien aus.
Stellt sich der gewünschte Lernerfolg nach *bestimmter Zeit* nicht in der erwarteten Form ein, wird mit alternativen Arbeitstechniken und Arbeitsformen der Sachverhalt von neuem zu erschließen versucht.

Wird die Differenzierung des Unterrichts einseitig auf Leistungsförderung im kognitiven Bereich ausgerichtet, müssen sich notwendigerweise Frustration und Schulunlust einstellen. Auch ein noch so abwechslungsreich und ansprechend gestalteter Unterricht vermag nicht die natürliche Grenze der Begabung zu sprengen. Dies ist für den Schüler schmerzlich, der erkennen muß, daß z.B. seine Klassenkameraden in der Hälfte der eigenen Lernzeit das Lernergebnis aufweisen können. Schmerzlich auch dann, wenn Fertigkeiten und Fähigkeiten auf anderen Gebieten anerkannt werden. Falls nicht z.B. Faulheit, Desinteresse oder entwicklungsbedingte Faktoren der Grund für Mißerfolge sind, muß der Lernende seine Grenzen erkennen, damit er zu einer realistischen Selbsteinschätzung befähigt wird.

Förderung und Forderung sollten sich weithin nicht auf einzelne Unterrichtsfächer und Unterrichtsstunden beschränken, sondern übergreifendes Erziehungs- und Unterrichtsprinzip sein. Deswegen darf sich der Aufwand der Vorbereitung von Lerneinheiten auch nicht einem pädagogischen Utopismus verschreiben; er muß vielmehr in der alltäglichen Unterrichtsarbeit deutlich werden. Nicht speziell z.B. für den Unterricht Beobachtenden oder Beurteilenden gedachte Rhythmisierungs- und Aktionsformen nutzen dem Schüler, sondern das stets gegenwärtige »helfende Gespräch«, der zusätzliche stille Hinweis, eine für andere kaum erkennbare Geste, die zum Nachdenken und Finden des Lösungsweges anregen. Aufzeigen von Fehlern, Erklären der Fehler und jede konstruktive Kritik sind Markierungspunkte zur Verbesserung der Lern- und Leistungsatmosphäre. Eine Veranschaulichung um der Veranschaulichung willen, eine Motivierung um der Motivierung willen ... helfen wenig. Maßnahmen haben sich immer am Voraussetzungsspektrum der einzelnen Schüler zu orientieren.

Unterrichtsdifferenzierung im Schulalltag meint also kein »Schaustundenverhalten« des Lehrers! Auch zu schneller und häufiger Wechsel der Unterrichtsformen kann verwirren! Eine gewisse Gewöhnung an bestimmte Erarbeitungs- und Lösungsmethoden, wenn sie der Schülerselbsttätigkeit in ausreichendem Maße entsprechen, ermöglichen bereits differenzierenden Unterricht.

Differenzierung darf nie nur die Sache im Blick haben, ebensowenig wie sie die Sache wegen eines überzogenen Schülerbezuges aus den Augen verlieren darf.

Differenzierender Unterricht bedeutet unter diesen Aspekten das rechte Verhältnis von Sachanspruch *und* Schülergemäßheit auf der Grundlage der Lernvoraussetzungen.

6. Literatur:

Angermeier, W.F.: Lernpsychologie. München/Basel 1984

Apel, H.J.: Mehr Wissen und Können. Hrsg. von der Industrie und Handelskammer zu Köln 1988

Apel, H.J.: Schulpädagogik. Eine Grundlegung. Köln/Wien 1990

Becker, G.: Planung von Unterricht. Handlungsorientierte Didaktik, Teil 1. Weinheim/Basel, 1984

Berge, M.: Differenzierung als didaktische Aufgabe. Berlin 1980

Biser, E.. Menschsein in Anfechtung und Widerspruch. Düsseldorf 1988

Bönsch, M.: Individualisierung und Differenzierung. Schulpädagogische Betrachtungen. Hauptschulmagazin. München, 4. Jahrgang 3/1989

Bönsch, M.: Methodische Aspekte der Differenzierung. München 1970

Brezinka, W.: Grundbegriffe der Erziehungswissenschaft. 4. verb. Aufl., München 1981

Brunnhuber, P.: Prinzipien effektiver Unterrichtsgestaltung. 14. Aufl., Donauwörth 1971

Buck, S.: Formen der Differenzierung in der Grundschule. In: Preuß, E. 1976

Deutscher Bildungsrat (Hrsg.): Strukturplan für das Bildungswesen. 4. Aufl., Stuttgart 1972

Dickopp, K.H.: Die Krise der anthropologischen Begründung von Erziehung. Ratingen/Kastellaun 1973

Drescher, R.: Lernen ist an Voraussetzungen gebunden! In: unterrichten & erziehen. Heft 3, Regensburg 1990

Fischer, M.: Differenzierung im Unterricht. Weinheim 1973

Fischer, M.: Die Differenzierung des Unterrichts in der Volksschule. Weinheim 1962

Glöckel, H.: Vom Unterricht. Bad Heilbrunn 1990

Glöckel, H.: Lernvoraussetzungen. Ein schwieriger Begriff, eine wichtige Sache. In: unterrichten & erziehen, Heft 3, Regensburg 1990

Guardini, R.. Die Person. In: Personale Erziehung, hrsg. von Gerner, B. Darmstadt 1965

Haller, H.D.: Didaktische Organisation des Unterrichts. München 1978

Hamann, B.: Religiöse Erziehung als Unterrichtsprinzip. Limburg 1970

Harnischfeger, A./Wiley, D.: Kernkonzepte des Schullernens. In: Z. f. Entwicklungspsychologie und Päd. Psychologie, 1977, IX, Heft. 3

Heimann, P./Otto, G./Schulz, W.: Unterricht - Analyse und Planung, 6. Aufl. Hannover 1972

Herber, H.-J.: Innere Differenzierung im Unterricht. Stuttgart 1983

Illichmann, A.: Differenzierung des Unterrichts. In: Zöpfl, H./Seitz, R.(Hrsg.) 1971

Kasper, H.(Hrsg.): Differenzierungsmodelle für die Grundschule. Stuttgart 1974

Keim, W.: Schulische Differenzierung. Köln 1977

Klafki, W./ Stöcker, H.: Innere Differenzierung des Unterrichts. In: Zeitschrift für Pädagogik 22 (1976) Heft 4

Mastmann, H.: Differenzierung und Individualisierung in der Gesamtschule. Erwartungen, Erfahrungen, Möglichkeiten. Schwalbach b. Frankfurt/ M. 1971

Maurer, F.: Lebenssinn und Lernen. Zur Anthropologie der Kindheit und des Jugendalters. Langenau-Ulm 1990

Meyer, H.: Unterrichtsmethoden, Theorieband, 2. durchges. Aufl. Frankfurt/M. 1988
Niermann, J.: Methoden der Unterrichtsdifferenzierung. Düsseldorf 1981
Oswald, M. et al.: Differenzierung in der Schule. Annotierte Bibliographie zu einer aktuellen Problematik. Duisburg 1976
Prell, S.: Erfahrungen mit der Differenzierung - differenzierte Erfahrungen. Pädagogische Welt, Heft 10, Donauwörth 1971
Preuß, E. (Hrsg.): Zum Problem der inneren Differenzierung. Bad Heilbrunn 1976
Reinartz, A./ Sander, A. (Hrsg.): Schulschwache Kinder in der Grundschule. Band 1/2, Frankfurt 1977/78
Robinsohn, S.B./Thomas, H.: Differenzierung im Sekundarschulwesen. Stuttgart 1968
Schittko, K.: Differenzierung in Schule und Unterricht. Ziele, Konzepte, Beispiele. München 1984
Schröder, H.: Leistung in der Schule. Begründung - Forderung - Beurteilung. München 1990 (a)
Schröder, H.: Lernen und Lehren im Unterricht. Grundlagen und Aspekte der Allgemeinen Didaktik, München 1989
Schröder, H.: Lernen und Lehren im Unterricht. Grundlagen und Aspekte der Allgemeinen Didaktik, München 1990 (b)
Schubert, V.(Hrsg.): Der Mensch und seine Gefühle. St. Ottilien, 1985
Schwab, M. et al.: Modellversuch Differenzierung in der Grundschule. Reihe: Modellversuche im Bildungswesen. Hrsg. Kultusministerium Schleswig-Holstein. Kiel 1977
Seibert, N./Serve, H.J./ Zöpfl, H.(Hrsg.): Schulpädagogik. Eine Einführung in die Themenbereiche Erziehung und Unterricht in der Schule. München 1990
Serve, H.J.: Schulleben. In: Seibert,N./Serve, H.J./Zöpfl, H. (Hrsg), München 1990
Teschner, W. P. (Hrsg.): Differenzierung und Individualisierung des Unterrichts. Göttingen 1971
Vester, F.: Denken, Lernen, Vergessen. 9. Aufl., Stuttgart 1982
Wellenhofer, W.: Grundlagen einer modernen Arbeitsblatt-Praxis. Ziele, Konzeptionen, Möglichkeiten, Grenzen. München 1991
Wiederhold, K. A. (Hrsg.): Differenzierung in Schule und Unterricht. Ratingen 1975
Winkeler, R.: Differenzierung. Funktionen, Formen, Probleme. Ravensburg 1976
Yates, A. (Hrsg.): Lerngruppen und Differenzierung. Weinheim/Basel 1966
Zöpfl, H./Seitz, R.(Hrsg.): Schulpädagogik. Grundlagen-Probleme-Tendenzen. München 1971

Helmut J. Serve

Das Unterrichtsprinzip der Kreativitätsförderung

Inhaltsverzeichnis

Verantwortungsbewußte Kreativität als Ziel unterrichtlicher Förderung

1. Vorbemerkung

»Kreativ« und »Kreativität« sind Modewörter unserer gegenwärtigen Alltagssprache. Als solche häufig gebraucht, dabei aber nur selten gründlich in ihrer Bedeutung reflektiert, beziehen sie sich meist auf die Fähigkeit des Menschen zu originellem, schöpferischem Denken und Gestalten. Vor allem unter aktuellen Lebensaspekten bzw. -trends, etwa der materiellen, sozialen und ökologischen Umwelt (z.B. Bedeutungszuwachs der Kunst, der Individualität und Selbstverwirklichung, der Arbeitsplatzsicherung, des Umweltschutzes) wird der Kreativität des Menschen immer mehr Relevanz zugemessen. Auch unsere Ausbildungsinstitutionen bleiben von dieser Entwicklung nicht unberührt und nach der »Entfaltung des Schöpferischen im Kinde« als ein gewichtiges Ziel bereits der Kunsterziehungsbewegung und der Reformpädagogik wird heute von verschiedenen Seiten immer eindringlicher - mit z.T. sehr unterschiedlichen Begründungen - eine Förderung der Kreativität durch die Schule angemahnt und damit an dieses in relative Vergessenheit geratene Unterrichtsprinzip erinnert.

2. Allgemeine Bedeutung der Kreativität

Nicht zuletzt aufgrund weltweit zunehmender, vielfältiger und existentieller Krisen, erfährt die Kreativität als vermutetes Mittel zur Katastrophenverhinderung eine enorme öffentliche Bedeutungszuweisung und Diskussion. Entsprechend werden immer häufiger und eindringlicher Forderungen an die Schulen gerichtet, die Kreativität der Kinder intensiver zu fördern, statt ihre Entwicklung - so ein oft geäußerter Vorwurf - zu behindern oder gar zu unterdrücken[1]. Gerade in einer Zeit rasanten Wandels, geprägt durch

[1] vgl. Schiefele 1971, S. 47

einschneidende Veränderungen, z.B. in den Familienstrukturen, in den Normen und Werten, im Bildungswesen, in den Technologien, wird es zunehmend als ungenügend betrachtet, nur Traditionen und Wissen »statisch« zu vermitteln. Dauer und Wert von »Gültigkeiten« verändern und reduzieren sich in einem stetigen, sich beschleunigenden Prozeß. Um in diesem Prozeß *gestaltend* mitwirken zu können, gelten schöpferische Fähigkeiten als unverzichtbar. Die weitverbreiteten Zukunftsängste nicht nur unserer Kinder und Jugendlichen, z.B. vor Umweltzerstörungen[2], verlangen, wenn sie nicht zu apathischer Untätigkeit führen sollen, die Fähigkeit und Courage, Neues zu tun und neue Wege zur Bewältigung unserer Krisen zu beschreiten, d.h. schöpferisch tätig zu werden.
Kreativität und ihre Förderung werden also heute als hochbedeutend für die Bewältigung unserer gegenwärtigen und künftigen, nicht selten existentiellen Lebensprobleme angesehen. Die Schule hat somit - sofern sie eine Schule für das Leben sein will - *u.a.* aus diesem Grund auf die Erhaltung und Förderung der Kreativität ihrer Kinder und Jugendlichen zu achten. Die »offenen« Zugangsweisen der Kinder zur Welt, ihre »unorthodoxen« Phantasien, Träume und Fragen stellen ein wertvolles Gut dar, denn die Schwierigkeiten und Schicksalsfragen unserer Zeit sind ohne neue Denk- und Sichtweisen, ohne unkonventionelle Ideen, wohl kaum zu lösen bzw. zu beantworten. Schulischer Unterricht hat der unleugbaren Tatsache Rechnung zu tragen, "daß wir vielmehr völlig auf Kreativität und schöpferische Lösungen angewiesen sind, mehr denn je"[3].
Die Bedeutung der Kreativität ist hiermit aber keineswegs ausreichend begründet.

Im Laufe der Entwicklung unserer hochtechnisierten Gesellschaft konzentrierten sich die schöpferischen Kräfte des Menschen immer mehr und damit einseitiger auf den technischen Fortschritt und die Gewinnung und Nutzung naturwissenschaftlicher Erkenntnisse. Andere schöpferische Fähigkeiten und Bedürfnisse des Menschen wurden vernachlässigt und verloren vergleichsweise an Beachtung und Geltung. Gefühlsmäßige, unterbe-

---

[2] vgl. z.B. Unterbrunner 1991
[3] Riedl 1988, S. 102

wußte und dem logischen Denken zumindest nicht direkt zugängliche Aspekte der Kreativität traten in den Hintergrund oder wurden - sofern sie nicht gerade im Rahmen von Modeerscheinungen kommerziell genutzt werden konnten - vergessen oder als wertlos eingeschätzt und verdrängt. Aber *auch die* kreativen Kräfte, die nicht technisch umsetzbar sind oder aus denen kein großer finanzieller Gewinn zu ziehen ist, wie in vielen Bereichen, z.B. der Poesie, Musik, Malerei, Bildhauerei, die »nur« unserer *Lebensfreude* dienen, unser Fühlen und Bewußtsein fördern und geeignet sind, dem *Lebenssinn weitere Dimensionen* zuzuführen, sind wertvoll. Das Schöpferische ist ein wesentlicher Bestandteil des Menschseins. Es begründet u.a. und begleitet unsere evolutive Entwicklung und Kultur(en), unser Leben wird durch kreative Akte erfüllt.

Kreativität gehört zu den besonderen Gattungseigenschaften und Bedürfnissen des Menschen. Sie zu beachten und ihre Entwicklung zu ermöglichen und zu fördern, ist unverzichtbare Aufgabe jeglichen, um ganzheitliche Entfaltung des heranwachsenden Menschen bemühten und Selbstentfremdung vermeiden wollenden, erziehenden Unterrichts.

So überraschend es auch anmuten mag, daß das Verlangen nach einer allgemein stärkeren Förderung schöpferischer Fähigkeiten ausgerechnet von der hochspezialisierten Naturwissenschaft und Technik vorgetragen wird, so beinhaltet es doch die Chance - und die Einsicht in die Notwendigkeit - die Bedeutung *verschiedener* Aspekte menschlicher Kreativität neu zu reflektieren und auch den zwar alten, aber berechtigten reformpädagogischen Postulaten einer Förderung der bildnerischen, musischen, phantasiebezogenen und gestalterischen Kräfte, unter Verzicht auf einseitigen, kognitiv-reproduktiven Leistungsdruck, nachzukommen. Die Schule darf bei ihren breiten Bildungsbestrebungen nicht auf das Bemühen um die Entfaltung der verschiedenen schöpferischen Fähigkeiten des Menschen und überhaupt seiner "»Kreativität« als Tönung der gesamten Haltung gegenüber der äußeren Realität"[4] verzichten. Kreativ sein können und dürfen bereitet Freude und bedeutet einen wesentlichen Gewinn an *Lebensqualität*. Auch in dieser Hinsicht hat Schule eine wichtige grundlegende Lebenshilfe zu leisten, denn "mehr als alles andere ist es die kreative Wahrnehmung, die

[4] Winnicott 1989, S. 78

dem Einzelnen das Gefühl gibt, daß das Leben lebenswert ist"[5]. Zudem kann diese Hilfe einen wertvollen Beitrag zur Bereicherung und dynamischen Weiterentwicklung unserer Kultur bedeuten.
Wir teilen die Einschätzung des deutschen Nobelpreisträgers für Physik (1986) *Binnig*, wenn er schreibt: "Ich denke, daß unser Schulsystem in den nächsten Jahren bzw. Jahrzehnten selbst einen sehr dynamischen Prozeß durchlaufen wird und auch durchlaufen muß. Kreativitätsfördernder Unterricht wird mehr und mehr betont werden. Fächer wie Musik und Kunsterziehung werden möglicherweise einen wesentlich höheren Stellenwert erhalten, wobei diese Fächer so praktiziert werden sollten, daß Kreativität tatsächlich auch im Vordergrund steht."[6]

3. Terminologische Klärung

Trotz der verbreiteten Verwendung des Begriffs Kreativität in unserer Alltagssprache und der immer häufiger auftretenden Forderung nach einer Förderung der Kreativität in der Schule ist der Begriff nach wie vor äußerst diffus und wird nicht selten sehr different verwendet. Auch die Bedeutungszumessung der Kreativität ist sehr unterschiedlich - wenn nicht gar gegensätzlich - motiviert.
Dementsprechend uneinheitlich und teilweise widersprüchlich zeigen sich auch die Darlegungen und Wertbegründungen von »Kreativität« in der z.B. psychologischen, soziologischen und nicht zuletzt pädagogischen Fachliteratur, in der Begriffe wie z.B. Originalität, Neues, Ungewöhnliches, Erfindungsgabe mit »Kreativität« assoziiert werden.[7]

---

[5] ebd., S. 78. Weiter führt Winnicott hierzu aus: "Im Gegensatz dazu steht eine Form der Beziehung zur äußeren Realität, die sich als Angepaßtheit bezeichnen läßt; die Welt (und ihre einzelnen Teile) wird dann nur als etwas wahrgenommen, dessen man sich bedienen kann oder das Anpassung erfordert. Diese Anpassung bringt für den einzelnen das Gefühl der Nutzlosigkeit mit sich und ist mit der Vorstellung verbunden, daß alles sinnlos und das Leben nicht lebenswert ist." (ebd.)
[6] Binnig 1990, S. 25
[7] vgl. z.B. Landau 1971, S. 13

3.1 Etymologische Begriffsklärung

Die ursprünglichen Wurzeln des Begriffs Kreativität liegen in der lateinischen Sprache, in der das Substantiv »creator« *Schöpfer* oder *Erzeuger* und das Verbum »creare« *schaffen* bedeuten.
In die deutsche Sprache wurde der Begriff Kreativität ohne Übersetzung des englischen bzw. amerikanischen »creativity« übernommen, er bezeichnete als terminus technicus anfänglich hervorragende und ungewöhnliche Persönlichkeitsmerkmale.

3.2 Begriffsklärungen aus der Literatur

"Im engeren Sinne bezieht sich Kreativität auf die Fähigkeiten (abilities), die für schöpferische Menschen am meisten charakteristisch sind. (...) Ein kreatives Gefüge zeigt sich in kreativem Verhalten, das solche Tätigkeiten wie Entdecken, Entwerfen, Erfinden, Ordnen und Planen umgreift. Menschen, die diese Arten des Verhaltens in bemerkenswertem Grade aufweisen, werden als kreativ anerkannt."[8]

Kreativität *"ist etwas allgemeines. Sie gehört zum Lebendigsein (...), zur Grundeinstellung des Individuums zur Realität. Gehen wir von normaler Gehirnkapazität und ausreichender Intelligenz aus, die den einzelnen zum Leben als Mensch und als Teil der Gemeinschaft befähigt, so ist alles Geschehen kreativ, es sei denn, es handelt sich um Menschen, die krank sind oder durch anhaltende Umwelteinflüsse, die seine kreative Entfaltung unterdrücken, gehemmt sind."*[9]

"Kreativität ist der modernere, aber bescheidenere Ausdruck für das, was man früher anspruchsvoll, aber unbestimmt Schöpferkraft nannte: jene geheimnisvolle Fähigkeit, die den Menschen zu originellen, bisher nie dagewesenen Leistungen und Werken beflügelt und so die Menschheit bereichert

---

[8] Guilford 1970 (a), S. 13f.
[9] Winnicott 1989, S. 80f.

und den Fortschritt der Kultur garantiert. Die Kreativität bezeichnet einen Komplex produktiver Kräfte (...)."[10]

Kreativität ist ein *"in der bildungssoziologischen Diskussion der letzten Jahre entwickelter Begriff für die Fähigkeit zu originärer schöpferischer Analyse und Gestaltung der materiellen und sozialen Umwelt. Kreativität ist nicht identisch mit Intelligenz oder Begabung schlechthin, da letztere nach Maßgabe etablierter Werte und Leistungsschemata gemessen werden, Kreativität sich jedoch auf Begabungsformen und -inhalte bezieht, die nicht unmittelbar bei der Lösung bestehender, wohl aber zukünftiger Probleme einer veränderten Gesellschaft relevant werden."*[11]

"Unter Kreativität verstehen wir die Fähigkeit, neue Beziehungen zwischen den Elementen einer Situation zu sehen, ungewöhnliche Ideen und Einfälle zu produzieren und von gewohnten Denkschemata abzuweichen."[12]

"Kreativität ist die Fähigkeit zu schöpferischem Verhalten, d.h. ungewöhnliche Ideen und Einfälle zu produzieren und hierbei von herkömmlichen Denkschemata abzuweichen. Als Form des Denkens entspricht sie der Intuition und zeigt in der Regel einen divergierenden Verlauf. Kreativität ist jedoch nicht nur dem Bereich des Denkens zugeordnet, sondern findet besondere Entfaltung auch im künstlerischen und musischen Gestalten."[13]

Bei der Kreativität *"handelt es sich [zweifellos] um eine hohe Form geistigen Schaffens, bei dem nicht nur der Weg zum vorbestimmten Ziel, sondern auch das Ziel selbst offen ist, bei dem etwas Neues geschaffen wird, das vorher nicht in dieser Form da war. Es geht mit weniger »konvergentem« und mehr »divergentem« Denken einher. Das schöpferische Moment kann sich in verschiedenen Sachbereichen bewähren:*

---

[10] Beer 1970, S. 237
[11] Hartfiel/Hillmann 1982, S. 411
[12] Edelmann 1979, S. 109
[13] Schröder 1985, S. 157

- *als »gedankliche Kreativität« ansatzweise schon beim problemlösenden, entdeckenden, forschenden Lernen, voll erst da, wo nicht nur vorgegebene Probleme gelöst, sondern neue Probleme erkannt und definiert werden;*

- *als »schaffende Kreativität« beim Erkennen und Bewältigen praktisch-gesellschaftlicher Aufgaben, z.B. in Vorhaben und Projekten;*

- *als »gestaltende Kreativität« in Kunst, Musik, Tanz, Sprache."*[14]

Die gebotene Auswahl an Klärungsversuchen aus der Literatur kann selbstverständlich die so große Breite und Verschiedenheit der Begriffsauffassungen nicht hinreichend repräsentieren.
Um den bisherigen und weiteren Ausführungen zu mehr Eindeutigkeit zu verhelfen, sei an dieser Stelle eine eigene Begriffsbestimmung versucht.

3.3 Eigenes Begriffsverständnis von Kreativität

Kreativität sei hier in weitem Sinne verstanden als eine produktive, nicht nur geistig, sondern auch körperlich und gefühlsmäßig bedingte Begabung, Tendenz und Lebenskraft des Menschen.
Kreative Prozesse und Produkte - sowohl reale als auch phantastische - können subjektiv oder/und objektiv neu sein und in ihrer Qualität von individuellem Lebenswert bis zu herausragender, allgemeinbedeutender Genialität reichen.

[14] Glöckel 1990, S. 140

Der Mensch - eingebettet in das naturgegebene Sein der Welt, in Zeit und Raum - verfügt über *kreative Potentiale* (ganzheitlich betrachtet in den Bereichen »Kopf-Herz-Hand«). Beeinflußt durch und wirkend auf individuelle, soziale und kulturelle Faktoren können sie dem Menschen bei der Existenzsicherung (z.B. materielle Versorgung, Bewältigung von Gefahren), der Selbstverwirklichung (z.B. Sinnfindung, Lebensgestaltung) und bei seinem Streben nach Lebensqualität (z.B. Freude durch Kunst, Spiel) helfen. Kreativität als »Lebens- und (Weiter-)Entwicklungshelfer« des Menschen (der Menschheit).

Kreativität beinhaltet eine potentielle Neigung und Fähigkeit zu divergentem Denken und stellt damit eine verändernde Kraft dar, deren Aktivierung nicht durch bewußtes Wollen erzwungen, sondern nur ermöglicht werden kann. Innere, d.h. verborgene kreative Prozesse können auch in Momenten scheinbaren Nichtstuns oder Konsums (z.B. bei »Tagträumen«, bei der Betrachtung eines abstrakten Kunstwerkes) ablaufen. Ihre Prozesse und Ergebnisse müssen und können nicht immer und vor allem nicht immer unmittelbar offenkundig und »greifbar« werden.

4. Kreativitätsförderung als Unterrichtsprinzip

4.1 Vorbemerkung zum richtigen Verständnis

Unterrichtsprinzipien definieren und fundieren den Unterricht. Ihre grundsätzlichen, bestimmenden Imperative gelten als interdisziplinär relevant, verlangen also Beachtung und Befolgung in allen Unterrichtsfächern einschließlich ihrer unterschiedlichsten erziehlichen Gehalte.

Es gilt und reicht in der Schule daher *nicht*, die Kreativitätsentwicklung vorrangig wegen entsprechender Forderungen und im Dienste z.B. der Wirtschaft oder bestimmter gesellschaftspolitischer Kreise unter dem Aspekt der Brauchbarkeit (begründet Leistungsdruck) zu unterstützen. Kreativitätsförderung in der Schule hat sich dieser Verpflichtung viel mehr im Sinne der ganzheitlichen Förderung von »Kopf, Herz und Hand« zu stellen, dem jungen Menschen bei seiner »Menschwerdung«, d.h. Entfaltung behilflich zu sein - soweit nötig - und ihm so, mittels der Befähigung zu schöpferischen Akten, auch die Möglichkeit zu einer erweiterten Sinnfindung und entsprechender Selbstverwirklichung zu geben. Wer je Kinder (aber auch Erwachsene!) dabei beobachtet hat, wie sie tief versunken sich gänzlich in ein kreatives Spiel einbrachten, wird die Bedeutung kreativen Tuns für das Selbst erkennen. Kreatives Denken und Handeln *muß nicht* zielgebunden und »brauchbar« sein - gleiches gilt für das Spiel, es ist zunächst etwas Zweckfreies.[15]
"Gerade im Spielen und nur im Spielen kann das Kind und der Erwachsene sich kreativ entfalten und seine Persönlichkeit einsetzen und nur in der kreativen Entfaltung kann das Individuum sich selbst entdecken."[16] Das Gefühl, welches der Mensch während kreativer Prozesse empfindet, ist Freude, "(...) Freude definiert als die Emotion, die das gesteigerte Bewußtsein begleitet, jene Stimmung, die mit der Erfahrung einhergeht, meine eigenen Möglichkeiten zu verwirklichen."[17] Kreativität und Freude

[15] vgl. hierzu auch Zöpfl/Serve 1992, S. 265f./273f.
[16] Winnicott 1989, S. 66
[17] May 1987, S. 41

verbindet eine enge Beziehung und diese Freude, diesen Motor des Lebens gilt es gerade auch in der Schule in Gang zu setzen, bzw. zu halten, denn jede Freude beinhaltet auch ein Wahrnehmen vom Sinn unseres Lebens.[18]

Kreativitätsförderung in der Schule hat also *in erster Linie* dieser *Sinnerfahrung als grundlegender Lebenshilfe* zu dienen, weitergehende Anforderungen sind demgegenüber zweitrangig, was nicht heißen will, daß sie nicht auch berechtigt und wertvoll sind.

4.2 Kreativitätsförderung im Prinzipienverbund

Auch die Beachtung des Prinzips der Kreativitätsförderung kann alleine noch keinen erfolgreichen Unterricht im Sinne umfassender Lebenshilfe und Bildung gewährleisten. Die Beachtung weiterer Prinzipien - wenngleich nicht alle mit gleicher Gewichtung - ist unerläßlich. Als Beispiele bedeutsamer Begleitprinzipien sollen hier die Prinzipien der Motivierung, Übung und Individualisierung aufgeführt werden.
Kreative Einfälle müssen nicht primär einem Mangel oder »Problemdruck«[19] entspringen, nicht nur die »Not macht erfinderisch«[20], sondern vielmehr das naturbedingte Bedürfnis nach und die Freude an kreativem Tun sowie das Interesse und die Neugier. Letztere "bildet den Antrieb, die Motivation, bei behutsamem Heranführen oder in entsprechender 'Verpackung' auch einen fremden, unbekannten Stoff aufzunehmen, ihm Aufmerksamkeit zu widmen und geeignete Assoziationen für ihn zu suchen."[21] Wenn es uns gelingt, die Neugier unserer Schüler auf die Welt und ihre Erscheinungsweisen zu erhalten oder zu entfachen und sie damit zur Auseinandersetzung mit der Welt zu motivieren, dann motivieren und fördern wir auch ihre Kreativität. "Unkreatives Denken verlangt nach Fragen, die zu be-

---

[18] vgl. hierzu auch Seibert/Wittmann/Zöpfl 1990

[19] Anderer Meinung ist z.B. Glöckel (1990, S. 141), der ausführt: "Es muß ein »Problemdruck« da sein, ein aus dem Innersten kommender Drang, das Problem zu lösen ..."

[20] Das Leben zeigt, daß eher das Gegenteil der Fall ist, zumindest engt Not die »kreative Spannbreite« erheblich ein.

[21] Vester 1984, S. 303

antworten sind, nach Arbeitsaufträgen, die zu erfüllen sind. Kreatives Denken *stellt* die Fragen, sucht sich selbst die Arbeitsaufträge."[22]

Hinweisen möchten wir an dieser Stelle nochmals auf die motivationale Relevanz des kindlichen Fragebedürfnisses[23]. Echten Schülerfragen ist Motivation immanent, nur wer Fragen hat, wird Antworten suchen, wird wissen wollen, was »dahintersteckt«. Also bei der Frage schon beginnt der schöpferische Akt. Sie initiiert die Suche nach Wegen zur Antwort. Dabei gilt: "Fragen lassen sich nicht nur mit dem Verstand lösen. Das Denken findet ein angemessenes Gegenstück im Handeln. Nicht umsonst steckt im Begreifen das 'Greifen'. Durch Probieren und Nachahmen (das allerdings eher reproduktiver Art ist, Anm. d. Verf.) ist schon mancher Tüftler ans Ziel gekommen. Erkenntnisse werden meist durch Beharrlichkeit, Geduld, Ausdauer, Umsicht, Vergleich (...) gewonnen"[24] und diese brauchen u.a. ein gehöriges Maß Motivation.

Ebenso *kann* die Übung für die Kreativitätsförderung bedeutsam sein. Die Übung macht Kräfte auch für Schöpferisches frei. Es gilt, Gelerntes, aber auch die Begabung der Kreativität selbst, durch Üben zu sichern und für die Zukunft verfügbar zu halten. Jedes gesunde Kind besitzt Kreativität, die durch Übung umfassender und vielfältiger werden kann. Wichtig ist, daß Kinder die Fülle ihrer Lebenseindrücke in möglichst großer Freiheit spielerisch ver- und bearbeiten dürfen und dabei positive Erfahrungen sammeln können. Dabei gewinnen sie zunehmend die Wahrnehmung nicht nur der gegebenen Wirklichkeit, sondern auch die der ihr immanenten unzähligen Möglichkeiten. Dies Heraussteigen aus dem, ja gar das »Vergessen« des vorgegebenen »Status« kann geübt werden und zu einem hochkreativen »status nascendi« führen. "Grundbedingung jeder schöpferischen Originalität ist die Kunst, im richtigen Augenblick bereits Bekanntes zu vergessen ... Ohne die Kunst des Vergessens bliebe der Verstand immer mit vor-

---

[22] Binnig 1989, S. 135
[23] vgl. hierzu Serve, S. 183ff.
[24] Aust 1990, S. 38

gefertigten Antworten vollgepfropft und fände nie Gelegenheit, die richtigen Fragen zu stellen."[25]

Hier wird auch die Bedeutung der Individualisierung leicht erkennbar. Unterricht kann nur dann bestmöglich sein, wenn er u.a. die je individuelle Lebenswelt, die Fähigkeiten und Kenntnisse, die geistig-seelischen Eigenschaften und Bedürfnisse der Schüler berücksichtigt. Das bedeutet nicht, für jeden Schüler einen gänzlich anderen Unterricht anzubieten, sondern es verlangt, in praktikablem Rahmen, so viel Freiraum und Flexibilität der Unterrichtsplanung, -methoden und -materialien, daß eine echte Einbeziehung der jeweiligen Schülerindividualitäten und damit auch ihrer kreativen Bedürfnisse und immer wieder auch Äußerungen möglich wird. Individualisierender Unterricht zeichnet sich durch das *Bemühen*[26] aus, das ernst zu nehmen, was für die verschiedenen Schüler jeweils von besonderer Bedeutung ist und was sie -mehr oder weniger kreativ - an Sinnvollem beitragen können und wollen. Er wird auch versuchen, ihre möglicherweise sehr verschieden gelagerten kreativen Fähigkeiten aufzuzeigen und weiterzuentwickeln, ihrer Freude an kreativem Tun Raum zu geben, ihr Vertrauen in ihre Kreativität zu festigen und zu erhöhen und ihre Bereitschaft, sie zu leben und auch bewußt einzusetzen, zu steigern.

4.3 Intersituative und interaktive Kreativität

Der häufig anzutreffenden einseitigen Auffassung, Kreativität sei ausschließlich individuell und originäre kreative Produkte entsprängen letztendlich der schöpferischen Anstrengung und Tüchtigkeit eines einzelnen »im stillen Kämmerlein«, ist an dieser Stelle entschieden entgegenzutreten. Kreativität keimt immer *zwischen* der Welt und dem Individuum und meist *zwischen* dem Individuum und seinem sozialen Umfeld. Kreativität befruchtet sich nicht selbst, sie braucht »Fremdbefruchtung« aus der Umwelt. Mitmenschen, z.B. im Team, liefern häufig entscheidende Bausteine für

[25] Koestler 1966, S. 201
[26] Die Hervorhebung möchte realistisch verdeutlichen, daß es sich nur um eine *Orientierung* an einem *Ideal* handeln kann.

kreative Neuschöpfungen und können die kreative Fruchtbarkeit maßgeblich stimulieren. Auch neue Ideen selbst benötigen meist eine aufgeschlossene Sozietät, um sich überhaupt etablieren zu können und nicht vorzeitig - vor jeglicher Bewährungsprobe - wieder verloren zu gehen.
Kreativitätsförderung in der Schule darf daher den intersituativen bzw. interaktiven Aspekt nicht übersehen und muß sich bemühen, den Schüler zu einer aufgeschlossenen und vielseitigen Gestaltung seiner Beziehung zur Umwelt und damit auch zu seinen Mitmenschen zu befähigen und anzuregen.

4.4 Kreativität aus Chaos - Unterricht als Antagonist?

Unter »Unterricht« wird überwiegend etwas Planmäßiges, Organisiertes, Systematisiertes, Kontrolliertes verstanden[27], hier wird also nach Möglichkeit ein geordneter Lernraum geboten und entsprechend wird von den Schülern ein für das Lernen als unverzichtbar angesehenes Maß an Ordnung verlangt. Die Ordnung im Lernumfeld und die stoffliche, methodische Ordnung werden - zu Recht - als wichtige unterrichtliche Lernhilfen angesehen, weshalb Unterrichtsformen nahezu synonym auch als »Ordnungsformen« des Unterrichts bezeichnet werden[28]. Auch das Denken selbst gebraucht und sucht ordnende »Strukturen«[29], es ist also ordnungsgebunden. Geordnetes aber *ist bereits* kreatives *Ergebnis*, was bedeutet, daß Kreativität als eine Voraussetzung entweder (zumindest partielles) Chaos[30] braucht oder bestehende Ordnungen (zumindest partiell) auflösen und damit Chaos schaffen muß.

Kreativität kann sich also nur entwickeln, wo Ordnungsstrukturen noch fehlen oder vorgegebene Ordnungen infrage gestellt und verändert werden können und dürfen und eventuell dazu ermutigt wird. *Neben* der Ordnung

---

[27] vgl. z.B. Zöpfl 1990, S. 71f.
[28] vgl. Kaiser 1991, S. 730
[29] vgl. Seidel 1983 S. 78f.
[30] »Chaos« soll hier nicht, wie im allgemeinen Sprachgebrauch verbreitet, negativ aufgefaßt werden. Der Begriff steht ursprünglich wertfrei für etwas (noch) Ungeordnetes, Ungeformtes, Unbestimmtes, Regelloses oder sich gerade erst Ordnendes, das (somit) ein kreatives Potential für neu zu Bildendes in sich trägt.

muß daher im Unterricht bewußt *auch* der Unordnung, dem Chaos - das es dann zu ordnen gilt - ein grundsätzlicher Wert beigemessen und Raum gegeben werden. Dies ist ausdrücklich *nicht* zu verstehen als Alibi für chaotischen Unterricht oder als Aufruf, alle etablierten Ordnungen durch Chaos zu ersetzen, sondern es will ermuntern, die Schüler gezielt *einzelne* oder *partielle* Ordnungsstrukturen (z.B. in der Musik, Mathematik, im sozialen Miteinander der Klasse) infrage stellen zu lassen, um dafür z.B. Variationen oder Alternativen zu suchen, zu erproben, zu selektieren und eventuell bessere neue Ordnungen schaffen oder begründet zu bisher bewährten zurückkehren zu können.[31]

Anzumerken bleibt, daß die Neigung vor allem des erwachsenen Menschen, bestehende und bereits angenommene Ordnungssysteme aufzugeben oder zu verändern, relativ gering ist, da Ordnung in der Regel Sicherheit bietet oder als solche empfunden wird und diese nicht gerne gegen das unkalkulierbare, angsterzeugende Risiko eines vorübergehenden Chaos' getauscht wird. Auch die menschliche Neigung zur Gewöhnung wirkt stabilisierend. Dieser Aspekt macht es den Lehrern neben den Kreativität beeinträchtigenden, relativ starren Rahmenbedingungen der Schule zusätzlich schwer, selber die entsprechende, möglichst vorbildhafte kreative Aufgeschlossenheit an den Tag zu legen und die Schüler, deren Gewohnheiten aus Altersgründen noch nicht so tief und stabil verankert sind und deren kreative Zuversicht aufgrund geringeren Risikobewußtseins und -empfindens noch ungebremster ist, tatsächlich in ihrer Kreativität zu fördern, statt zu behindern.

---

[31] vgl. auch Speck 1991, bes. S. 18/21

5. Fundamente unterrichtlicher Kreativitätsförderung

5.1 Beiträge der Reformpädagogen

Die Entdeckung und Betonung des Schöpferischen durch die reformpädagogischen Bewegungen entsprang am Ende des 19. Jahrhunderts der gesellschaftlichen Kulturkritik, die dem kulturellen Niedergang zu begegnen strebte[32], und zielte letztlich auf eine Veränderung des im Formalstufendenken der Herbartianer relativ erstarrten Schulunterrichts. Verfolgt wurde eine Befreiung der Schüler aus ihrer erzwungenen Passivität und der damit verbundenen Unterdrückung ihrer schöpferischen Potenz. Von den zahlreichen, verschiedenen Strömungen und vielfältigen Erkenntnissen reformpädagogischer Überlegungen zum Schöpferischen können hier nur in beschränkender, exemplarischer Auswahl und Kürze einige wichtige angedeutet werden.

Die Kunsterziehungsbewegung, als erster Schrittmacher für neue pädagogische Sichtweisen und Versuche, wandte sich gegen die alte, einseitig nur auf die Vermittlung und Wiedergabe von vorgegebenem Wissen orientierte »Stoffschule« und stellte ihr die Bedeutsamkeit emotionaler und schöpferischer Bildungsaspekte entgegen. Die erzieherische Aufmerksamkeit galt nun den schöpferischen Kräften der Kinder und ihrer Entwicklung. Intendiert wurde sowohl eine Erziehung zur Kunst, d.h. die Kinder sollten "Kunst sehen und genießen lernen"[33], als auch eine Erziehung durch Kunst zur »schöpferischen« Lebensgestaltung. Unter dem Primat der Kunst sollte das Kind zunehmend in allen Fachgebieten zu eigenem Tun angeregt werden, sein "natürlicher Schaffens-, Erfindungs- und Entdeckungstrieb bedarf nur des Anstoßes (...)".[34] Vernachlässigt wurde dabei allerdings - realitätsfern - wiederum der ganze, d.h. der emotionale und rationale Mensch, mit seinen individuellen, zum Teil sehr verschiedenen Veranlagungen, Tendenzen und Lebensprägungen.

---

[32] vgl. z.B. Langbehn 1890
[33] Lange 1902, S. 19
[34] Götze (1901) 1961, S. 125

Die menschliche Individualität beachtend, verfolgten dagegen Vertreter der »Pädagogik vom Kinde aus« (z.B. *Key, Montessori*) die Berücksichtigung und Wahrung der »individuellen Eigenrechte und Bedürfnisse« des Kindes durch »Selbsttätigkeit«. Das Schöpferische verstehen sie als eine im Menschen angelegte Fähigkeit und Kraft, die sich im Bedürfnis nach Selbstschöpfung bzw. Selbstverwirklichung offenbart. Aufgrund ihrer wissenschaftlichen Beobachtungen kommt *Montessori* zu der Erkenntnis, daß das Kind nur durch selbstgewähltes, schöpferisches Tun »Mensch werden« kann. Dementsprechend verlangt sie von der Erziehung die Förderung aller individuellen schöpferischen Begabungen. Durch den Prozeß des Selbst-Bewußt-Werdens mittels selbst-gewählter Selbst-Tätigkeit soll das Maß an selbstverantwortlicher Unabhängigkeit erreicht werden, das die Voraussetzung zur freien Entfaltung des Menschseins bildet.[35]
Für den Bremer Schulreformer *Scharrelmann*[36] bedeutet die schöpferische Natur, die er allen Menschen zuschreibt, eine grundlegende Bedingung menschlichen Lebens überhaupt. "Alles Sein ist Ausfluß schöpferischer Kraft"[37], stellt er fest, sie zu entwickeln sieht er als "höchstmöglichen Dienst am Menschen"[38]. Das Aktivwerden der schöpferischen Kräfte erklärt er als willentliche oder emotionale seelische Reaktion auf äußerliche Einflüsse, "auf das ständige Einströmen von Wahrnehmungen"[39]. Weiterhin führt er aus: "Grundlage aller produktiven Tätigkeit ist die Schaffensfreude, der Ausdruck des natürlichen Bedürfnisses der Seele, zu formen, zu gestalten."[40] Daher gilt es für die Schule, dieser Freude, diesem Bedürfnis zu entsprechen und dem Kind Möglichkeiten zu bieten "seine gewonnenen Erkenntnisse mit Hilfe der produktiven Kraft in selbständiger Arbeit aus sich neu herauszustellen."[41]
Der Begriff der Arbeit, verstanden als »schöpferisches Tun«, spielt in den reformpädagogischen Betrachtungen und Ausführungen über die bestimmenden Eigenschaften des Schöpferischen eine besondere Rolle. In der Ar-

[35] vgl. u.a. Montessori 1913, 1922, 1926
[36] Geistesverwandt mit F. Gansberg (1871-1950) setzte er sich für das freie schöpferische Wirken der Lehrer und besonders für das freie Gestalten der Kinder vor allem im Aufsatz ein.
[37] Scharrelmann 1917, S. 44
[38] vgl. ebd., S. 45
[39] ebd.
[40] ebd.
[41] ebd., S. 48

beitsschulbewegung (z.B. *Kerschensteiner, Gaudig, Oestreich*) wird das Schöpferische, außer im Künstlerischen, auch in allen produktiven Arbeitsbereichen anerkannt. *Kerschensteiner*, der in seiner Distanzierung von der Kunsterziehungsbewegung den Begriff des Schöpferischen nur selten gebrauchte[42], sieht Möglichkeiten zur erziehlichen Förderung aller schöpferischen Anlagen der Kinder nur in einer Hinführung zur an der Lebensrealität orientierten, selbstbestimmten, produktiven und sachgerechten Kopf- und Handarbeit, die es dem Kind erst ermöglicht, sich selbst zu erfahren und zu verwirklichen[43]. *Kerschensteiner* betont dabei, daß jedes produktive Arbeitsergebnis und nicht nur einmalige, herausragende Arbeitsergebnisse, schöpferische Güte beinhaltet. "Wir gebrauchen hier das pädagogisch wenig erfreuliche Wort 'schöpferisch' in dem allgemeinen Sinne des Schaffens eines Werkes aus freier Überlegung heraus, mag das Werk auch tausendmal schon in vollendeter Form existieren"[44].
Gaudig betont im Unterschied zu Kerschensteiner die »selbstverantwortliche Persönlichkeit«, deren produktive Kräfte nicht primär dem Staatsinteresse zu dienen haben. Weder staatliche noch individuelle Interessen sollen Vorrang besitzen, sondern "in der Idee der Persönlichkeit vollzieht sich die Synthese der individuellen *und* (Hervorh. d. Verf.) der sozialen Lebensrichtung"[45]. *Gaudigs* Begriff der selbsttätigen Arbeit bezieht sich somit substantiell auf eine mündige Freiheit als unverzichtbare Grundbedingung schöpferischer Selbstverwirklichung.

5.2 Beiträge der psychologischen Kreativitätsforschung

Die ersten[46] hypothetischen Aussagen über *kreatives* Verhalten machte der amerikanische Psychologe *Guilford* mit seinem weltweit beachteten Vortrag über »creativity« am Pennsylvania State College am 5.September

[42] vgl. Wilhelm 1957, S. 100
[43] vgl. Kerschensteiner (1907) 1954
[44] Kerschensteiner 1950, S. 19
[45] Gaudig 1925, S. 128f.
[46] bezogen auf die Verwendung des Begriffs »creative«

1950, mit dem er den Impuls für die Kreativitätsforschung der letzten vierzig Jahre gab.
Von den Ergebnissen der psychologischen Kreativitätsforschung können aufgrund ihrer Vielgestaltigkeit hier - selbst unter dem eingeengten Aspekt schulischer Kreativitätsförderung - nur einige besonders wesentlich erscheinende in exemplarischer Bescheidung und skizzierender Kürze angeführt werden.
Eine erste wichtige Erkenntnis führte zum Einbruch des traditionellen konvergenten Intelligenzbegriffs. Es zeigte sich, daß hohe Intelligenz im traditionellen Verständnis nicht automatisch auch von herausragender Kreativität begleitet ist und daß Kreativität mehr als das beinhaltet, was bislang der Intelligenz zugeordnet wurde. Allerdings wird überwiegend die Auffassung vertreten, daß ein bestimmtes Intelligenzniveau[47] nötig ist, um der Kreativität zur Entwicklung zu verhelfen. Die festgestellte enge Verbindung mit motivationalen und emotionalen Faktoren[48] macht zudem deutlich, daß Kreativität auch nicht als unabhängige kreative Funktion angesehen werden kann. *Guilford* (1950)[49] und später *Torrance* (1962)[50] unterscheiden divergentes und konvergentes Denken. *Guilford* weist im Zusammenhang der Faktorenanalyse auf einige für kreatives Denken bedeutsame Faktoren hin, die man knapp formuliert Problemsensitivität, Flüssigkeit, Flexibilität, Originalität, Um- bzw. Neudefinition, Extensivität und Valuation nennen könnte[51].
Die früher hartnäckig gepflegte Diskriminierung ausgeprägter Kreativität als psychopathologische Erscheinung (Konnex von Genie und Wahnsinn) konnte als ungerechtfertigt belegt werden und gegenteilig die Bedeutung psychischer Stabilität und eines starken Ich-Bewußtseins für die Kreativität und damit auch für die Fähigkeit, sich mit Problemen besonders konstruktiv zu beschäftigen, aufgezeigt werden[52].
Auch dem Verhältnis von Motivation und schöpferischem Verhalten wurde intensiv nachgegangen, wobei über die Beschaffenheit und den Gehalt der

---

47 s. hierzu z.B. Torrance 1962
48 vgl. Krause 1972
49 Guilford 1970 (a), S. 13-36
50 Torrance 1968, S. 325-343
51 s. Guilford 1970 (a), S. 36
52 vgl. z.B. Cross/Cattell/Butcher 1967, S. 292-299

für die Kreativität bedeutsam eingeschätzten Motive allerdings kaum Konsens erzielt wurde. Übereinstimmung herrscht jedoch weitgehend in der Bedeutungszumessung von Motivation für die Realisierung schöpferischen Tuns. Unterschiede im kreativen Verhalten werden überwiegend eher in der Verschiedenheit der Einstellungen, Interessen (Neugier) und Antriebe, als in differierenden, intellektuellen Fähigkeiten gesehen[53]. In diesem Zusammenhang betont *Rogers* von Neugier geleitete Verhaltensweisen wie die Aufgeschlossenheit für Neues und die Spielfreude[54]. Gerade die humanistische Psychologie (z.B. *Rogers, Koestler, May*) leistete, gestützt auf Ergebnisse ihrer kreativitätsbezogenen Motivationsforschung den bedeutenden Beitrag, den Begriff der Kreativität dahingehend auszuweiten, daß Kreativität allen Menschen als Gattungsmerkmal zugesprochen wird und nicht mehr nur einer bestimmten (elitären) Menschengruppe vorbehalten blieb. Auch der Hinweis, daß Kreativität Selbstsicherheit und Mut[55] braucht und intrinsich motivierte Kreativität durch äußere Bedingungen gehemmt werden kann, ist pädagogisch beachtenswert. *Koestlers*[56] Theorie sieht die besten Bedingungen für kreative Entfaltung in der gewährten Freiheit unbeschränkten Denkens auch auf präverbalem, spielerischem und unbewußtem Niveau gegeben.

Über den Ablauf kreativer Prozesse gibt es voneinander abweichende, im Grunde aber ähnliche Vorstellungen. *Guilford*[57] beschreibt die Stufen Information - Intuition - Evaluation und Elaboration, die sich stark auf das Lösen von Problemen beziehen. Kreative Prozesse, die nicht problembezogen sind, sowie vor- und unbewußte Abläufe bleiben dabei allerdings unberücksichtigt.

Hinsichtlich der - besonders für Pädagogen - relevanten Frage, ob Kreativität ausschließlich erblich determiniert sei, oder ob "Lehrer, Erziehungsmethoden, Lehrmittel und Eltern echte Veränderungen in der kreativen Entwicklung und Tätigkeit der Kinder herbeiführen [können]", antwortet *Torrance* angesichts verschiedener Untersuchungsbefunde bezüglich *letzte-*

---

[53] vgl. Dellas/Gaier 1970, S. 55-73
[54] s. Rogers 1959, S. 69-82
[55] vgl. May 1987
[56] Koestler 1966
[57] Guilford 1970 (b), S. 139-164

rer Möglichkeit: "Meiner Meinung nach verlangt das Beweismaterial ein klares Ja."[58]

Schiefele sieht und betont Hinweise in den Arbeiten verschiedener Forscher, "daß kreatives Verhalten von umfangreichen Kenntnissen abhängt." Wenn Kreativität in der Schule gefördert werden soll, "kann das nicht bedeuten, daß Wissen vernachlässigt werden dürfte."[59]

5.3 Kreativitätsförderung und Verantwortung

Wenn wir Kreativität fördern wollen, so müssen wir gewahr sein, daß dieses Bestreben, sofern es erfolgreich verläuft, möglicherweise in der Folge zur vermehrten Entstehung neuer »kreativer Produkte« - welcher Art und Bedeutung auch immer - beiträgt. Wer aber sagt, "daß Kreativität immer etwas Positives sei? Es steckt viel Schöpferisches auch in der Erfindung von Folterwerkzeugen und Waffen, Flugzeugentführungen und Gaskammern."[60] Angesichts dieser offenkundigen und nicht zu leugnenden Möglichkeit destruktiver Kreativität, gilt es im Zusammenhang schulischer Kreativitätsförderung immer auch den Aspekt der Verantwortung zu beachten.

5.3.1 Exkurs: Der Begriff der Verantwortung[61]

Zu fragen ist an dieser Stelle, was unter »Verantwortung« verstanden werden soll.

Ursprünglich entstammt das deutsche Wort »Verantwortung« der lateinischen Sprache und Jurisdiktion. Erst bei der Übertragung des lateinischen »responsio« (als Entgegnung, Antwort, insbesondere vor Gericht) ins Mittelhochdeutsche entstand das deutsche Wort »Verantwortung«. Es verlangt vom Menschen, für sein Handeln den Anderen gegenüber - notfalls vor Gericht - Rechenschaft abzulegen, auf Fragen oder Vorwürfe zu antwor-

[58] Torrance 1970, S. 182
[59] Schiefele 1971, S. 49
[60] Glöckel 1990, S. 141
[61] vgl. hierzu auch Serve 3/1991, S. 60-62

ten, sich zu ver-antworten. Das kann für einen einzelnen Menschen ebenso gelten wie für eine Gruppe oder Gemeinschaft. Diese Auffassung von Verantwortlichkeit entwickelte sich weiter zum Strukturprinzip unseres Rechtsstaats[62].

Doch worauf bezieht sich »Verantwortung«? Wem gegenüber besteht »Verantwortlichkeit«? Wie weit ist sie zu verstehen? Auf welche Zeit bezieht sie sich? Welche Ethik soll bei der Beurteilung wirksam werden? Der Soziologe *Weber*[63] unterschied beispielsweise »Verantwortungsethik« von »Gesinnungsethik«. Der »gesinnungsethisch« handelnde und urteilende Mensch achtet nach Weber nicht auf Nebenfolgen und nicht voraus bedachte Auswirkungen, wogegen der »verantwortungsethisch« handelnde und urteilende Mensch auftretende Nebenwirkungen seines Tuns und Urteilens auch unter moralischen Kriterien zu berücksichtigen versucht und durch die ständige Wahl des geringeren Übels danach trachtet, seine Ziele möglichst ohne negative Nebenwirkungen zu erreichen.

Es ist nicht leicht, Fragen nach der »Verantwortung« zu beantworten, aber für jeden Unterrichtenden und damit auch Erziehenden ist es, ganz besonders auch im Hinblick auf die Förderung der Kreativität, unverzichtbar, sich der Problematik zu stellen, grundlegende Überlegungen anzustellen und (verantwortliche) Entscheidungen zu treffen.
Da Erziehung als Hilfestellung für das Leben in Gegenwart und Zukunft zu verstehen ist, scheint eine Entscheidung naheliegend: »Verantwortung« sollte in jedem Falle neben der Gegenwart auch die Zukunft einschließen. Das bedeutet, daß man »Verantwortung« nicht nur auf sich bezieht und dabei nur etwas verantwortet (sich der Verantwortung stellt, etwas rechtfertigt), was man bereits getan hat (Vergangenheit!), sondern daß »Verantwortung« sich auch auf andere und anderes bezieht und somit bevorstehende (Zukunft!) Handlungsentscheidungen in den Vordergrund rücken. Es geht also um die Zukunft der »Sache« und nicht nur um z.B. ein reines Gewissen für sich. Was aber sollten nun die Gegenstände der Verantwort-

---

[62] s. hierzu Saladin 1984
[63] Weber 1958

lichkeit sein? Nur die heute lebenden Menschen und/oder auch künftige Menschengenerationen oder etwa auch die Natur selbst mit ihren Tieren und Pflanzen ... ? Wir folgen der Auffassung des Philosophen *Picht*, der in die Verantwortlichkeit des Menschen auch die Sachen einbezieht. "Weil die geschichtliche Verantwortung des Menschen ihn stets in die Natur hinausverweist, ist sie nicht nur Verantwortung für andere Menschen, sondern notwendig auch Verantwortung für Sachen. Es ist im Zeitalter der Naturwissenschaft sogar zu einer Verantwortung zur Erhaltung der Natur überhaupt geworden. Wer die Verantwortung für Tiere, für Pflanzen, für Rohstoffe, für den Wasserhaushalt und demnächst (Jahr 1967!/Anm. d. Verf.) vielleicht für das Klima aus der Definition der Verantwortung ausklammern will, weil diese Formeln der Verantwortung sich aus dem Rückbezug auf das Subjekt nicht mehr interpretieren lassen, der verkennt das Wesen menschlicher Verantwortung bereits im Ansatz."[64] Auch der Theologe *Küng* bezieht die Verantwortung nicht nur auf den Menschen und die Gegenwart, wenn er "Verantwortung für die Mitwelt und Umwelt, aber auch für die Nachwelt"[65] und "Selbstverantwortung und Weltverantwortung" also "Verantwortung für die Mitmenschen, für die Gesellschaft und die Natur"[66] fordert.

Der Mensch verfügt heute über enorme Handlungsmöglichkeiten, er hat sich die Welt untertan gemacht und damit die Verantwortung für sie ganz übernommen. Die gesamte Welt also ist somit ein Verantwortungsbereich des Menschen und z.B. die Tatsache der bereits erkennbar geschehenen Überschreitung der "kritischen Verletzlichkeit der Natur"[67] verlangt eine neue Dimension und Qualität menschlicher Verantwortlichkeit und damit auch kreativen menschlichen Denkens und Handelns.

---

[64] Picht (1967) 1969, S. 328
[65] Küng 1990, S. 52
[66] vgl. Küng ebd., S. 53f.
[67] Jonas 1984, S. 26

5.3.2 Unterrichtliche Förderung einer verantwortungsbewußten Kreativität

"Es kommt nicht nur darauf an, daß irgendetwas geschaffen werde; denn dieses kann nicht nur skurril oder unbrauchbar, es kann auch böse sein"[68]. Zwischen der kreativen Idee und ihrer möglichen Verwirklichung hat also stets auch eine *verantwortliche* Wertentscheidung zu stehen, denn "jegliches Verhalten wird von Wertvorentscheidungen bestimmt."[69] Und deshalb kann die Kreativitätsförderung im schulischen Unterricht nur im Falle ihrer Einbettung in eine Sinn- und Wertorientierung beinhaltende und damit die Fähigkeit und Bereitschaft zur Verantwortung fördernde Erziehung befürwortet werden.
Auch unter dem Aspekt der Erziehung zu einem verantwortungsbewußten Umgang mit schöpferischen Ideen, darf - wie wir es bereits für die Kreativitätsförderung überhaupt gefordert haben - nicht nur der »kognitive Mensch«, sondern muß der ganze Mensch mit all seinen Sinnen und besonders auch seinen Emotionen gefördert werden[70]. Gerade die Emotionen beeinflussen unseren Wahrnehmungsprozeß[71] und damit unsere schöpferische Aktivität[72] und sicher auch unser Einfühlungsvermögen. Dieses wiederum "kann seinen Einfluß auf das (auch kreative, Erg. d. Verf.) Verhalten durch seinen Beitrag zu moralischem Urteilen und Werten ausüben."[73]
Die Förderung eines Verantwortungsbewußtseins für den Umgang mit der Kreativität[74] verlangt u.E., die Heranwachsenden auch in ihrer Entwicklung zum »stellungnehmenden Subjekt« zu unterstützen, sie zur Auseinandersetzung mit den "drei großen Wirklichkeiten" (Gott, Natur, Menschenwelt)[75] zu befähigen, und ihnen die Ausbildung einer vom Gefühl *und* von der rationalen Erkenntnis getragenen Sensibilität gegenüber den positiven und negativen Erscheinungen der Welt zu ermöglichen.

---

[68] Glöckel 1990, S. 141 f.
[69] Bichler/Meißner/Zöpfl 1978, S. 158
[70] z.B., indem sie gefordert und (durchaus auch kritisch) beachtet, anstatt verdrängt werden!
[71] vgl. Izard 1981, S. 168
[72] vgl. Scharrelmann 1917, S. 49
[73] Staub 1981, S. 131
[74] Aber sicher auch in anderen Bereichen, wie z.B. der Umwelt. Vgl. hierzu Serve 1991 (b), S. 54-82, insb. S. 60-66
[75] vgl. Petersen 1969, S. 32

6. Die Kreativitätsförderung im praktischen Unterrichtsvollzug

Wenn die Kreativität unserer Heranwachsenden u.a.[76] im Rahmen des erziehenden Unterrichts und des umfassenden Bildungsbemühens der Schule gefördert werden soll, so kann dies *sinnvoll* nur geschehen, wenn dabei der ganze individuelle Mensch Beachtung findet und allen Formen der Kreativität - nicht nur wenigen ausgewählten - ein Entwicklungsrecht und -raum gewährt wird. Das soll nicht heißen, daß die kreative Freiheit in allen Bereichen unbeschränkt sein darf oder gar soll, es kann nicht alles erlaubt sein, was gefällt. Spätestens wo Selbst- und Fremdgefährdungen begründet zu befürchten sind und wo das Recht und die Freiheit des Anderen über Gebühr beeinträchtigt würden, sind dem kreativen *Tun* Grenzen zu setzen.

Das Neuigkeits- und Qualitätsverständnis von Kreativität bzw. der entsprechende Anspruch (der nicht ständig erhoben werden sollte![77]) an kreative Produkte, ist in der Schule zu relativieren. »Neu« wird überwiegend, aber durchaus nicht ausschließlich[78], im Sinne von subjektiv, d.h. *für das Individium* neu[79] zu verstehen sein, wobei es neben herausragender Kreativität vor allem der nicht weniger bedeutsamen "Kreativität des Alltags"[80] Beachtung zu schenken gilt.

6.1 Unterrichtliche Motivierung zur Kreativität

Da viele Forschungsergebnisse den Schluß nahe legen, daß sich Kreative und Nichtkreative besonders auch in bestimmten motivationalen Variablen unterscheiden[81], ist im schulischen Unterricht der Motivierung zur Kreativität höchste Bedeutung beizumessen.

---

[76] Allein schulische Kreativitätsförderung kann nicht als ausreichend betrachtet werden. Entsprechende Bemühungen wären z.B. auch von den Eltern zu wünschen.

[77] vgl. hierzu auch Ulmann 1968, S. 152f.

[78] Siehe hierzu Fleege 1990, S. 49-51. Der Bericht belegt eindrucksvoll, daß Schüler durchaus auch objektiv Neues auf hohem Qualitätsniveau schaffen können.

[79] vgl. Smith/Hudgins 3/1976, S. 145

[80] Roth 1968, S. 145

[81] vgl. Seiffge-Krenke 1974, S. 125

Ebenso wie das Lernen basiert die Kreativität u.a. ganz wesentlich auf der Neugier. Die ihr innewohnende Wißbegierde und Experimentierfreude, die sich im Fragen, Hinterfragen, Weiterfragen, Anders-fragen ... sowohl in alltäglichen und konkreten, als auch in ungewöhnlichen und abstrakten Bereichen äußern, bilden die hauptsächliche (intrinsische) Motivation zu »grenzenlosem« kreativem Denken und damit die Chance zu subjektiv und objektiv neuen Erkenntnissen, Ideen, Gedankenblitzen ... . "Was dabei an Denkergebnissen zustande kommt, ist oft absurd, skurril oder auch unbrauchbar. Aber eben nicht immer. Gute Einfälle kann man nur haben, wenn man überhaupt Einfälle haben darf. Wo nur in den Kategorien von richtig und falsch, von erlaubt und unerlaubt, von gut und böse gedacht wird, da wird verhindert, daß sich Kreativität entwickelt."[82]
Um die grundlegendsten motivationalen Voraussetzungen für einen kreativitätsfördernden Unterricht in der Schule zu gewährleisten, gilt es also als erstes z.B.

- die natürliche gegebene Neugier, die vorhandene Interessiertheit der Schüler zu erhalten und zu berücksichtigen,
- deutlich erkennbar zu machen, daß unkonventionelles und divergentes Denken nicht nur erlaubt, sondern begrüßt und anerkannt wird,
- imaginationanregende Lern- und Spielmaterialien und -situationen zu bieten,
- die Ganzheitlichkeit besonders des kindlichen Seins zu beachten,
- auch *nicht* bewertbare oder/und erfaßbare bzw. nachvollziehbare kreative Prozesse (z.B. emotionale, phantastische, das Denken und Fühlen des »Unmöglichen«) zuzulassen und anzuregen.

Darüber hinaus muß in der Folge und langfristig

- die Wahrnehmungsfähigkeit der Schüler trainiert werden,
- den Schülern ermöglicht werden zu erfahren, daß kreatives Denken, Fühlen und Handeln Freude bereiten kann,
- den Schülern einsichtig bzw. erfahrbar gemacht werden, daß Kreativität in erheblichem Maße Unabhängigkeit schafft,

---

[82] Schiefele 1971, S. 48f.

- den Schülern die faszinierende Vielgestaltigkeit der Welt bewußt gemacht werden und
- der Schüler durch möglichst vielfältige unmittelbare Begegnungen und Erlebnisse zum Mitgestalten ermuntert werden,
- durch die erziehliche Förderung der Bildung eines Wertbewußtseins der Gestaltungswille auch auf den sozialen Bereich ausgedehnt werden,
- den Schülern, da "Kreativität selbst Grenzen erfordert", die Einsicht in Grenzen ermöglicht werden, "denn der schöpferische Akt entsteht aus dem Ringen des Menschen mit dem, was ihm Grenzen setzt"[83],
- den Schülern individuell gezeigt werden, wo ihre besonderen kreativen Begabungen - soweit erkennbar - liegen,
- bei den Schülern nicht nur die Kraft der Wahrnehmung von Problemen, sondern auch die Kraft der Hoffnung auf Lösungen gestärkt werden.

Last but not least ist darauf hinzuweisen, daß auch hinsichtlich der Kreativitätsförderung dem Lehrer selbst, sofern er über eine ausgeprägte Kreativität verfügt, eine nicht geringe, motivierende Vorbildwirkung zukommen kann. Um sie zur Geltung zu bringen, sollte er sich mit seiner ganzen Kreativität offen, freudig und mutig in den Unterricht einbringen.
Zu ergänzen ist an dieser Stelle noch, daß auch auf extrinsische Kreativitätsmotivierungen nicht gänzlich verzichtet werden kann[84].

6.2 Kreativitätsförderung im Unterricht

Vorweg gilt es eines hervorzuheben: So sehr die Förderung der Kreativität in der heutigen Schule mit der einseitigen Überbetonung der Vermittlung überwiegend reproduzierbaren Wissens zu konkurrieren hat, so wenig darf das Plädoyer für die Kreativitätsförderung mißverstanden werden als ein genereller Aufruf gegen die Vermittlung von Kenntnissen. Es gibt deutli-

[83] vgl. May 1987, S. 108
[84] s. hierzu die problematisierenden Ausführungen bei Serve, S. 177ff.

che Hinweise dafür, daß umfangreiches Wissen und vielfältige Informationen, Erfahrungen und Vorstellungen eine wesentliche Grundlage für (vor allem intellektuelle - aber wohl nicht nur -) Kreativität darstellen.[85] Es gilt also auch im Interesse der Kreativität, Wissen und damit fleißiges Erlernen nicht zu vernachlässigen, dabei aber gleichzeitig die Bedeutung von Wissen insofern zu relativieren, als zuviel Wissen - wenn die damit verbundenen Denkweisen als unabänderlich gesehen werden - die Kreativität beeinträchtigen kann[86]. Hier ist stets auch zu bedenken: "Einem, der die Werkzeuge der Kreativität beherrscht, muß man nicht (unbedingt, Anm. d. Verf.) allzuviel Fachwissen beibringen. Er ist in der Lage, sich notwendiges Wissen selbst zu erarbeiten. Die Menge des Stoffes ist nicht das entscheidende, sondern wie der Stoff präsentiert und vom Lernenden verarbeitet wird."[87]

Die Förderung kreativen Denkens verlangt somit - über den motivationalen Aspekt hinaus - nach Konsequenzen in der Gestaltung schulischen Unterrichts.

- Kreativitätsförderung hat in allen Fächern (interdisziplinäres Unterrichtsprinzip) zu erfolgen.
- Jeglicher Unterricht ist einzubetten in eine aufgeschlossene, tolerante, möglichst (angst-) freie und anerkennende Denk-Atmosphäre.
- Ängste vor »falschen«, »dummen«, »unfertigen« ... Einfällen gilt es zu verhindern bzw. abzubauen, indem *einsichtig* gemacht wird, daß der Wert mancher Ideen oft nur schwer und manchmal erst viel später zu erkennen ist, und "auch Fehler notwendig [sind]. (...). Sobald man kreativ sein will, gehört es zum System, Irrwege zu gehen und 'Unsinn' zu produzieren."[88]
- Der Wert neuer Ideen sollte positiv erklärt und erfahrbar gemacht werden.

[85] vgl. hierzu Guilford 1970 (b), S. 160 sowie Williams 1970, S. 168; Schiefele 1971, S. 49; Glöckel 1990, S. 141
[86] vgl. Binnig 1989, S. 122
[87] Binnig 1990, S. 25
[88] Binnig 1989, S. 136

- Selbstbestimmtes Lernen der Schüler sollte, soweit praktikabel, ermöglicht werden, z.B. indem bezüglich bestimmter Fakten und Informationen
  - so wenige Problembeschreibungen und Fragen als möglich vorgegeben und
  - seltener fertige Lösungswege angeboten werden[89].
- Genügend Raum für Selbsttätigkeit und Spontaneität ist zu gewähren für z.B.
  - entdeckendes Lernen (und z.T. Selbsterarbeitung des Stoffes),
  - Experimentieren,
  - Suchen und Finden weiterer Zusammenhänge,
  - kommunikatives (mit anderen zusammen) und isolatives (allein mit den eigenen Gedanken) Entwerfen.
- Neben verbalen[90] sind auch nonverbale Denkweisen (z.B. Denken in Bildern)[91] anzuregen und zu nutzen.
- Beim Schüler sind individuell[92], soweit möglich, seine spezifische Lebenswelt, seine besonderen Begabungen und seine eigentümlichen, geistigen, gefühlsmäßigen und körperlichen Wahrnehmungs- und Ausdrucksweisen zu bedenken.
- Die Wahrnehmung mit allen Sinnen gilt es zu fördern, z.B.
  - durch Anregung zu mehrmaligem, genauem und konzentriertem Hinsehen, Hinhören, Riechen, Fühlen ... (sonst nicht oder kaum benutzte Sinne gilt es *bewußt* zuzuschalten) unter Einbeziehung intuitiver, gefühlsmäßiger Eindrücke,
  - durch Ermunterung zu spielerischem Standpunktwechsel, um neue Wahrnehmungsaspekte zu gewinnen,
  - durch Ermutigung zur Wahrnehmungsakzeptanz bei negativen Eindrücken,
  - durch Hinführung zur stärkeren Gewichtung auch relativ unscheinbarer oder vermeintlich unwichtiger Wahrnehmungen.

---

[89] vgl. Williams 1970, S. 172
[90] besonders in der linken Gehirnhemisphäre
[91] besonders in der rechten Gehirnhemisphäre; vgl. hierzu die zusammengefaßte Bedeutungseinschätzung der rechtshemisphärischen Gehirnleistung durch Sperry (1974) in: Popper/Eccles 1982, S. 393
[92] vgl. hierzu auch Crutchfield 1970, S. 116f.

"Sinnlich gemachte Erfahrungen führen dem Menschen die anderen Menschen und die Dinge der Welt so zu, daß er sie in seinem Innern erleben und gestalten kann."[93]

- Auch Gefühle sollten als mögliche Erkenntnisinstanz anerkannt werden.
- Künstlerische Unterrichtsfächer wie z.B. Musik, Kunst[94], sind - vor allem auch mit ihren freien und irrationalen Elementen - höher als bisher zu bewerten und stärker zu berücksichtigen, z.B.
  - durch Einbeziehung auch in andere Fächer,
  - durch Vermeidung ihres Ausfalls zugunsten anderer Fächer,
  - durch (unter anderen Aspekten) ebenso gründlich reflektierte Unterrichtsvor- und -nachbereitung wie in den »wichtigen« Kernfächern,
  - durch stärkere Anerkennung künstlerischen Bemühens der Schüler.
- Kindlich-kreativen Produkten (z.B. originale Kindergedichte, Kinderzeichnungen) ist eine höhere, nicht am möglichen Erwachsenenprodukt gemessene Wertschätzung, zuzuerkennen.
- Um kreativen Freiraum zu gewährleisten, sollte bei vorgegebenen Aufgaben entweder nur der Weg oder nur das Ziel festgelegt werden, z.B. im Kunstunterricht nur das Bildthema (Ziel) vorgeben und die Technik, den Stil (Weg) von den Schülern frei wählen lassen oder umgekehrt.
- Bei beurteilbaren, kreativen (Denk-)Produkten (vorgegebenes Ziel »Brauchbarkeit«) ist auch die kreative Fähigkeit zur (selbst-)kritischen Analyse zu schulen.
- Kreativität braucht (manchmal sehr viel) Zeit. Diese Tatsache verlangt vom Lehrer einen von Geduld und Ermutigung getragenen Unterricht, um die Ausdauer der Schüler zu fördern und zu fordern.

Neben kreativitätsfördernden Maßnahmen gibt es auch kreativitätshemmende Umstände, denen der Lehrer in der Schule und in seinem Unterricht

---

[93] Bäuml-Roßnagl 1991, S. 4

[94] s. hierzu auch die interessanten Ausführungen von Daucher 1990, S. 159-193

entgegenzuwirken hat. *Hallman*[95] listet folgende Hindernisse für Kreativität auf:

- Konformitätsdruck,
- autoritäre Haltungen und Umgebungen,
- spöttische und ähnliche Haltungen,
- rigidisierende Persönlichkeitseigenschaften,
- Überbetonung von Belohnungen, wie z.B. Noten,
- übermäßiges Suchen nach Gewissheit,
- übergroße Akzentuierung von Erfolg,
- Feindseligkeit gegenüber andersartigen Persönlichkeiten (sowohl auf Seiten des Lehrers als auch der Klassenkameraden),
- Intoleranz gegenüber der »Spiel«-Einstellung (in Verbindung mit der Schularbeit).

6.3 Kreativitätsförderung im Schulleben

Die Schule mit ihrer Hauptaufgabe des erziehenden Unterrichts ist ein Ort der Vorbereitung auf das zukünftige Leben und zu jeder Zeit auch ein Lebens-Ort, an dem von den Heranwachsenden vielfältige und grundlegende Lebenserfahrungen gewonnen werden können. Das den Schulalltag und damit auch den Unterricht durchfließende *Schulleben*[96] beinhaltet viele echte und damit bestens für die Kreativitätsförderung geeignete Lebenssituationen, wie z.B. verschiedenartigste Interaktionen zwischen allen beteiligten Personen im Unterricht und darüber hinaus; die Gestaltung des Klassenzimmers, Schulgebäudes und -geländes; die Vorbereitung und Durchführung von Schulfesten und -feiern; Schülerinitiativen; Projekten; ...
Die verschiedenen Formen und Elemente des Schullebens gilt es - soweit oftmals beeinträchtigende Beeinflussungsfaktoren, wie z.B. bauliche Gegebenheiten, Stundenpläne, schulgesetzliche Vorgaben es ermöglichen - zu nutzen, um den Schülern mannigfaltige Gelegenheiten zu aktivem und kreativem Gestalten in erlebter Gemeinschaft zu gewähren.

---

[95] vgl. Hallman 1970, S. 175ff.
[96] s. hierzu Serve 1990, S. 101-117

Besonders hervorzuheben sind an dieser Stelle Projektformen[97] des Unterrichts. Sie bieten besonders günstige Gelegenheiten für interessenorientierte kreative Aktivitäten, die selbständigem und selbstverantwortlichem Arbeiten und Lernen »mit allen Sinnen« Raum bieten und zugleich die natürliche, wirklichkeitsnahe Situation der Bewährung bzw. Auslese beinhaltet, die zum Weiter-Denken auffordert.

7. Grenzen unterrichtlicher Kreativitätsförderung

Schule und Unterricht sind eingebettet in unzählige Beeinflussungsfaktoren, von denen nicht wenige einer effektiven Kreativitätsförderung entgegenwirken. Gesellschaftliche Gegebenheiten, wie z.B. die Intoleranz gegenüber ausgefallenen Ideen und die Ablehnung des eventuell damit verbundenen Anders-seins, die starke Diskrimination von Mißerfolgen (Fehler machen und zugeben), die Überbewertung angepaßter Leistungsfähigkeit ... wirken ebenso kreativitätshemmend auf die Heranwachsenden und die Schule, wie bestimmte schulspezifische Erscheinungen[98], z.B. die Dominanz der leistungsbezogenen Lernzielsetzung und -kontrolle, die curriculare Verplanung, der Zeitdruck des unflexiblen 45-Minuten-Stundentaktes, die Flut oftmals gängelnder »Arbeitsblätter«[99], die dem Gedeihen von Kreativität kontraproduktiv sind. Auch die Erkenntnis, daß am ehesten von kreativen Lehrern eine positive Kreativitätsentwicklung bewirkt werden kann, weist auf lehrerbezogene Grenzen der Kreativitätsförderung hin. Zu bedenken ist ferner, daß ohne eine Anregung und Unterstützung der Kreativität auch außerhalb der Schule, z.B. durch die Eltern, Vereine ..., den unterrichtlichen Bemühungen wohl meist nur ein beschränkter Erfolg beschieden sein wird.

Zuletzt darf nicht vergessen werden, daß gleichwertig neben der Förderung der Kreativität auch die Übernahme von (möglichst kreativ analysier-

[97] vgl. hierzu z.B. Frey 1982; Struckt 1980; Bielefeldt/Emundts 1987
[98] vgl. hierzu u.a. Kozdon 3/1982, S. 181-186
[99] s. hierzu Wellenhofer 1991

tem und überprüftem) Bestehendem und »Altem« ein bedeutsames und damit konkurrierendes Ziel jeglichen erziehenden Unterrichts sein muß.

Diese knappen abschließenden Betrachtungen sollen nicht dazu verleiten, die unterrichtliche Förderung der Kreativität als kaum realisierbar oder als nebensächlich zu betrachten. Gerade das Gewahrwerden der Grenzen einer Sache entwickelt und schärft das Bewußtsein um diese Sache und aktiviert die kreative Auseinandersetzung mit ihr.
Trotz der beschriebenen (und vieler weiterer) Beschränkungen verfügt der Lehrer über reale Möglichkeiten einer sinnvollen unterrichtlichen Kreativitätsförderung. Sie auszuloten, zu ergreifen und sich um eine Verbesserung nicht zuletzt auch der institutionellen Rahmenbedingungen zu bemühen, ist seine verantwortliche Pflicht. Kreativität beinhaltet Ziele, »Möglichkeiten der Lebensbewältigung«[100] und Entwicklung. Deshalb hat, was *Roth* für die Erziehung fordert, zugleich für den Unterricht der Schule zu gelten: Das Ziel sei darin zu sehen, daß er seine "Aufgaben in die Selbsterziehungs- und Selbstgestaltungskräfte des Individiums übergehen läßt, von denen wir wünschen müssen, daß sie kreativ sind..."[101]

[100] vgl. Daucher 1990, S. 216
[101] vgl. Roth 1971, S. 163

8. Literatur

Anderson, H.H. (Hrsg.): Creativity and its cultivation. New York 1959

Asanger, R./Wenninger, G.: Handwörterbuch der Psychologie. 3. Aufl., Weinheim/Basel 1983

Aust, S.: Die schöpferischen Möglichkeiten des Menschen liegen im Spiel. In: Genossenschaftsverband Bayern, Raiffeisen/Schulze-Delitzsch e.V. (Hrsg.) 1990

Bäuml-Roßnagl, M.-A.: Wie die Kinder leben lernen, Bd. 2. Donauwörth 1991

Beer, U.: Wie werde ich schöpferisch? In: Zeitwende Nr. 4, 1970

Bichler, A./Meißner, O./Zöpfl, H.: Problemfeldanalyse und Unterrichtsbeispiele zum Thema Wert- und Sinnorientierung. In: Tschamler, H./Zöpfl, H. (Hrsg.) 1978

Bielefeldt, H./Emundts, M.: Lehrgang und Projekt. Heinsberg 1987

Binnig, G.: Aus dem Nichts. Über die Kreativität von Natur und Mensch. München/Zürich 1989

Binnig, G.: Freies Spiel für unseren Kreativitätsmuskel. Plädoyer für ein neues Denken. In: Genossenschaftsverband Bayern Raiffeisen/Schulze-Delitzsch e.V. (Hrsg.) 1990

Cross, P.G./Cattell, R.B./Butcher, H.J.: The personality patterns of creative artists. In: British Journal of Educational Psychology. 1967

Crutchfield, R.S.: Individueller Unterricht in kreativem Denken. In: Mühle, G./Schell, C. (Hrsg.) 1970

Daucher, H.: Was hat Kunst in der Schule verloren. In ders. (Hrsg.) 1990

Daucher, H. (Hrsg.): Kinder denken in Bildern. München 1990

Dellas, M./Gaier, E.L.: Identification of creativity: The individual. In: Psychological bulletin 1970

Edelmann, W.: Einführung in die Lernpsychologie. Bd. II: Kognitive Lerntheorien und schulisches Lernen. München 1979

Ernst, H./Gonnert, S./Schulz, G. (Hrsg.): Theorie und Praxis in der Lehrerbildung. Festschrift zum 65. Geburtstag von Prof. Dr. H. Schröder. München 1992

Fleege, W.: Kreativität. Die Edison-Enkel kommen. In: Genossenschaftsverband Bayern, Raiffeisen/Schulze-Delitzsch e.V. (Hrsg.) 1990

Flitner, W./Kudritzky, G.(Hrsg.): Die deutsche Reformpädagogik. Bd. I. Die Pioniere der pädagogischen Bewegung. Düsseldorf/München 1961

Frey, K.: Die Projektmethode. Weinheim/Berlin/Basel 1982

Gaudig, H.: Didaktische Ketzereien. 6. Aufl., Leipzig/Berlin 1925

Genossenschaftsverband Bayern, Raiffeisen/Schulze-Delitzsch e.V. (Hrsg.): Kreativität ist ... München 1990

Glöckel, H.: Vom Unterricht. Lehrbuch der allgemeinen Didaktik. Bad Heilbrunn/Obb. 1990

Götze, C.: Zeichnen und Formen. Vortrag auf dem ersten Kunsterziehungstag 1901 in Dresden. In: Flitner, W./Kudritzky, G. (Hrsg.) 1961

Guilford, J.P.: Kreativität. In: Mühle,G./Schell, C. (Hrsg.) 1970

Guilford J.P.: Grundlegende Fragen bei kreativitätsorientiertem Lehren. In: Mühle, G./ Schell, C. (Hrsg.) 1970

Hallman, R.J.: Techniken des kreativen Lehrens. In: Mühle,G./Schell, C. (Hrsg.) 1970

Hartfiel, G./Hillmann, K.-H.: Wörterbuch der Soziologie. 3. überar. und erg. Aufl., Stuttgart 1982

Ingenkamp,K./Marsolek, T. (Hrsg.): Möglichkeiten und Grenzen bei der Testanwendung in der Schule. Weinheim/Berlin/Basel 1968

Izard, C.E.: Die Emotionen des Menschen. Eine Einführung in die Grundlagen der Emotionspsychologie. Weinheim/Basel 1981

Jonas, H.: Das Prinzip Verantwortung. Frankfurt/Main 1984

Kaiser, E.: Unterrichtsformen, Differenzierung und Individualisierung. In: Roth, L.(Hrsg.) 1991

Kerschensteiner, G.: Der pädagogische Begriff der Arbeit. In: Päd. Quellentexte. Heft 3, Oldenburg 1950

Kerschensteiner, G.: Die Schule der Zukunft, eine Arbeitsschule. In: Ders., 1954

Kerschensteiner, G.: Grundfragen der Schulorganisation. Eine Sammlung von Reden, Aufsätzen und Organisationsbeispielen (Leipzig 1907). 7. erw. Aufl., München/Düsseldorf 1954

Koestler, A.: Der göttliche Funke. Der schöpferische Akt in Kunst und Wissenschaft. Bern/München/Wien 1966

Kozdon, B.: Zu aktuellen curricularen Voraussetzungen produktiven Lehrens und Lernens. In: Pädagogische Welt 3/1982

Krause, R.: Kreativität. Untersuchungen zu einem problematischen Konzept. München 1972

Küng, H.: Projekt Weltethos. München 1990

Landau E.: Psychologie der Kreativität. 2. Aufl., München/Basel 1971

Langbehn, J.: Rembrandt als Erzieher. Von einem Deutschen. Leipzig 1890

Lange, K.: Das Wesen der künstlerischen Erziehung. Ravensburg 1902

May, R.: Der Mut zur Kreativität. Paderborn 1987

Montessori, M.: Selbsttätige Erziehung im frühen Kindesalter. Nach den Grundsätzen der wissenschaftlichen Pädagogik methodisch dargelegt. Stuttgart 1913

Montessori, M.: Mein Handbuch. Grundsätze und Anwendungen meiner neuen Methode der Selbsterziehung der Kinder. Stuttgart 1922

Montessori, M.: Montessori - Erziehung für Schulkinder: I. Betätigungsdrang und Erziehung. Stuttgart 1926

Mühle, G./Schell, C. (Hrsg.): Kreativität und Schule. München 1970

Petersen, P.: Führungslehre des Unterrichts. 8. Aufl., Weinheim 1969

Picht, G.: Der Begriff der Verantwortung (1967). In: Wahrheit. Vernunft. Philosophische Studien. Stuttgart 1969

Popper, H.R./Eccles, J.C.: Das Ich und sein Gehirn. 2. Aufl., München 1982

Riedl, R.: Der Wiederaufbau des Menschlichen. München/Zürich 1988

Rogers, C.R.: Toward theory of creativity. In: Anderson, H.H. (Hrsg.), 1959

Roth, H.: Kreativität lernen? In: Die Deutsche Schule, Nr. 68 3/1976

Roth, H.: Pädagogische Anthropologie II. Entwicklung und Erziehung. Hannover 1971

Roth. L. (Hrsg.): Pädagogik. Handbuch für Studium und Praxis. München 1991

Saladin, P.: Verantwortung als Staatsprinzip. Ein neuer Schlüssel zur Lehre des modernen Rechtsstaates. Bern/Stuttgart 1984

Scharrelmann, H.: Die Bedeutung der produktiven Kraft im Menschen. In: Der Vortrupp. Hamburg 1917

Schiefele, H.: Schule und Begabung. München 1971

Schröder, H.: Grundwortschatz Erziehungswissenschaft. Ein Wörterbuch der Fachbegriffe. München 1985

Seibert, N./Serve, H.J./Zöpfl, H. (Hrsg.): Schulpädagogik. Eine Einführung in die Themenbereiche Erziehung und Unterricht in der Schule. München 1990

Seibert, N./Wittmann, H./Zöpfl, H.: Humor und Freude in der Schule. Donauwörth 1990

Seidel, R.: Denken und Problemlösen. In: Asanger, R./Wenninger, G., 1983

Seiffge-Krenke, I.: Probleme und Ergebnisse der Kreativitätsforschung. Bern/Stuttgart/Wien 1974

Serve, H.J.: Umwelterziehung und Verantwortung. Überlegungen zur Relevanz der Verantwortung in der Umwelterziehung. In: unterrichten/erziehen, 3/1991 (a)

Serve, H.J.: Theoretische Grundlegung schulischer Umwelterziehung. In: Huber, H. et al.: Umwelterziehung in der Schule. Donauwörth 1991 (b)

Smith, L.M./Hudgins, B.B.: Pädagogische Psychologie, Band 2 (Dt.) Stuttgart 1972,

Speck, O.: Chaos und Autonomie in der Erziehung. Erziehungsschwierigkeiten unter moralischem Aspekt. München/Basel 1991

Sperry, R.: Lateral Specialization in the Surgically Seperated Hemispheres. 1974, in: Popper, H.R./Eccles, J.C., 1982
Popper, H.R./Eccles, J.C.: Das Ich und sein Gehirn. 2. Aufl., München 1982
Staub, E.: Entwicklung prosozialen Verhaltens. Zur Psychologie der Mitmenschlichkeit. München/Wien/Baltimore 1981

Struck, P.: Projektunterricht. Stuttgart 1980

Tschamler, H./Zöpfl, H. (Hrsg.): Sinn- und Wertorientierung als Erziehungsauftrag der Schule. München 1978

Torrance E.P.: Neue Item-Arten zur Erfassung kreativer Denkfähigkeiten. In: Ingenkamp,K./Marsolek, T. (Hrsg.) 1968

Torrance, E.P.: Guiding creative talent. Englewood Cliffs 1962

Torrance, E.P.: Die Pflege schöpferischer Begabung. In: Mühle, G./Schell, C. (Hrsg.) 1970

Ulmann, G.: Kreativität. Weinheim/Berlin/Basel 1968

Unterbrunner, U.: Umweltangst - Umwelterziehung. Vorschläge zur Bewältigung der Ängste Jugendlicher vor Umweltzerstörung. Linz 1991

Vester, F.: Biologisch sinnvolle Didaktik. In: Westermanns pädagogische Beiträge 6, Braunschweig, 6/1984

Weber, M.: Gesammelte politische Schriften. 2. Aufl., 1958

Wellenhofer W.: Grundlagen einer modernen Arbeitsblatt-Praxis. Ziele - Konzeptionen - Möglichkeiten - Grenzen. München 1991

Wilhelm, Th.: Die Pädagogik Kerschensteiners. Vermächtnis und Verhängnis. Stuttgart 1957

Williams, F.E.: Intellektuelle Kreativität und der Lehrer. In: Mühle, G./Schell, C. (Hrsg.) 1979

Winnicott, D.W.: Vom Spiel zur Kreativität. 5. Aufl., Stuttgart 1989

Zöpfl, H.: Erziehender Unterricht. In: Seibert, N./Serve, H.J./Zöpfl, H. (Hrsg.) 1990

Zöpfl, H./Serve, H.J.: Lebensweltmodifikationen und pädagogischer Auftrag an die Schule von heute. In: Ernst, H./Gonnert, S./Schulz, G. (Hrsg.) 1992

Helmut J. Serve

Das Unterrichtsprinzip der Motivierung

Inhaltsverzeichnis

Motivation als Ziel ganzheitlicher Motivierung

1. Vorbemerkung zur ganzheitlichen Motivierung als Imperativ einer modernen Schule

Die unterrichtliche Verantwortung der Schule beschränkt sich nicht auf sachlich richtige und sachadäquate Stoffdarbietung, sondern hat sich stets auch auf das Bemühen um die Ermöglichung *erfolgreichen* Lernens[1] zu erstrecken. Nur ein soweit als möglich an den individuellen Voraussetzungen der Kinder[2] orientierter Unterricht wird am wahrscheinlichsten Lernerfolge gewährleisten und die *grundsätzliche Lernbereitschaft* - die Kindern in der Regel eigen ist - langfristig erhalten, festigen und bestmöglich erhöhen können.

Gerade in einer Zeit, in der sich etwa alle fünf Jahre die Kenntnisse der Menschheit verdoppeln und die »Halbwertszeit der Gültigkeit« immer mehr abnimmt - etwa die Hälfte der neuen Kenntnisse gilt bereits nach ca. drei bis vier Jahren als veraltet - erweist es sich als vordringliche Verantwortung der Schule, für die Erhaltung und Förderung der grundsätzlichen Lernbereitschaft[3] ihrer Schüler Sorge zu tragen und *vermeidbare* Lern-Mißerfolgs-Frustrations-Serien als mögliche Verursacher nicht selten lebenslang wirksamer Lerntraumata zu verhindern.

»Lebenslanges Lernen« ist eines der bedeutsamen Gegenwartsschlagworte! Eine Schule, die ihre Schüler *für das Leben* lernen lassen will, hat dieser Aufforderung unserer modernen Zeit Rechnung zu tragen. Schulen aller Gattungen sind weder in der Lage, noch kann es daher ihre Aufgabe sein, ihren Schülern ein für ihre Lebensspanne ausreichendes »Wissenspaket« auf den Lebensweg mitzugeben[4]. Wie *Jungk* schon 1972 darlegte, ist die Zeit »ewiger Wahrheiten« vorbei, und selbst Naturgesetze, welche dem

---

[1] unter Beachtung der Gesamtpersönlichkeit und Individualität des einzelnen Schülers

[2] vgl. Seibert, S. 95ff.

[3] Die Lernbereitschaft der Schüler ist als eine wesentliche Bedingung zur Bewältigung ihres gegenwärtigen und zukünftigen Lebens anzusehen ist.

[4] Die Aufgabe schulischen Unterrichts besteht vielmehr darin, durch Lernangebote grundlegende Fähigkeiten zu fördern, Fertigkeiten zu entwickeln und so durch eine erfüllte (genutzte) Gegenwart zukünftiges Handeln (Lernen, Tätigsein etc.) vorzubereiten.

Menschen bislang als Erklärung für naturgegebene Vorgänge dienten, können nicht mehr als für alle Zukunft unumstößlich gelten.[5] Was jedoch die Schüler weit ins Leben zu begleiten vermag, sind ihre Lernerfahrungen und die darin mitbegründete, mehr oder weniger entwickelte, grundsätzliche und überdauernde Lernbereitschaft. Die Bereitschaft und der Mut zum Lernen aber basieren wesentlich auf Lern*erfolgs*erfahrungen in der so prägenden Lernzeit - als Kind in der Schule - und ermöglichen dem Menschen, sich frühzeitiger und eingehender in der Lebenswelt zu orientieren, sich selbständiger, individueller und damit erfolgreicher und befriedigender zu engagieren. Das bedeutet in der Regel eine bessere Lebensbewältigung und -gestaltung. Intelligenz, Kreativität und Flexibilität als kostbare Voraussetzungen hierfür liegen brach oder verkümmern, wenn die Motivation zu ihrer - stets auch lernimmanenten - Nutzung fehlt.

Zudem kann der Bildungsauftrag der Schule, realistisch betrachtet, nur ein Auftrag zur Wegweisung oder Grundlegung sein. Bildung ist nicht abschließend vermittelbar, sondern kann nur vom Individuum selbst in einem lebenslangen Prozeß der *Wahrnehmung* von Welt und daran anknüpfenden *Lernens*, *Verarbeitens* und *Handelns* erworben werden. Um die Bereitschaft hierzu anzubahnen, muß sich die Schule darum bemühen, den ihr anvertrauten Kindern und Jugendlichen eine positive Einstellung zu ihrem Sein zu vermitteln und grundlegende Sinn-Erfahrungen zu ermöglichen.

"*Es ist durchaus möglich, das jeweilige Interesse des Schülers auf eine Teilfrage, ein Teilziel hin zu wecken, einen einzelnen Lernschritt zu motivieren, aber alles einzelne bleibt doch mehr oder minder im leeren Raum hängen, wenn es nicht auf einen dahinterliegenden Sinn, auf ein umgreifendes Ganzes hin transparent wird. Wir können diese Ausrichtung auf einen umfassenden Sinn geradezu als Urmotivation verstehen, von der sich letztlich alle Motivationen ableiten.*"[6]

Eine unverzichtbare Aufgabe der Schule ist es, den Kindern beim Aufbau eines Grundvertrauens zur Welt und zum Leben zu helfen und sie dabei auch Lebens*freude* in vielen verschiedenen Situationen erfahren zu lassen. Wer aufgrund seiner Lebensfreude, also seiner positiven emotionalen Ge-

---

[5] vgl. Jungk 1972, S. 9ff.
[6] Zöpfl/Huber 1990, S. 27

stimmtheit *nicht* »den Kopf in den Sand stecken« möchte, wird in besonderem Maße motiviert sein, die Welt wahrzunehmen und dadurch sie sich lernend zu erschließen und sich entsprechend zu verhalten. *"Freude ist ein positives Gefühlserlebnis, das durch innere und äußere Reizbedingungen ausgelöst wird. Ihre Intensität ist eine Funktion der subjektiv erlebten Reizbedingung. Ihre Qualität ist eine Folge der subjektiven Interpretation der Situation. Wird nur die aktuelle Situation erlebt, handelt es sich um einen Gefühlszustand. Wird darüber hinaus eine zukünftige Situation als Ziel antizipiert, wird Motivation in Gang gesetzt: Der emotionale Zustand geht in einen Motivationsprozeß über. Die energetisierenden Momente der Emotion gehen in die Intensität des Motivationsprozesses ein."*[7] Motivation und Wahrnehmung stehen nun selbst wieder in einer wichtigen Wirkungsbeziehung. So schreibt *Vernon*, daß die Wahrnehmung "... auf verschiedene Weise durch Motivation erleichtert und gesteuert werden kann. In erster Linie erhöhen motivationale Antriebe das Aktivationsniveau und stimulieren die Aufmerksamkeit und die Bemühungen wahrzunehmen..."[8] Nun ist aber die Bereitschaft, mit der Welt Kontakt aufzunehmen und zu halten, um lernen und somit das Verhalten Gegebenheiten und Veränderungen in der Umwelt anpassen zu können, die unmittelbarste Beziehung der Motivation zur Wahrnehmung. Darin liegt unseres Erachtens der Imperativ einer möglichst ganzheitlichen, d.h. nicht nur den Verstand sondern alle Sinne und Gefühle ansprechenden Motivierung in einer modernen Schule. Eine möglichst umfassende Lernbereitschaft kann nur einer ebenso umfassenden, ganzheitlichen Wahrnehmung(-sbereitschaft) entspringen. Hier gründet und beginnt die Verantwortung der Schule für eine ganzheitliche und damit die Wahrnehmung nicht einseitig selektierend-einengende Lernmotivierung.

Die Schule hat die natürliche Lernbereitschaft der Kinder als deren gegenwärtige wie zukünftige Lern- und damit Lebensbewältigungsbasis zu betrachten und für ihre Erhaltung und Förderung verantwortlich zu sorgen. Wesentlich ist, daß die Schüler die Möglichkeit erhalten, zumindest *über-*

---

[7] Kerpa 1979, S. 63
[8] Vernon 1974, S. 213f.

wiegend erfolgreich und mit Freude[9] zu erlernen, wie Gegebenheiten erfaßt, ihre Umstände und Hintergründe erforscht, Sinnzusammenhänge erhellt und Konsequenzen gezogen werden. So kann die Motivation zum Lernen und zur entsprechenden Leistungserbringung[10] gefestigt und erhöht werden. "Leistungsdenken und Freude sind also alles andere als Gegensätze. (...) Ein Kind, das nie Freude in der Gegenwart und über die Gegenwart hat erfahren dürfen, wird auch für spätere Arbeiten und Leistungen keine Motivation erfahren können. Es vermag aus keiner freudvollen Kindheit zu schöpfen. Freude ist Gabe und Aufgabe zugleich."[11] Die Schüler erlangen positive Lern- und Leistungserfahrungen, die in ihrem Gedächtnis gespeichert werden und auch in späteren Lebenssituationen als Vorerfahrungen die Grundlage entsprechenden Verhaltens bilden können. In diesem Sinne gilt - auch wenn Lernen nicht nur als Verhaltensänderung zu betrachten ist-, was *Albert* in anderem Zusammenhang ausführt:

"Wir können zunächst von der einfachen Feststellung ausgehen, daß das Verhalten (und somit auch das Lernverhalten, Anm. d. Verf.) jeweils eine Funktion der Person und ihrer Umgebung ist, wobei aber darauf hingewiesen werden muß, daß die Person gewissermaßen über eine im Laufe ihrer individuellen Entwicklung aufgebaute »historische Reaktionsbasis« verfügt, die dafür verantwortlich ist, wie ihre Umgebung wahrgenommen und wie diese Wahrnehmung kognitiv und motivational verarbeitet und in Handlungen (also auch Lernhandlungen, Anm. d. Verf.) umgesetzt wird. Man kann die Reaktionsbasis als ein System in sozialen Interaktionen erworbener Einstellungen und Überzeugungen charakterisieren, die um das »Selbst«, das Sub-System der Ich-Einstellungen, herum organisiert sind, die objektbezogen, relativ dauerhaft und mehr oder weniger umfassend sind und den Charakter dispositionaler Eigenschaften haben."[12]

Hinzuweisen ist an dieser Stelle nochmals deutlich auf die Bedeutung der Schule und ihres Umfeldes als in mehrfachem Sinne »prägende« Lernumwelt. Wie sich dem Schüler seine schulische Lernumwelt präsentiert und

---

[9] Auch Mißerfolg, Ärger, Angst etc. *können* lernmotivierend wirken, bergen aber bei zu häufigem oder intensivem Auftreten das hohe Risiko gegenteiliger Wirkung in sich.

[10] Leistungsmotivation "... ist ebenso eine Bedingung wie eine Folge des Lernens..."(Skowronek 1972, S. 95)

[11] Seibert/Wittmann/Zöpfl 1990, S.18f.

[12] Albert 1974, S. 255

einprägt, (z.B. positiv als Raum der Aufgeschlossenheit, Kreativität, Freude (Schulleben!), Angstfreiheit, Toleranz, Menschenachtung, Gemeinschaft,...) wird - vermutlich lange über die Schulzeit hinaus - das Lernverhalten (und wohl nicht nur dieses) nachhaltig beeinflussen.
Lernängstliche und lernunwillige Schüler *als »Produkte«* einer sich *konsequent ganzheitlich* um Lernmotivierung bemühenden Schule wird es unseres Erachtens seltener geben!

2. Terminologische Klärung

Der Fachterminus der Motivation geht auf eine Entlehnung aus der lateinischen Sprache zurück. Das zugrundeliegende Substantiv »motus«(Bewegung, Gemütsregung, geistige Tätigkeit, Regsamkeit, (An-)Trieb, Begeisterung) und das Verbum »movere«(antreiben, bewegen, anregen, in Tätigkeit versetzen, einwirken, reizen, zu etwas drängen, in Gang bringen, verursachen) weisen auf den Problemzusammenhang Verhalten - Verursachung/ Antriebskraft hin. »Motivation« bildet allgemein einen Oberbegriff für Aktivität und Befindlichkeiten, der ein Verhalten explizieren und damit verständlich machen soll.

2.1 Versuch einer Begriffsdifferenzierung für die wissenschaftliche Verwendung von »Motivation«, »Motivierung«, »Motiv«

Die alltagssprachlich meist gleichbedeutend im Sinne von z.B. »Anstreben«, »(An-)Trieb«, »Bemühen«, »Wollen«, »Beweggrund«, »Einsatz«, »Sinn«, »Interesse«... gebrauchten Begriffe Motivation, Motivierung und Motiv verlangen bei wissenschaftlicher Verwendung eine differenzierte Sinnzumessung. *Motivation* meint hier einen relativ *kurzfristigen Zustand* des Angetriebenseins, demgegenüber *Motivierung* das *aktive Bemühen* um die Herbeiführung desselben, also *Hilfe* zur Motivationserlangung bedeutet. Unter *Motiven* werden zeitlich relativ überdauernde, einer motivierten Aktivität vor- und eingelagerte Initiierungs- und Lenkungsfaktoren verstanden, deren Vorhandensein aus den Aktivierungsverläufen vermutet wird.

2.2 Begriffsklärungen aus der Literatur

- zur Motivation

"Motivation umfaßt alle seelischen Vorgänge und Zustände, welche als Beweggründe das Verhalten des Individuums in Gang setzen, in Gang halten und auf Ziele ausrichten."[13]

Motivation ist *"der das individuelle und soziale Handeln von Personen subjektiv veranlassende und nach Richtung, Inhalt und Intensität beeinflussende bewußte und/oder unbewußte Antrieb. Meist mit einer Zielvorstellung verbundener Handlungsantrieb; daher auch: Antrieb zu zielorientiertem Handeln."*[14]

"Motivation ist als ein »summarisches Konstrukt«[15] *die Gesamtheit der das Verhalten beeinflussenden Faktoren, die sich vornehmlich als Bedürfnisse manifestieren. Diese können bestehen als Bedürfnisse des Verlangens (Appetenz) oder des Vermeidens (Aversion)."*[16]

- zur Motivierung

Die Motivierung *"ist eine dauernde Lernhilfe auf dem gesamten Weg eines Lernprozesses, spricht den Interessenbereich des Schülers an und weckt seine Kräfte zur Erreichung des Ziels."*[17]

"Das Motivierungsgeschehen, angeregt durch (situative, Anm. d. Verf.) Aufforderungsgehalte und Anreize" (S. 154) führt zu einer bzw. bewirkt eine *"resultierende Handlungstendenz (Entschluß)"* (S. 153). *"Aber nicht jede Motivierung führt zur Ausführung von Handlungen"*. (S. 155)[18]

"Motivierung ist ein didaktisches Prinzip zur Schaffung und Berücksichtigung von Lern- und Leistungsbedürfnissen der Schüler. Motivierung intendiert die Motivation der Schüler."[19]

---

[13] Dietrich/Walter 1970
[14] Wallner/Funke-Schmitt-Rink 1979, S. 89
[15] Schröder zitiert hier Heckhausen, H.: Motivation. Kognitionspsychologische Aufspaltung eines summarischen Konstrukts. In: Psychologische Rundschau. 1977, Nr. 28, S. 175
[16] Schröder 1985, S. 210f.
[17] Schießl 1973, S. 92
[18] Heckhausen 1978, S. 153f./155
[19] Schröder 1985, S. 213

Zusammenfassend läßt sich die Intention der Motivierung folgendermaßen darstellen:

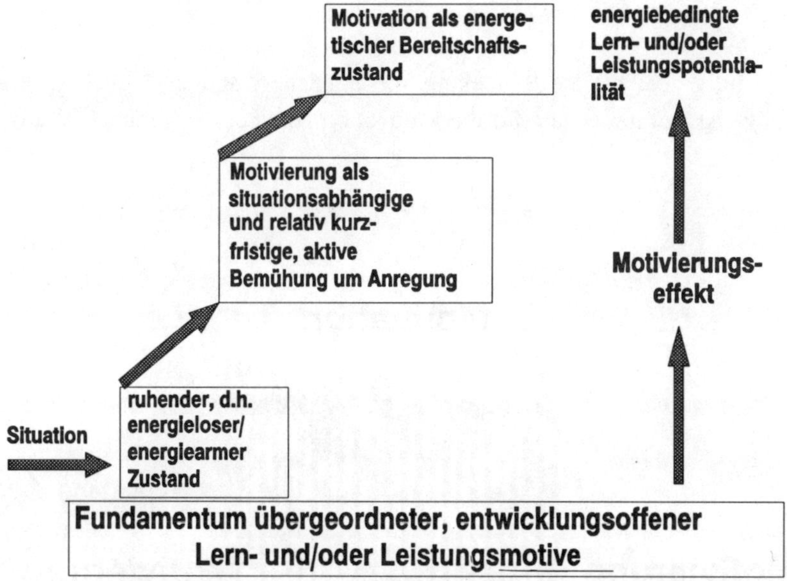

- zum Motiv

"Motive sind angeborene oder erworbene dispositionelle Einstellungen, »Triebfedern« (Klages), »Beweger« bzw. »Beweggründe« (...), die darauf angelegt sind, Verhaltensreaktionen auszulösen oder Realisierungsprozesse in Gang zu bringen."[20]

"Motive: individuelle Verhaltensbedingungen, die sich im Laufe der Entwicklung in bestimmten Grundsituationen herausgebildet haben. Motive sind wiederkehrende Anliegen und werden in der Psychologie als Persönlichkeitskonstrukte gefaßt. Als solche können sie lebenslang wirken und das Verhalten beeinflussen."[21]

[20] Engelmayer 1974, S. 26
[21] Oerter 1982, S. 577f.

"Unter Motiven werden relativ überdauernde individuelle Anliegen verstanden, die sich im Laufe der Lerngeschichte herausbilden."[22]

Ein Motiv oder oft die Bündelung verschiedener, unterschiedlich starker Motive ist Voraussetzung für die Motivation zu einem bestimmten Verhalten.

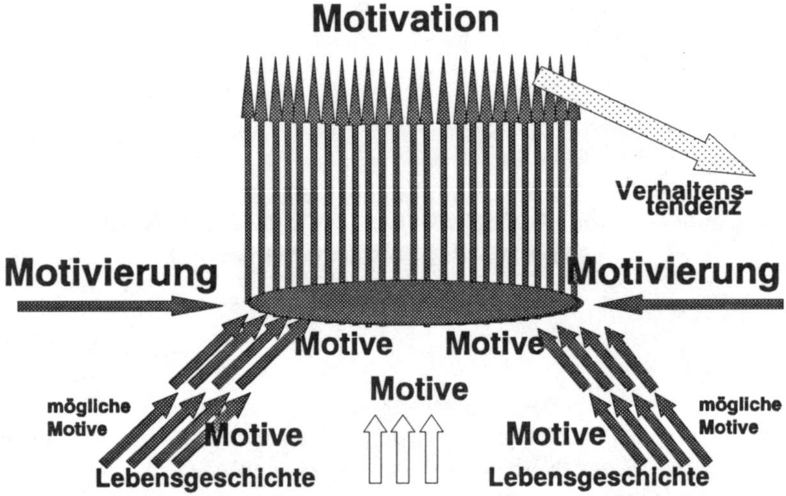

»Motivierung« kann die Bündelung und/oder Verstärkung vorhandener und/oder die Schaffung/Zuführung weiterer Motive bedeuten.

Motive *entwickeln* sich im Laufe des Lebens eines Menschen, können sich verändern oder wieder vergehen. Wirksam sind hierbei in gegenseitiger Beeinflussung Faktoren wie z.B. genetische Anlagen, das jeweilige Lebensalter, Umwelteinflüsse.

[22] Domke 1991, S. 124

Dementsprechend entspringen auch die Motive, die Beweggründe für Lernen darstellen (Lernmotive), der ganzen Vielfalt menschlicher Motivbereiche.

Glöckel führt hierzu an[23]:

- *biologische Grundlagen (Vitalität, Gesundheit, Nahrung, Schlaf, Hygiene, Pausen...)*
- *Gewöhnungen (entlastende Routine, Ordnungen des Alltags und der Arbeit, selbstverständlich gewordene Erwartungen...)*
- *Funktionslust (Selbertun, Handeln, Spielen, Tätigkeitswechsel...)*
- *Schaffensfreude (Herstellen und Bewirken, Urheber sein...)*
- *Erfolg (Erlebnis des Gelingens und Könnens, des Wachsens über Teilerfolge hinweg als ein zentrales Motiv junger Menschen)*
- *Bestätigung (Anerkennung durch andere, Lob, Selbstbestätigung...)*
- *sozialer Bezug (Nachahmung, Zusammenarbeit, Helfen, Wetteifer, Übernahme von Verantwortung, Gruppenbezug und -druck...)*
- *Gesamtatmosphäre (Geborgenheit, Sicherheit, heiter-geordnete Grundstimmung, sachliche und menschliche Anregung...)*
- *Zweckeinsicht (Wissen um Nutzen und Notwendigkeit des Lernens, Einbezug in die Lebensplanung, Vermeidung von Nachteilen oder Sanktionen...)*
- *Selbstwertgefühl (Ernstgenommen-Werden, Mitsprache, Freiwilligkeit, Selbstanspruch, Verantwortung, Pflichtgefühl...)*
- *Sachinteresse (Neugier, Abwechslung, Überraschung, persönliche Nähe, Betroffenheit, Erlebnis des Verstehens, der Horizonterweiterung, der geistig-seelischen Bereicherung...)*

2.3 Weitere Differenzierungen zum Problemfeld »Motivation«

Über die dargelegte grundlegende Unterscheidung der Begriffe »Motiv«, »Motivierung« und »Motivation« hinaus gibt es noch weitergehende Differenzierungen:
Neben der »primären Motivation«, deren Antriebe auf physiologische Bedürfnisse (z.B. Hunger, Durst), und der »sekundären Motivation«, deren Anregungen auf psycho-soziale Bedingungen (z.B. Einsamkeit) oder auf

[23] Glöckel 1990, S. 291

Folgen von Lernprozessen bei der Befriedigung primärer Bedürfnisse zurückgeführt werden, werden besonders die *Lern-* und die *Leistungsmotivation* begrifflich getrennt. Während unter »Lernmotivation« die Bereitschaft zur Auseinandersetzung mit der Welt durch Lernen verstanden wird, beinhaltet »*Leistungsmotivation*« den generellen Willen, Leistung zu erbringen (qualitativ oder/und quantitativ), oder, wie in neueren kognitiven Ansätzen vermutet wird, das Streben, Informationen über die eigene Tüchtigkeit zu erlangen oder zu vermeiden. *Heckhausen* definiert Leistungsmotivation als "das Bestreben, die eigene Tüchtigkeit in all jenen Tätigkeiten zu steigern oder möglichst hoch zu halten, in denen man einen Gütemaßstab für verbindlich hält und deren Ausführung deshalb gelingen oder mißlingen kann", wobei sie "in zweierlei Hinsicht näher zu bestimmen [ist], nach dem Grad ihrer Ausprägung und nach ihrer vorwiegenden Gerichtetheit auf zwei verschiedene Klassen künftiger Ereignisse, nämlich Hoffnung auf Erfolg oder Furcht vor Mißerfolg."[24] Diesbezüglich nimmt er an, "daß mittlere Schwierigkeitsgrade, bei denen ein Erfolgs- oder Mißerfolgsausgang ungefähr gleich wahrscheinlich ist, den höchsten Motivationswert haben ..."[25]

Im Rahmen der schulischen Lernmotivation wird der Leistungsmotivation faktisch die zentrale Relevanz zugemessen, was auch darin zum Ausdruck kommt, daß *Heckhausen* "die Dosierung eines mittleren Erreichbarkeitsgrades" für "das *bedeutendste* (Hervorhebg. d. Verf.) Mittel der Schule, die Lernmotivierung des individuellen Schülers in einer gegebenen Unterrichtssituation zu steigern"[26], hält. Fragwürdig ist allerdings, ob und inwieweit dies bei schulischem Lernen wirklich gerechtfertigt ist! Als Gegenvorschlag proklamieren z.B. *Schiefele* u.a. - in pädagogisch intendierter Schwerpunktsetzung gegen die Dominanz der Theorie der Leistungsmotivation - "Interesse" als "Leitbegriff einer alternativen pädagogischen Theorie", da ihrer Ansicht nach "die psychologische Theorie der Leistungsmotivation dort aufhört, Antworten zu geben, wo pädagogisch

---

[24] Heckhausen 1972, S. 194f.
[25] ebd.
[26] ebd., S. 195f.

grundlegende Fragen nach Normen und Zielen und den ihnen entsprechenden Inhalten und Handlungsweisen gestellt werden."[27]

Sicherlich kann die Leistungsmotivation ein potenter Faktor der meist multikausalen Lernmotivation sein - und ist deshalb zu berücksichtigen -, gleichwohl ist Lernmotivation auch ohne sie, z.B. aus Neugier, Interesse... möglich, ja sie kann gar im Gegenteil begründet sein, nämlich wenn Lernen dem Vermindern und Vermeiden von anderen, sonst unausweichlichen Anstrengungen dienen soll. Auch in all den Fällen, in denen die Leistungsmotivation eine wirksame Unterstützung der Lernmotivation darstellt, ist sie nicht unumstritten. Sie bedarf jedenfalls gründlicher Reflexion (z.B. Sinn der Leistung?), sollte bei der Beurteilung den ganzen Menschen berücksichtigen und deshalb nicht nur kognitive, sondern auch physische, soziale und emotionale Leistungsaspekte umfassen.
Von der Lernpsychologie und insbesondere im schulpädagogischen Bereich wird die Lernmotivation häufig noch nach *extrinsich* (sachfremd) bzw. *intrinsisch* (sachbezogen) differenziert. "Aufgabenbezogen oder intrinsisch motiviert ist ein Lernender, der ein Problem oder eine Lernsituation in sich als spannend, herausfordernd erlebt und der seine Befriedigung schließlich in der Bewältigung oder Lösung der Aufgabe findet."[28]
Extrinsische Motivation basiert dagegen auf einem sachexternen Aspekt, der Lernende verfolgt - bewußt oder unbewußt - ein »anderes« Ziel (z.B. Lob, Taschengeld...). Extrinsische Motivationsvariablen im Unterricht können nach *Heckhausen* z.B. Bedürfnis nach Identifikation mit dem Erwachsenenbild, Bedürfnis nach Zustimmung, Bedürfnis nach Abhängigkeit von Erwachsenen, Bedürfnis nach Geltung und Anerkennung in den Augen des Lehrers und/oder der Mitschüler, Bedürfnis nach Strafvermeidung[29] sein. Im Vergleich wird die intrinsische Lernmotivation als besonders wertvoll erachtet, da sie zu relativ dauerhaftem Lerninteresse (bezogen auf den Lerngegenstand) zu führen vermag. Hier besteht die große Wahrscheinlichkeit der Initiierung einer über den unterrichtlichen Anspruch hinausreichenden, selbständigen, unter Umständen lebenslangen Lernbe-

---

[27] Schiefele/Hausser/Schneider 4/1979, S. 1-20
[28] Skowronek 1970, S. 16
[29] Heckhausen, in Roth (Hrsg.) 1972, S. 196

reitschaft und -aktivität. Intrinsische Lernmotivation kann von der Schule dann bewirkt werden, wenn es ihr gelingt, das Interesse der Schüler aufzugreifen oder zu wecken, z.B. durch Aktualität, Überraschung, Sinnklarheit, Lebensnähe...

Die extrinsische Lernmotivation wird wegen ihrer *möglichen* negativen Effekte auf die Lerninteressen und das Lernverhalten (z.B. der Lerneifer erlischt sofort nach der Prüfung oder der erhofften Belohnung oder der erfolgreichen Vermeidung der Strafe) geringer geschätzt, ihre Bedeutung im Unterricht darf jedoch nicht ignoriert und auf ihre Möglichkeiten kann nicht generell verzichtet werden.[30]

Schule sollte sich zwar unter dem Aspekt der Lebenshilfe (Gegenwart und Zukunft) so weit wie möglich bevorzugt um intrinsische Motivationshilfen bemühen - auch um die Entwicklung der Selbstbestimmung ihrer Schüler zu fördern -, *wenn nötig*(!) aber auch extrinsische Motivationen nützen, zumal, wie *Heckhausen* unseres Erachtens zutreffend

[30] Schließlich gilt es zu bedenken, daß bei extrinsisch motiviertem Lernen durchaus sachbezogenes Interesse und damit intrinsische Motivation entstehen *kann*.

betont, "...Lernmotivierungen keineswegs ausschließlich auf intrinsischen Bedingungsvariablen, sondern in der Regel auf einem Wechselspiel zwischen intrinsischen und extrinsischen beruhen."[31]

Zu ergänzen ist an dieser Stelle, daß *Schiefele* u.a. im Problemzusammenhang mit ihrem Interessenkonzept die Unterscheidung von intrinsischen und extrinsischen Motiven als unnötig erachten, weil eine "kognitiv-emotional intendierte Entscheidung ... sich auf Beweggründe der Person und Ansprüche der Umwelt in gleicher Weise" bezieht, weil das "Handeln ... sich an Subjekt-Situations-Mustern" orientiert und demzufolge innere und äußere Gründe "nicht voneinander zu trennen"[32] sind.

Einem möglichen Mißverständnis soll an dieser Stelle noch vorgebeugt werden:
Intrinsische Lernmotivationen und extrinsische Motivierungsversuche addieren sich *nicht zwangsläufig* zu einer höheren Gesamtmotivation. Leider zu wenig bekannte Ergebnisse der modernen Motivationsforschung weisen darauf hin, daß sich intrinsische und extrinsische Motivationen gegenseitig beeinträchtigen können. So zeigt ein Versuch von *Kruglanski* u.a.[33] deutlich die *Möglichkeit* der Reduktion vorhandener intrinsischer Motivation durch *zusätzliche* extrinsische. Auch die unterrichtliche Erfahrung zeigt, daß nicht selten Schüler auf zusätzliche sachfremde Anreize mit einem Einbruch des sachbezogenen Interesses reagieren und dabei die *Gesamt*motivation sogar unter das Ausgangsniveau sinken kann.

---

[31] Heckhausen 1972, S. 197

[32] Schiefele/Hausser/Schneider 4/1979, S. 8

[33] Kruglanski 8/1972, 493-501. Für die Teilnahme an einem Spiel erhielt die Hälfte der Kinder eine Belohnung (extrinsisch). Die anschließende Befragung ergab, daß die belohnten Kinder die Freude am Spiel deutlich geringer empfanden als die nicht belohnten Kinder. Augenscheinlich hatte das Interesse an der Belohnung das sachbezogene (intrinsische) Interesse am Spiel selbst reduziert.

3. Das Unterrichtsprinzip der ganzheitlichen Motivierung

3.1 Anmerkung zum richtigen Verständnis

Der Schüler kann nur dann erfolgreich lernen, wenn ausreichend starke Lernmotive vorhanden sind. Von ihnen hängt der Erfolg der unterrichtlichen Bemühungen jedes Lehrers wesentlich ab. Nun wäre es allerdings falsch und pädagogisch verantwortungslos, die Ursache für möglicherweise fehlende Motivationen allein in der Person des Schülers zu begründen und leichthin als »unveränderliche Disposition« zu akzeptieren. Eine der wichtigsten Aufgaben der Schule ist eben die Berücksichtigung vorhandener und die Ermöglichung des Erwerbs neuer Motive, denn: "Die Beziehung zwischen Motivation und Lernen ist wechselseitig: Lernen ist motiviert und Motive werden gelernt."[34] Da unsere Kinder und Jugendlichen, um in ihrer Umwelt möglichst gut zurechtzukommen, naturgemäß einen großen Teil ihrer Aktivitäten in Form natürlichen Lernens auf die Aufnahme von Informationen aus dieser Umwelt und deren Verwertung richten, können sie als in natürlichen Situationen spontan zum Lernen motiviert gelten.

Hier hat die Schule anzuknüpfen, sie "...hat die Motivation für das Lernen in Gang zu halten und laufend zu erneuern (...)."[35] Zu intendieren sind hierbei eine generelle Lernbereitschaft ebenso wie die Weckung besonderer Neigungen und Interessen (fach-, sach-, problem- ... bezogen).

Die allgemeine Lernbereitschaft und spezielle Interessen *"... sind einerseits Voraussetzung, andererseits aber auch Ergebnis von Unterricht und somit Lernziele von eigener Art und besonderem Rang. Anfangs- und Endmotive sind häufig verschieden.*

[34] Schiefele 1974, S. 91
[35] Roth 1969, S. 60

Als Fernziel aller Unterrichtsarbeit gilt

- *eine Dauergestimmtheit der Lernbereitschaft, erwachsen aus der immer neuen Erfahrung, daß Lernen Freude macht, Bereicherung bringt, aufwärts führt,*
- *bleibende Interessen an möglichst vielen Sachgebieten über die Schulzeit hinaus,*
- *somit ein Unabhängigwerden von Fremdsteuerung durch immer neue, von außen gesetzte Lernanreize."*[36]

Auf dem langen und mühsamen Weg zur Erlangung dieses Fernziels brauchen die Schüler immer wieder verschiedene, den ganzen Menschen berücksichtigende Motivationshilfen. Zum einen befinden sich die Heranwachsenden im Lebens- und Lernraum Schule in einer relativ künstlichen, durch organisatorische Notwendigkeiten reglementierten und damit eingeengten Lebens- und Lernsituation, zum anderen wird es der Schule selbst bei entsprechender Bemühung nicht immer gelingen, ihnen dort, wo nicht schon von selbst starkes Interesse besteht, den Sinn und Wert des geforderten Lerninhalts einsichtig zu machen.
Der Lehrer als Lernhelfer hat also die wichtige Aufgabe, vorhandene Motivationen zu erhalten oder bei Defiziten ihren Aufbau zu ermöglichen und zu unterstützen[37] und damit zielgerichtete Lernprozesse zu initiieren. Dabei ist stets auch über die Legitimation der zu unterstützenden oder aufzubauenden Motive nachzudenken und sie sollten, um sie nicht nur bloßer Beliebigkeit entspringen zu lassen, an dem in unserer Gesellschaft vorrangigen Erziehungsziel der Mündigkeit gemessen werden.[38]
Diesem Ziel dient auch die pädagogische Forderung, daß Motivationshilfen "...nicht Selbstzweck werden dürfen, sie sollen sich im Laufe der Zeit selbst überflüssig machen."[39]

---

[36] Glöckel 11/1989, S. 492
[37] durch guten Unterricht, durch Aufgaben, die gelöst werden können, ...!
[38] vgl. Schiefele 1974, S. 105ff.
[39] Glöckel 1990, S. 291

3.2 Die Motivierung im Prinzipienverbund

Die Beachtung des Prinzips der ganzheitlichen Motivierung unter gleichzeitiger Nichtbeachtung anderer Unterrichtsgrundsätze kann selbstverständlich ebensowenig einen dauerhaften Unterrichtserfolg gewährleisten, wie die alleinige Beachtung eines der anderen Unterrichtsprinzipien. Erst im Verbund mit den anderen Grundsätzen kann dieses wichtige Prinzip seine volle Wirkung entfalten. Verdeutlicht werden soll dies am Beispiel der Differenzierung[40].

Eine der vorrangigsten Intentionen der Differenzierung ist die Förderung des Lernens durch die Berücksichtigung der Lernvoraussetzungen. An diesen orientiert, gibt es die Formen der *äußeren* (nach Schularten) und der *inneren* (im Unterricht der Klasse) Differenzierung.

Nun wird besonders der "Mangel an innerer Differenzierung des Unterrichts in der Mehrzahl unserer Schulen" von *Klafki* und *Stöcker* als einer "der wichtigsten Faktoren dafür, daß Schulunterricht so oft übergreifende Lernmotivationen oder Interessen geradezu verschüttet"[41], angenommen. *"Es spricht vieles für die Vermutung, daß etliche Schüler im undifferenzierten Unterricht nicht auf der Basis ihrer jeweiligen Ausgangsbedingungen und -möglichkeiten angesprochen werden, zu selten - im wörtlichen und im übertragenen Sinne des Wortes - »drankommen«. Eben dieses »zum Zuge kommen« ist aber wahrscheinlich ein entscheidender Bedingungsfaktor für die Entwicklung oder Aufrechterhaltung von Lernmotivation. Solche Schüler erfahren zu selten Bestätigung im Sinne sachbezogener Erfolgserlebnisse, kaum differenzierte, den Lernvorgang unterstützende Rückmeldung darüber, was sie können und was sie noch nicht können bzw. wie sie vorankommen, und wenig individuelle Zuwendung; damit fehlt auch die Erfahrung, daß Lehrer und Mitschüler sich individuell für ihren Lernprozeß im Unterricht interessieren".*[42]

Folgt man dieser Annahme, so ist unter dem Gesichtspunkt der Lernmotivation eine stärkere Berücksichtigung der inneren Differenzierung des Unterrichts unverzichtbar.

---

[40] vgl. Seibert, S. 96ff.
[41] Klafki/Stöcker 1976, S. 519
[42] Klafki/Stöcker, ebd., S. 520

3.3 Die motivationale Relevanz des kindlichen Fragebedürfnisses

"Ein Lehrer vor der vielköpfigen Klasse in der Regelschule unserer Zeit kann im Normalfall nur annäherungsweise die Interessenlagen der zusammengefügten Sozietät treffen, einigermaßen gut sicherlich nur bei einer bescheidenen Teilmenge. Wenn es sich nun aber einerseits so verhält und andererseits zutrifft, daß nur dann Bleibendes gelernt wird, wenn wir »by heart« lernen, dann müßte der Lehrer an denjenigen Stellen verweilen, an denen die Fragen der Kinder aufbrechen. (...)Wenn es daher der eigentliche Zweck der Schule ist, Kinder zu bilden, dann müßte sie auch ihr Augenmerk auf das kindliche Interesse richten und demgegenüber alle anderen Rücksichten zurückstellen...".[43]

Schülerfragen ist Motivation immanent, sie häufiger zu vernachlässigen oder gar zu übergehen bewirkte die Destruktion *vorhandener* und intensiv-aktueller Lernantriebe und wirkte sicher negativ über sie hinaus. Der »erste Schritt« des Lehrers in seinem Bemühen um das Ziel ganzheitlicher Motivation beim Schüler muß der Berücksichtigung vorhandener Schülerfragen dienen.

Bislang werden im Unterricht (zu) viele Fragen vorgegeben, also Kinder in ihrer Selbständigkeit unterschätzt oder mißachtet, und Antworten auf Fragen gesucht, die von den Schülern nie oder nicht so gestellt würden (der Sinn und Wert auch vorgegebener Fragen sei hierdurch nicht in Frage gestellt!). Diese Nichtbeachtung vorhandener Schülerinteressen bedeutet nicht nur vertane Chancen der Nutzung gegebener Motivationen, sondern kann zudem als Demotivierung wirken und die Entwicklung von Selbständigkeit beeinträchtigen. Kinder aber, die zur Unselbständigkeit erzogen werden, zeigen häufig eine unterentwickelte Lernbereitschaft.[44] Ihr Selbstvertrauen ist gering und sie erwarten meist Impulse von außen.

Normalerweise verfügen Kinder über eine dem Menschen ursprüngliche, natürliche Fragehaltung[45] und wenden sich an die Erwachsenen. Lernen beginnt unmittelbar dort, wo das Kind die Grenzen seiner bisherigen Erfahrungswelt erfährt, wo es mit seinem bisherigen Denken und Wissen

---

[43] Vierlinger 8/1990, S. 348
[44] vgl. Winterbottom 1958 sowie: Rosen/D'Andrade 22/1959, S. 185-218
[45] siehe hierzu auch Straus 2/1953, S. 139-153, bes. S. 139

nicht mehr weiter weiß, d.h., wo Probleme erkannt werden. Hier stellen sich Fragen ein, mit denen das Kind ganz natürlich sein Verständnis der Lebenswirklichkeit zu erweitern und zu vertiefen versucht.

Ohne nun den didaktischen Wert überlegt gestellter Lehrerfragen[46] grundsätzlich anzweifeln zu wollen, bleibt festzustellen, daß im traditionellen Unterricht sich in oftmals absurder Weise der Schüler in der Rolle des *überwiegend Be*fragten befindet. Das Kind hat permanent darauf zu *re*agieren und Antworten überwiegend als *Nachweis für bereits Gelerntes* zu geben. Indem der Lehrer durch zu viele Fragen das Interesse der Schüler dominiert und ihr Denken gängelt, fördert er die Destruktion ihrer Motivation. Untersuchungen von *Tausch/Tausch* ergaben, daß bei durchschnittlich 30 Kindern je Schulklasse und fünf Unterrichtsstunden täglich im Mittel ein Schüler nur eine Frage pro Tag an den Lehrer richtete, wogegen der Lehrer binnen drei Unterrichtstagen im Schnitt mehr als 800 Fragen an die Schüler der Klasse stellte. In 30 Prozent der untersuchten Unterrichtsstunden konnten *keine* Schülerfragen registriert werden![47] Hier gilt es zu bedenken, "daß im extremen Frageunterricht Schüler zwar beständig Antworten parat haben sollen, aber nur selten Gelegenheit erhalten, ihre Antworten loszuwerden. Dies ist entmutigend und begünstigt Unlust und Störverhalten. Fragen, die in ihrer besten Form als Impulse das Interesse wecken, führen hier zum Gegenteil".[48] Abwehr und die Weigerung zu lernen sind die häufige Folge derartiger Mißachtung anderer wichtiger Unterrichtsprinzipien, nämlich der *Schülerorientierung* und *Differenzierung*. Jedes Motivierungsbestreben wird widersinnig, wenn der Lehrer im Unterricht die Fragen der Kinder, das, was ihnen »auf den Nägeln brennt«, vernachlässigt, statt einbindet, und ihnen überwiegend etwas Bedürfnisfernes abverlangt.

Das kindliche Fragebedürfnis besitzt also höchste motivationale Relevanz, ihm ist unbedingt Rechnung zu tragen, indem der Lehrer z.B. Schülerfragen aufgreift und sie nach Möglichkeit bei der weiteren Unterrichtsgestaltung einbezieht. Darüberhinaus sollte die Bereitschaft (Fragehaltung) und

---

[46] siehe zur Diskussion der Lehrerfrage die Ausführungen, z.B. von Hehlmann 1960, S. 154 sowie Aebli 1976, bes. S. 218f. sowie Hage 1985, bes. S. 36/47/73

[47] Tausch/Tausch 1970, S. 210

[48] Domke 1991, S. 48f.

die kreative Fähigkeit zum »Finden« von Fragen verstärkt gefördert werden.[49] Dazu müßte sich manches an der bisherigen Art der Unterrichtsführung ändern, z.B. wären offenere Lernwege zu wählen und mehr explorative Freiheiten zu gewähren.
"Fragen tauchen aus der freien Beschäftigung mit Sachverhalten auf und führen zur Beschäftigung mit weiteren Sachverhalten bzw. zu weiteren Fragen. Dem Syndrom »Der Lehrer fragt uns, wir müssen lernen, um ihm zu antworten« muß entgegengewirkt werden zugunsten des je eigenen Interesses ... ."[50] *Aeblis* begründeter Bedeutungszuerkenntnis der *didaktischen*, durch den Lehrer unter dem »Prinzip der minimalen Hilfe«[51] gestellten *Frage* als "eines der wichtigsten Mittel der Leitung der geistigen Arbeit des Schülers"[52] gilt es stets den Hinweis auf den besonderen Wert der *interessierten Schülerfrage*[53] an die Seite zu stellen.

4. Fundamente ganzheitlicher Motivierung im Unterricht

4.1 Relativierung

Die oben aufgestellten Forderungen skizzieren ein theoretisches *Ideal*, das in der Realität bei allem Bemühen niemals vollkommen zu verwirklichen sein wird, an dem sich der Lehrer in der Praxis aber zu *orientieren* hat. Patentrezepte können nicht ausgestellt werden. Bereits beim Bemühen um eine umfassende Eruierung der Interessenlage(n) der Schüler stoßen wir an Grenzen, die ein unscharfes »Bild« bedingen und damit seine Berücksichtigung mehr oder weniger »riskant« machen. *Absolute* Erfolgssicherheit kann es somit nicht geben. Ebensowenig ist es möglich, für jede der so verschiedenartigen Unterrichtseinheiten und all die darin möglichen Lernschritte die jeweilige motivationale Gestimmtheit jedes Schülers zu erfassen

---

[49] Hinweisen möchten wir an dieser Stelle auf den sehr hilfreichen Aufsatz von Karbaumer 11/1989, S. 489-491
[50] Karbaumer ebd., S. 491
[51] siehe hierzu Aebli 1983, S. 300ff.
[52] Aebli 1976, S. 219
[53] keine Scheinfragen, keine Fragen um des Fragens willen, keine Ablenkungsfragen ...!

und sich folgerichtig *immer* für die sinnvollste pädagogische und didaktisch-methodische Vorgehensweise zu entscheiden.

Der Lehrer wird daher nicht umhin kommen, Entscheidungen zu treffen und Schwerpunkte zu setzen. Er wird sich um »Problemfälle« besonders und gezielt bemühen, wobei es sich kaum vermeiden lassen wird, die Schüler, je nach Gesamtsituation, mehr oder weniger differenziert zu »typisieren«. Letzteres ist nicht unproblematisch, das sollte man stets bedenken, aber im beruflichen Alltag wird es, realistisch betrachtet, nicht möglich sein, auf diese Entscheidungshilfen gänzlich zu verzichten. Wichtig ist daher auch, daß sich der Lehrer der häufig recht lückenhaften und subjektiven Einschätzungs- und damit Entscheidungsgrundlagen bewußt ist und sich in Konsequenz, soweit leistbar, um bestmögliche Schülerkenntnis bemüht, die Eventualität eigener vorgefaßter Meinungen und Fehlurteile selbstkritisch reflektiert und nötigenfalls zu ihrer Revision bereit ist.

4.2 Gestaltung der Eingangsmotivierung

Dem Beginn einer Unterrichtsstunde wird eine besondere Motivierungsrelevanz zugesprochen. Hier fällt nicht selten die Entscheidung über Erfolg und Mißerfolg der sich anschließenden Bemühungen. *Roth* bezeichnet daher in seinem Artikulationsschema den ersten Unterrichtsschritt als "Stufe der Motivation".[54] Diese »Eingangsmotivation« soll die Schüler und ihr Vorwissen aktivieren, indem sie einen interessanten Unterrichtsbeginn bietet, der entweder an vorhandene Kenntnisse der Schüler und damit verbundene Interessen anknüpft oder Interesse, ja Neugier auf das neue Unterrichtsthema weckt und eine zügige Sachbegegnung ermöglicht.

Neugier "ist der Grundtrieb des Lernens überhaupt. Sie bildet den Antrieb, die Motivation, bei behutsamem Heranführen oder in entsprechend vertrauter »Verpackung« auch einen fremden, unbekannten Stoff aufzunehmen, ihm Aufmerksamkeit zu widmen und geeignete Assoziationen für ihn zu

[54] vgl. Roth 1970, S. 223

suchen."[55] Dem Thema, bzw. seinem Lebensbezug sollte ein Aufforderungscharakter für die Schüler innewohnen. Dazu sollte sich der Lehrer bemühen, den Schülern den Sinn und die Bedeutung des Lernstoffes für ihr gegenwärtiges und/oder künftiges Leben weitmöglichst einsichtig zu machen, indem Zusammenhänge verdeutlicht werden. "Aufmerksamkeit und Einordnung für einen neuen, fremden Stoff bleiben aus, wenn man ihn nicht so aufbaut, daß zunächst einmal der größere Zusammenhang, der ihm seinen Sinn gibt, aufgezeigt wird."[56]
Um den Sinn des Themas nicht zu verschleiern, ist unbedingt darauf zu achten, daß die Eingangsmotivation - sofern z.B. keine originale Begegnung möglich sein sollte - einen klaren inhaltlichen Bezug zum anstehenden Problem erkennen läßt. Das Problem sollte von den Schülern als lösbar eingeschätzt werden können, und zwar lösbar kraft eigenen oder gemeinsamen Bemühens und nicht durch das »Vorkauen« des Lehrers.

Empfehlungen für die Praxis:

- Wähle, soweit möglich, lebens- bzw. erfahrungsnahe (schülerorientierte) Themen!
- Konfrontiere mit aktuellen Ereignissen und Problemen in pädagogischen Situationen! (z.B. Kostenberechnung für Schullandheimaufenthalt)!
- Suche die originale Begegnung!
  Die Konfrontation des Schülers mit dem Unterrichtsgegenstand sollte, wo möglich und sinnvoll, in Wirklichkeit erfolgen (z.B. am Schulbiotop). Ist dies nicht möglich (nicht vorhanden, Zeitaufwand...), so kann sie auch stellvertretend z.B. durch die eigene gedankliche Vorstellung (z.B. Erinnerung: Als du einmal krank warst....) stattfinden.
- Biete (sachbezogene !) Überraschungsmomente an!

---

55 Vester 6/1984, S. 303
56 Vester 3/1981, S. 89f.

Überraschung kann z.B. durch Tatsachen, die im Widerspruch zur Erfahrung oder zum vermeintlichen Wissen der Schüler stehen, erzielt werden. Das bewirkte Staunen und die in der Regel darauf folgende Neugier motivieren zur Lösung des Problems. Überraschungsmomente können z.B. Umfrageergebnisse, Lesegeschichten, Trickspiele, Rechentricks und besondere Experimente sein.

- Verzichte auf zeitaufwendige Eingangsmotivierung, wenn themenbezogene Motivation erkennbar bereits vorhanden ist (diese Zeit könnte im Verlauf der Stunde sinnvoller verwendet werden, z.B. zur Verlaufsmotivation, Vertiefung, Übung)!
- Wecke keine überhöhten Erwartungen, die später nicht erfüllt werden können!
- Motiviere soweit möglich intrinsisch!
- Prüfe kritisch, ob zusätzliche extrinsische Motivierung *wirklich* nötig ist!
- Nütze die Freude am Tun!
- Berücksichtige spontane Schülerinteressen!
- Schaffe Spielsituationen im Unterricht!
  Spielsituationen sind auch zu Beginn einer Lernsequenz zur Motivierung sowohl im kognitiven als auch im physischen, sozialen oder emotionalen Bereich sehr geeignet. Kinder sprechen zumindest bis zur beginnenden Pubertät meist allgemein sehr gut auf Spielsituationen an.
- Schaffe Entscheidungssituationen!
- Prüfe, ob wichtige Hygienefaktoren (z.B. frische Luft, richtige Raumtemperatur, gutes Licht, mitmenschliche Beziehungen...) gewährleistet sind!
- Beachte andere motivationsrelevante Unterrichtsprinzipien!

Die Eingangsmotivierung soll zeiteffektiv das Interesse, die Aufmerksamkeit und, soweit gegeben, das Vorwissen der Schüler am Stundenanfang aktivieren und sie zur Auseinandersetzung mit dem neuen Thema bereit machen. Die Einführungsphase muß über die Fragen der Schüler zur Zielorientierung bzw. Zielangabe (Thema) führen und eine oder einige Kernfragen herausfiltern.

Gelingt es nicht schon zu Beginn, die Schüler für das Thema zu interessieren, so ist erfahrungsgemäß die Chance gering einzuschätzen, ihr Interesse dafür später noch gewinnen zu können!
Allerdings erweist sich diese anfängliche Motivation selten als für die gesamte Dauer der Stunde, für alle Lernschritte ausreichend. Aber: "Jeder Lernschritt muß motiviert sein"[57], dies gilt im Verlauf und am Ende der Unterrichtsstunde noch ebenso wie am Anfang.[58]
So wichtig es oft sein mag, den Schülern zu Beginn einer Unterrichtsstunde sinnvolle Hilfen zum Motivationsaufbau anzubieten, so *unverzichtbar* ist es gleichzeitig, den *gesamten* Lernprozeß möglichst motivierend zu gestalten. Also:
Nicht nur zu Beginn, sondern auch im Verlauf der Unterrichtsstunde sind Motivationshilfen bedeutend (*Verlaufs*motivation)!

4.3 Motivierung im Verlauf der Unterrichtsstunde

Selbst wenn die Eingangsmotivierung gut gelungen ist, wird möglicherweise im Verlauf des Unterrichts die Aufmerksamkeit einiger oder gar aller Schüler mehr oder weniger nachlassen und der Lehrer wird versuchen müssen, seine Schüler wieder neu zu motivieren. In diese Situation kommt wohl jeder Lehrer immer wieder. Je eher er des Problems gewahr wird, desto erfolgreicher wird er darauf reagieren können. Erkennbar wird das Problem z.B. durch nachlassende aktive Mitarbeit der Schüler, durch zunehmende Unruhe (Reden, Zappeln ...) durch sachfremde Beschäftigungen, durch Träumen mit offenen Augen (z.B. reaktionsloser Blick).

Vielfältige Maßnahmen sind möglich, um die Motivation der Schüler zumindest kurzfristig wieder zu verstärken, keinesfalls aber sollte der Lehrer Symptome schwindender Motivation einfach ignorieren. Es ist auch wenig sinnvoll, nur an die Schüler zu appellieren und sie zur Aufmerksamkeit zu ermahnen (z.B. »Paßt doch auf!« oder »Nun reißt euch doch zusammen!«),

---

57 Roth 1970, S. 226
58 Aus diesem Grunde - und um Mißverständnissen vorzubeugen - sollte grundsätzlich zwischen der Eingangsphase einer Unterrichtsstunde und ihrer motivierenden Intention unterschieden werden.

ohne die Hilfe dazu durch ein neues Motiv, also einen neuen Anreiz zu geben; denn "ein Wollen ohne alle Motive, ein Wollen also um des Wollens selbst willen (...) halten wir immer nur ganz kurze Zeit durch"[59]. Gut ist es, wenn sich der Lehrer schon bei seiner Unterrichtsvorbereitung nicht nur Gedanken über die Einstiegsmotivierung, sondern auch über Möglichkeiten der Motivierung im weiteren Verlauf der Unterrichtsstunde gemacht hat und geeignete zusätzliche Motivierungsmöglichkeiten entweder vorbeugend fest eingeplant hat oder sie zumindest bereithält. In jedem Fall muß sich der Lehrer, soweit jeweils erforderlich, auch um fortlaufende Motivationshilfen für die Schüler bemühen und sich bei mangelnder oder nachlassender Beteiligung nach den möglichen Gründen fragen.

Gründe für mangelnde, nachlassende oder fehlende Unterrichtsbeteiligung können z.B. sein:

- Atmosphäre an der Schule/in der Klasse,
- psychische Merkmale des Lehrers (z.B. Phlegma, Introversion),
- Führungsstil des Lehrers (z.B. Dominanz, Intoleranz, Distanz),
- Unter-/Überforderung[60],
- Die Mißachtung wichtiger weiterer Unterrichtsprinzipien (z.B. Differenzierung, Selbsttätigkeit, Anschaulichkeit),
- der Themenbereich,
- die Problemstellung (sinnvoll?, verständlich?, zu schwierig?...),
- Ausbleiben von Erfolg,
- Ausbleiben von Anerkennung und Zuwendung,
- methodisch eintöniger Unterricht,
- Mangel an innerer Leistungs- und Interessendifferenzierung,
- fehlender Neuigkeitsgehalt des Themas,
- unbefriedigte Primärbedürfnisse (z.B. Müdigkeit, Hunger, Bewegungsdrang,...),
- Konkurrenz oder Dominanz anderer Motive,
- störende Umwelteinflüsse (Lichtverhältnisse, Sauerstoffmangel, zu hohe oder zu niedrige Temperatur, schlechte Akustik),

---

[59] Neudert 5/1981, S. 9

[60] vgl. Heckhausens Plädoyer für einen "mittleren Erreichbarkeitsgrad", dieses Kapitel, S. 176

Ob und wie lange die Schüler dem Unterricht interessiert und konzentriert folgen (können), hängt (u.a.) wesentlich von den Motivationshilfen des Lehrers ab.
Wichtig zu beachten wären z.B.

- tragende Fragestellungen (möglichst von den Schülern!),
- Berücksichtigung von Handlungsmöglichkeiten,
- sinnvoller (folgerichtiger) Stundenverlauf,
- klare Strukturierung,
- gründliche und - soweit möglich - vernetzte Bearbeitung des Themas,
- den Schülern angemessenes Tempo,
- Rhythmisierung,
- Verdeutlichung von Teilerfolgen,
- Sicherung auch von Teilergebnissen,
- Rückschau auf den geschafften »Weg«,
- Erfolgsbilanz,

Das Prinzip der Motivierung sollte, das sei nochmals ausdrücklich hervorgehoben, als Hilfe, wo und soweit Hilfe nötig ist, verstanden werden und damit entsprechend den je *eigenen* Antriebskräften der Schüler wohldosiert sein. Überdosierungen wirken leicht kontraproduktiv und nehmen den Schüler in seiner sich (zu) entwickelnden Eigenständigkeit und Selbstverantwortung nicht ernst. Die Förderung der Lernmotivation bedeutet kein trickreiches Verhätscheln und Ködern der Schüler, sondern eine Unterstützung auf ihrem Wege zum mündigen Erwachsenen.

4.5 Grenzen unterrichtlicher Motivierung

Im Lebens- und Lernraum Schule befinden sich die Kinder in einer zwar nicht gänzlich, aber doch relativ künstlichen, durch organisatorische Notwendigkeiten reglementierten und damit eingeengten Lebens- und Lernsituation, die den bewußten Einbau motivierender Momente in die unter-

richtliche Lernsituation durch den Lehrer notwendig macht. Allerdings "... entstehen Motivationen in ihrer Grundstruktur schon sehr früh im Rahmen der frühen Sozialisation. Sie beruhen selbst auf Lernen und Erfahrung."[61] Hier hat der Lehrer anzuknüpfen, hier stößt er aber u.U. auch auf erste Defizite und damit verbundene Schwierigkeiten. Weitere Probleme können Konflikte in der Klasse, eine schwache Arbeitsdisziplin oder vom Lehrplan verbindlich vorgegebene Themen bereiten, deren Sinn und Wert den Schülern schwer zu vermitteln ist. Auch die nicht immer glückliche Stundenplangestaltung (nicht selten bedingt durch Rücksichtnahmen z.B. auf Buszeiten, Fahrzeiten von Fachlehrern im Einsatz an verschiedenen Schulen, begrenzte räumliche Kapazitäten), das Vorhandensein von äußeren (z.B. eine schlechte Akustik, der Lärm einer vielbefahrenen Straße, beengte Raumverhältnisse etc.) und inneren (z.B. Müdigkeit, Kummer, mangelnde Konzentrationsfähigkeit, andere dominierende Interessen etc.) Störfaktoren können die Motivation der Schüler nachhaltig beeinträchtigen. Zu bedenken ist ferner, daß der Lehrer selbst auch über kaum veränderbare Eigenschaften (z.B. Temperament, Ausstrahlung, Flexibilität, etc.) verfügt, die bei seinem Bemühen, die Schüler zu motivieren, nicht nur Möglichkeiten eröffnen, sondern auch Grenzen setzen können.
Angesichts vieler denkbarer und hier nicht weiter ausführbarer Gründe für Motivierungsschwierigkeiten sei als alternative Möglichkeit an dieser Stelle noch auf offenere Unterrichtsformen (z.B. Projektunterricht, Freiarbeit u.ä.) hingewiesen, bei denen sich die Motivationsproblematik eher reduziert darstellt.

5. Ausblick

Der Unterricht muß vorhandene Interessen der Schüler aufgreifen, zu erhalten suchen und Motivationen bewirken. Die Berücksichtigung des Selbständigkeitswunsches der Schüler wirkt Motivationsverlusten entgegen, wobei eine gute Unterrichtsatmosphäre und eine gesicherte Arbeitsdisziplin

[61] Giesecke 1975, S. 55

Vorbedingungen für erfolgreiches und damit weitermotivierendes Lernen sind. Motivationen der Schüler sind abhängig von den Unterrichtsdeterminanten Schüler, Lehrer, Gegenstand, Gesellschaft (z.B. geschichtliche Situation) und nicht zuletzt von der Schulatmosphäre. Die Kinder sollten sich in der Schule wohlfühlen und die Lehrer sollten sich darum bemühen, daß die Schule den Kindern auch Freude machen kann. Möglichkeiten dazu bieten u.a. auch ein vielseitiges Schulleben und schülerorientiert gestalteter Unterricht. Positive emotionale Gestimmtheit und Freude als positives Gefühlserlebnis haben für Motivationsprozesse eine energetisierende Bedeutung.[62] "Die Freude am Ende des Motivationsprozesses kann gleichgesetzt werden mit dem Erreichen des Motivationszieles bzw. resultiert daraus und hat für nachfolgende Motivationsprozesse positiv verstärkende Wirkung".[63]

Die motivationale »Verpackung« eines Themas darf aus letztgenanntem Anspruch heraus auch keinesfalls den Stoff als solchen und seinen Sinn verschleiern (auch nicht, wenn dadurch geringere Motivation befürchtet wird!), damit sich der Schüler stets als Mensch ernstgenommen erfährt!
Motivationen zum Lernen entstehen aus Spannungssituationen, Fragen, Staunen, Wundern. Das verlangt auch *Erleben und unmittelbare Sinn-Erfahrung*.

---

[62] vgl. Kerpa 1979, S. 63
[63] Kerpa ebd.

6. Literatur

Aebli, H.: Psychologische Didaktik. Stuttgart, 6. Aufl. 1976

Aebli, H.: Zwölf Grundformen des Lehrens. Stuttgart 1983

Albert, H.: Zur Theorie der Konsumnachfrage. In: Eberlein, G.L./Kroeber-Riel, W./ Leinfellner, W.(Hrsg.) 1974

Atkinson, J.W. (Hrsg.): Motives in fantasy, action and society, Van Nostrand/ Princeton N.Y. 1958

Dietrich, G./Walter, H.: Grundbegriffe der psychologischen Fachsprache. München 1970

Domke, H.: Erziehungsmethoden. Aspekte und Formen des Methodischen in der Erziehung. In: Weber, E. (Hrsg.): Pädagogik. Eine Einführung. Donauwörth, 6. völlig neu bearb. Aufl. 1991

Eberlein, G.L./Kroeber-Riel, W./Leinfellner, W.(Hrsg.): Forschungslogik der Sozialwissenschaften. Düsseldorf 1974

Engelmayer, O.: Pädagogische Psychologie für Schule und Unterricht. München, 6. neubearb. Aufl. 1974

Giesecke, H.: Einführung in die Pädagogik, München, 7. Aufl., 1975

Glöckel, H.: Vom Unterricht. Lehrbuch der Allgemeinen Didaktik. Bad Heilbrunn/ Obb. 1990

Glöckel, H.: Motivationshilfe im Unterricht - richtig verstanden. In: Pädagogische Welt, Heft 11, Donauwörth 1989

Hage, K. u.a.: Das Methodenrepertoire von Lehrern. Eine Untersuchung zum Schulalltag in der Sekundarstufe I, Opladen 1985

Heckhausen, H.: Förderung der Lernmotivierung und der intellektuellen Tüchtigkeiten. In: Deutscher Bildungsrat. Gutachten und Studien der Bildungskommission. Bd. 4 (Begabung und Lernen), hrsg. v. Roth, H., Stuttgart, 8. Aufl., 1972

Heckhausen, H.: Motive und ihre Entstehung. In: Funk-Kolleg Pädagogische Psychologie 1, Frankfurt a.M., 6. Aufl., 1978

Heckhausen, H.: Motivation. Kognitionspsychologische Aufspaltung eines summarischen Konstrukts. In: Psychologische Rundschau., 28/1977

Hehlmann, W.: Wörterbuch der Pädagogik, Stuttgart, 6. Aufl. 1960,

Jungk, R.: Zukunftsorientierte frühkindliche Erziehung. In: Vorschulzeit. Handbuch für Eltern und Erzieher, Weinheim 1972

Karbaumer, K.: Was, wie, wo, wann, warum? Gedanken zur Förderung der Fragehaltung. In: Pädagogische Welt 11/1989

Kerpa, U.: Die Bedeutung der Freude für Motivation und Leistung. In: Lorenz, U., Ipfling, H.J.(Hrsg.) 1979

Klafki, W./Stöcker, H.: Innere Differenzierung des Unterrichts. In: Zeitschrift für Pädagogik 1976
Kruglanski, H.W. u.a.: Retrospektive misattribution and task enjoyment. In: Journal of Experimental Social Psychology 8/1972
Lorenz, U./Ipfling, H.J.(Hrsg.): Freude an der Schule. München 1979
Neudert, K.: Lernen soll Freude machen. In: Schulreport 5/1981
Oerter, R.: Zur Entwicklung der Motivation und Handlungssteuerung. In: Oerter, R./ Montada, L.: Entwicklungspsychologie. München/Wien/Baltimore 1982
Rosen, B.C./ D'Andrade, R.: The psychosocial origins of achievement motivation, In: Sociom (1959) H. 22
Roth, H.: Pädagogische Psychologie des Lehrens und Lernens. Hannover, 12. Aufl. 1970
Roth, H.: Revolution der Schule? Die Lernprozesse ändern. Hannover 1969
Schiefele, H./Hausser, K./Schneider, G.: "Interesse" als Ziel und Weg der Erziehung. In: Zeitschrift für Pädagogik. Heft 4, 1979
Schiefele, H.: Lernmotivation und Motivlernen. München 1974
Schießl, O.: Lehren als Erziehungsprozess. Donauwörth, 2. Aufl., 1973
Schröder, H.: Grundwortschatz Erziehungswissenschaft. München 1985
Seibert, N./Wittmann, H./Zöpfl, H.: Humor und Freude in der Schule. Donauwörth 1990
Skowronek, H.: Neugier in der Schule. In: betrifft: erziehung. 1970
Skowronek, H.: Lernen und Lernfähigkeit, München, 2. Aufl., 1972
Straus, E.: Der Mensch als ein fragendes Wesen. In: Jahrbuch für Psychologie und Psychotherapie 1953, Heft 2
Tausch, R./ Tausch, A.: Erziehungspsychologie. Psychologische Prozesse in Erziehung und Unterrichtung. Göttingen, 5. Aufl. 1970
Vernon, M.D.: Wahrnehmung und Erfahrung. Köln 1974
Vester, F.: Biologisch sinnvolle Didaktik. In: Westermanns Pädagogische Beiträge 6, Braunschweig, Juni 1984
Vester, F.: Schulen entfremden uns der Wirklichkeit. In: Schulanzeiger 3/1981
Vierlinger, R.: Unpädagogische Nebenwirkungen von Planungsritualen im Unterricht. In: Pädagogische Welt, Heft 8, Donauwörth 1990
Wallner, E.M./Funke-Schmitt-Rink, M.: Soziologie der Erziehung. (Reihe: Soziologie der Gegenwart, Bd. 5) Heidelberg 1979
Winterbottom, M.R.: The relation of need for achievement to learning experiences in independency and mastery, in: Atkinson, J.W. (Hrsg.) 1958
Zöpfl, H./Huber, H.: Über Grundlagen von Bildung und Erziehung. Donauwörth 1990

Norbert Seibert

Das Unterrichtsprinzip der Strukturierung

Inhaltsverzeichnis

1. Vorbemerkung

Die Strukturierung des Unterrichts gilt zwar als notwendiges Element für die Vorbereitung und Durchführung des Unterrichts; sie wird aber bis auf wenige Ausnahmen[1] nicht eigens als Unterrichtsgrundsatz ausgewiesen.

Als Gründe dafür könnten genannt werden, daß die Artikulation des Unterrichts eine methodische Sequentierung des Lehrstoffs darstellt, daß Unterrichtsmedien steuernd in das lernprozessuale Geschehen eingreifen und die Bildung kognitiver Strukturen ermöglichen, daß das Lehrerverhalten, akzentuiert in Gestik und Mimik, Einschnitte, Querverweise und Überblicke in verbaler und nonverbaler Form ermöglicht, daß schließlich Gewichtungen in der Auswahl und didaktisch-methodischen Aufbereitung von Lerninhalten Möglichkeiten bieten, Sachzusammenhänge im Gedächtnis zu verankern.
Diese exemplarisch beschriebenen Handlungsentscheidungen dienen sicherlich der Strukturierung des Unterrichts, ersetzen sie aber nicht. Das Prinzip der Strukturierung muß umfassender verstanden werden, da es neben der Wissensvermittlung vor allem auf einen hohen Behaltensgrad des angeeigneten Lerninhaltes abzielt.

2. Notwendigkeit von Strukturierung im Unterrichtsprozeß

Unterricht ist von seiner Intention her immer zielgerichtet, indem er z.B. planmäßig und systematisch vom Konkreten zur Abstraktion führen will. Somit zählt bereits zu dieser globalen Beschreibung von Unterricht die Strukturierung als konstituierendes Merkmal. Die zu vermittelnde Wissensfülle kann nicht als Ganzes angeboten werden. Es müssen »Strukturen«, innere Abhängigkeiten, aufgedeckt werden, die die Einordnung in bereits Bekanntes erlauben und somit Neuerwerb von Wissen ermöglichen.

[1] vgl. Brunnhuber 1981, S. 29-39

Wissen ist aber nicht zeitlich und umfangmäßig für immer gültig, weswegen vor allem Strategien erlernt werden müssen, die dazu befähigen, in der Zukunft - sei es aufgrund neuer, bzw. revidierter Ergebnisse aus der Wissenschaft oder eigener persönlicher Erfahrungen - Informationen kritisch zu reflektieren und sich anzueignen. Problematisch wird dies, wenn man die Informationsflut sieht, die durch die fortschreitenden Spezialdisziplinen einen Überblick, erst gar einen Einblick, erschweren. *Fritsch* hat diese Entwicklung wissenschaftlich nachgewiesen, indem er die Buchtitelproduktionen der Bundesrepublik Deutschland durch die Eintragungen des Börsenvereins des Deutschen Buchhandels belegt. Er weist dabei auf Erkenntnisse von *Manstein*[2] hin, der folgenden Schluß zieht:

"Der Forscher nimmt bestenfalls ein Prozent der für sein Spezialfach wichtigen Arbeiten im Original auf, etwa vier Prozent lernt er durch kurzgefaßte Referate kennen und 95 Prozent erreichen ihn überhaupt nicht.
Mit diesen Tatsachen sind wir noch lange nicht an die Grenzen gestoßen, zumal sich die Menge des Gesamtwissens in immer kürzen Zeitabständen verdoppelt."

3. Begriffsklärungen aus der Literatur

"Alles Wissen um die Welt, gesammelt und geordnet in den Wissenschaftsbereichen, könnte man sich als beinahe unendliche Menge einzelner Fakten vorstellen, aus der der Schüler ein bestimmtes Quantum sich einprägt, ebenso vermöchte man sich auszudenken, alle Verhaltensweisen, die Menschen je in bestimmten Situationen zeigen, wären eine beinahe unendliche Summe, aus der jeder Mensch im Laufe seines Lebens eine bestimmte Menge erlernt, mehr durch unreflektierte Übernahme als zielstrebig bewußt. Demgegenüber läßt sich eine Struktur, ein geordnetes Gefüge, ein innerer Zusammenhang erkennen in allem Wissen der Fachbereiche, gleichfalls eine Struktur, ein geordneter Aufbau im Erwerb von Verhaltensweisen ..."[3]

"Eine Struktur ist ein innerer Zusammenhang, ein ganzheitliches Gefüge, bei dem sich zwar Teilbereiche abzeichnen, die aber immer notwendiger-

---

[2] Manstein, in: Fritsch/Kozdon 1991, S. 76
[3] Brunnhuber 1981, S. 29

weise aufeinander bezogen sind und in ihrer Gesamtheit unter einer immanenten Gesetzmäßigkeit stehen.
Die Strukturierung der Unterrichtsinhalte (Sachstruktur) betrifft sowohl die Einbeziehung in einen größeren Wirkungszusammenhang, aus dem sie stammen, als auch die Aufgliederung in Teilbereiche, die aufeinander bezogen sind. Jeder Lerninhalt stammt aus einem größeren Beziehungsgefüge und kann in einzelne Teilinhalte strukturell aufgegliedert werden.
Die Auswahl der Inhalte und damit Herausnahme aus dem Gesamtzusammenhang sollte daher eine Isolierung möglichst vermeiden, ebenso wie eine Aufgliederung in Teilinhalte nicht bruchstückmäßig und elementenhaft erfolgen sollte."[4]

"Jeder Unterricht, der diesem Grundsatz »Stufengemäßheit« gerecht werden will, sucht zunächst die jeweilige Alters- und Entwicklungsstufe der Kinder zu treffen. Wie die Kinder- und Entwicklungspsychologie zeigt, sind das seelisch-geistige Wachstum, die Interessen- und Erlebnisformen, die Sicht- und Denkweisen, aber auch die Gefühls- und Willensinhalte von Stufe zu Stufe verschieden."[5]

"Wahrheit und Sachgemäßheit im Unterricht fordern des weiteren, daß die Struktur des Lehrguts stets im Auge behalten wird. Hier geht es nicht um Fakten und Erkenntnisse im einzelnen, sondern um die innere Gliederung in einem Ganzen, besonders um das Verhältnis von Über- und Unterordnung und des sachgemäßen Zueinanders im Rahmen des Ganzen.
Soweit allgemein die Struktur des Lehrgutes, das innere Gefüge der Beziehungen gekennzeichnet werden kann, lassen sich drei Grundformen erkennen:

a) Das logische Beziehungsgefüge. Es ist durch kausale und finale Abhängigkeit, durch Gedankenketten und Funktionszusammenhänge gekennzeichnet, fordert abstrahierendes und diskursives Denken ...
b) Die erlebnisgebundene Ganzheit, deren Bezugssystem im Konkreten liegt. Das den Sinnen sich Erschließende ordnet sich nach Gesetzen der inneren und äußeren Form zu einem ganzen, das sich dem unmittelbaren Verstehen, dem äußeren und inneren 'Schauen' und 'Hören' erschließt ...
c) Das zweckgerichtete Beziehungsgefüge ... Hier geht es um zielbewußte Ausrichtung aller Teile und Glieder eines Prozes-

---

[4] Schröder 1989, S. 48
[5] Stöcker 1970, S. 112

ses auf einen bestimmten Zweck, unter Verzicht auf Umwege und spielerische Kraftvergeudung."[6]

"Dieser Grundsatz, auch »Strukturierung, Dynamisierung« genannt, bezieht sich auf die Vorbereitung der Unterrichtseinheit .. Er hängt mit Elementarisierung und Planmäßigkeit zusammen und ist eine wichtige Motivationshilfe. Seine Grenze findet er in der Situationsgemäßheit und Offenheit, der Mitsprache der Schüler, der Natürlichkeit unterrichtlichen Handelns."[7]

Die Strukturierung ist eine methodische Maßnahme, mit deren Hilfe der Lehrende den zu vermittelnden Lerninhalt so aufbereitet, daß aus dem dargebotenen Ganzen inhaltliche Gliederungsformen, Teilschritte, Abhängigkeiten und Abstraktionen ersichtlich werden, die dem Schüler das Lernen erleichtern. Das Bemühen um Strukturierung dient auch der Rhythmisierung und Dynamisierung des Lernprozesses und zugleich der Abstraktion und gegliederten Integration von Lehrinhalten mit dem Ziel der Erarbeitung und Anwendung von Strategien eigenen Lernens. Sinnvoll sind Strukturierungen nach inhaltlichen *und* methodischen Kriterien.

4. Strukturierung nach inhaltlichen Kriterien

"Vergegenwärtigt man sich das ungeheure Ausmaß sowie die atemberaubende Geschwindigkeit des Fortschritts im modernen Wissenschaftsbereich"[8], so ist es heutzutage unmöglich und auch nicht mehr erstrebenswert, Wissen nach enzyklopädischen Gesichtspunkten zu lehren. Es müssen Lehrstrategien zur Anwendung kommen, die sich am Lernprozeß der

---

[6] Kopp 1965, S. 80f.

[7] Glöckel 1990, S. 304; ders. 1981, S. 147; Glöckel rechnet das Prinzip der Strukturierung zu den regulierenden Unterrichtsprinzipien und überschreibt es mit »Gestaltung« (Strukturierung, innere Einheitlichkeit...), wobei er die Gegenprinzipien Situationsgemäßheit - Offenheit - Spontaneität - Selbsttätigkeit - Echtheit der Situation - Natürlichkeit aufzählt.

[8] Oakes 1990, S. 10

Schüler ausrichten. "Lernen als »Organisieren« heißt Beziehungen und Zusammenhänge zwischen Einzelelementen herstellen."[9]

Nicht selten ergeben sich Gliederungselemente aus der Natur der Sache, z.B. im Rahmen der Aufsatzerziehung (Einleitung - Hauptteil - Schluß), bei der Lösung einer Sachaufgabe (Was ist gegeben? Was ist gesucht? Wie hoch ist der ungefähre Überschlagswert? Rechnung und Antwortsatz), ohne deren Berücksichtigung keine Lernfortschritte zu verzeichnen sind. *Comenius'* »Didactica magna« enthielt bereits wichtige Hinweise zu einem strukturierten Unterricht:

"Es ist aber offenbar verkehrt, wenn die Lehrer ihre und der Schüler Studien nicht so verteilen, daß nicht bloß eins auf das andere regelmäßig folgt, sondern auch jedes in einer bestimmten Zeit erledigt werden muß. Denn wenn nicht bestimmte Ziele und die Mittel, sie zu erreichen, und deren Ordnung feststeht, so übersieht man leicht etwas und verkehrt oder stört den Verlauf."[10]

Bei der didaktischen Analyse, der Erarbeitung und Aufbereitung des Unterrichtsstoffes müssen daher die der Sache immanenten Kriterien zur Geltung gebracht werden.

4.1 Eingrenzung des Themengebietes - Konzentration auf das Wesentliche

Sachzusammenhänge und inhaltliche Strukturen liefern zwar einen Überblick, doch sind Ausschnitte, Ein- und Abgrenzungen zu vollziehen, die ein Element aus dem Gesamtkontext lösen, um ein vertieftes Wissen zu ermöglichen, um dessen Abhängigkeit zu den übrigen Elementen und Faktoren in Beziehung zu setzen und um die Integration in ein Gesamtverständnis bewirken zu können. Im Unterricht geschieht dies in der Regel durch die Bekanntgabe des Stoffgebietes, durch die Vorstellung einer Lernsequenz, die in den nachfolgenden Stunden Thema der Überlegungen und Erarbeitung sein wird. Die Einführung in eine Thematik kann aber so viel

[9] Brunnhuber 1981, S. 31; vgl. zum Lernbegriff Apel, S. 12ff.
[10] Comenius, hrsg. von Vorbrodt 1906, S. 85

an Assoziationen auslösen, daß frei schweifende Gedanken schwerlich auf »einen Punkt« gebracht werden können. Knüpft man an bereits Bekanntes an, indem die Schüler ihr Vorwissen artikulieren, schafft man u.U. ein Interesse für neue Inhalte. Dabei treten - je nach Zielangabe - Überlegungen in den Vordergrund, die für die Bearbeitung und Lösung einer Aufgabe von großer Bedeutung sind. Am Beispiel einer Unterrichtssequenz aus dem Heimat- und Sachkundebereich soll dies verdeutlicht werden:

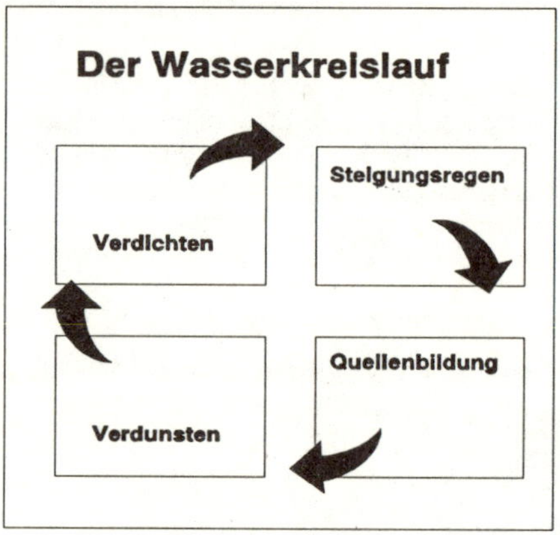

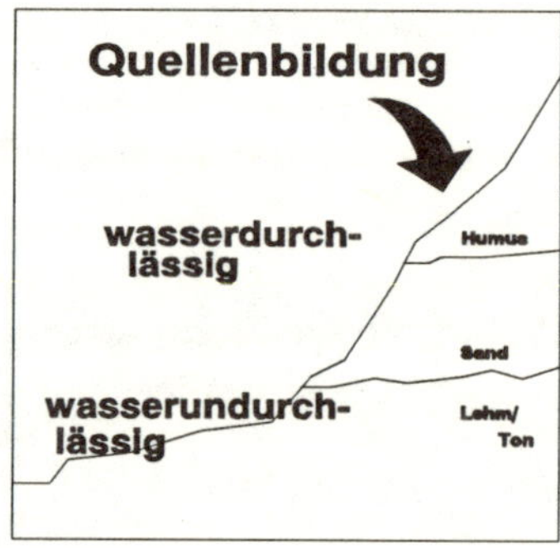

Ausgehend vom Gesamtkomplex "Wasserkreislauf" wird durch die Zielangabe der gesamte Lerninhalt auf einen kleineren Bereich, die Quellenbildung, eingeschränkt, der - gleichsam aus der gesamten Struktur ausgeblendet - zentraler Lerninhalt einer Unterrichtsstunde wird. Durch gezielte Fragestellungen und konkrete Arbeitsanweisungen wird erreicht, daß eine Abschweifung vom Thema vermieden wird. Die inhaltlichen Strukturen sind in dieser Thematik bereits vorgegeben. Der Ausgangspunkt kann deswegen nicht frei gewählt werden, wenn die Integration des Lernwissens aus den einzelnen Unterrichtseinheiten sinnvoll erfolgen soll. Die Konzentration auf das Wesentliche erfolgt durch Zuhilfenahme und Anwendung von bereits Bekanntem. Sie kann mit konzentrischen Kreisen verglichen werden, die sich in steter Verengung dem Mittelpunkt nähern. Die Voraussetzungen des Gelernten sind Bedingungen für den Neuerwerb und bilden wiederum die Voraussetzung für das Nachfolgende.

4.2 Zerlegung in Teilschritte - Formulierung von Lernzielen

Der Alters- und Sachgemäßheit entsprechend kann die Konzentration auf das Wesentliche, in unserem Beispiel die Quellbildung, immer noch zu umfangreich sein, um die weiteren inhaltlichen Strukturen sachadäquat darstellen zu können. Folglich müssen die Hintergründe erforscht werden, die - dem menschlichen Auge vorenthalten - zur Quellbildung führen. Die einzelnen Teilschritte ergeben sich wiederum aus der Sache selbst, doch sind die inhaltlichen Kriterien so aufzuteilen, daß »das eine auf das andere« folgt. Da die Wahrnehmungs- und Auffassungsgabe der Schüler unterschiedlich entwickelt sind, müssen inhaltliche Abstufungen vollzogen werden, die in einer Art Bausteinsystem mit Puzzlecharakter zum eigentlichen Lernziel führen. Dabei muß die Wahrnehmungsfähigkeit so gelenkt werden, daß eine erneute Konzentration auf das Wesentliche erfolgen kann.

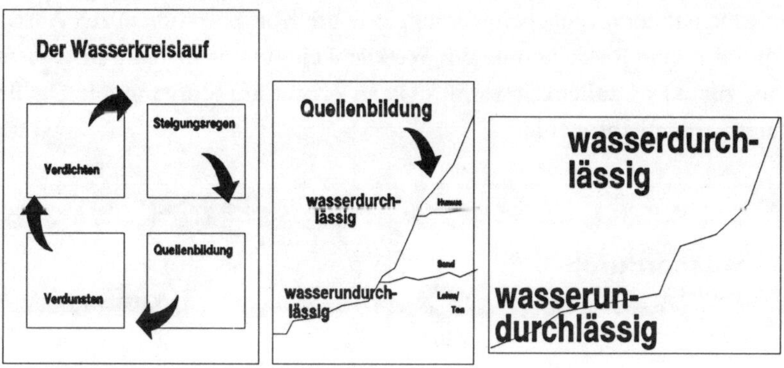

Aus der Aufgabenstellung: 'Die Schüler sollen die Bedeutung der Begriffe »wasserdurchlässig« und »wasserundurchlässig« erkennen und z.B. auf Gegenstände des alltäglichen Lebens übertragen können', wird nur die Beschaffenheit der möglichen Schichten als Ausgangspunkt gewählt, um die Erkenntnisse der Quellbildung auf wasserundurchlässige Schichten zurückführen zu können.
Die Unterteilung der Lernziele in Feinziele erfolgt auf der Grundlage der Lernvoraussetzungen der Schüler. Orientierungspunkte sind dabei: inhaltliche Komplexität, kognitive, emotionale, psychomotorische, ... Bedingungen.

Bei der Fixierung der Feinziele muß die »Sache an sich«[11] weiter berücksichtigt werden. Die Feinziele sind der logischen Reihenfolge unterworfen - vom durchlässigen zum undurchlässigen Material - und können nur durch die methodische Aufbereitung im zeitlichen Umfang determiniert werden. Die einzelnen Teilzielzusammenfassungen und Sicherungsformen stellen wieder die Voraussetzung und zugleich die Bedingung zur Erarbeitung des nachfolgenden Zieles dar.

4.3 Konzentration durch Abstraktion - Veranschaulichung in Teilschritten

Die Eingrenzung des Themengebietes stellt bereits eine Abstraktion dar, worunter jedoch das Prinzip der Veranschaulichung im Unterricht nicht leidet, sondern eine sachgemäße Entsprechung erfährt, indem Teile des Ganzen, im Ganzen u.U. als wesentlicher Faktor nur schwerlich erkennbar, medial hervorgehoben werden. Wie die Konzentration durch Abstraktion, also eine Re-duzierung der Wirklichkeit auf das thematisch Wesentliche, zur Anschaulichkeit verhilft, kann erneut am Vorgang der Quellbildung verdeutlicht werden.

[11] vgl. Seitz, S. 50ff.

Die Analogiebildung und Übertragung in ein Versuchsbeispiel, die Reduzierung der Wirklichkeit durch Nachbildung und Nachvollzug, erfordert die Berücksichtigung der bereits erarbeiteten Strukturen. Erst nach der Begriffsklärung »wasserdurchlässig« und »wasserundurchlässig« können die mit Humus, Sand und Lehm gefüllten Blumentöpfe so angeordnet werden, daß sie der Realität in der Natur entsprechen. Die Veranschaulichung, hier in methodisch kindgerechter Form, wird nach den natürlichen Gegegebenheiten nachvollzogen. Erst in der Erkenntnis und Bedeutung der Beschaffenheit des wasserundurchlässigen Materials kann der Vorgang der Quellbildung »geistig« nachvollzogen und der gesamte Vorgang des Wasserkreislaufs transparent gemacht werden.

4.4 Begriffsbildung und Regelfindung - Aufdecken von Strukturen

Die Begriffsbildung und Regelfindung stehen notwendigerweise am Ende des Lernprozesses, da nur Einsicht und Erkenntnis zu sehr abstrakten Vorstellungen, z.B. einer Regel, führen können. *Herbart* hat in seinem bekannten Lernstufenmodell vom Unterricht diese Erkenntnis als »Methode« bezeichnet:

Klarheit Assoziation System **Methode**

Die Methode, in unserem Fall die Begriffsbildung und Regelfindung, setzt ein System von inhaltlichem Vorwissen voraus, das sachimmanente Abhängigkeiten und Beziehungen aufzudecken versteht, Grob- und Feinstrukturen freilegt, bevor der Lernzuwachs einer Unterrichtsstunde in einer Begriffsbildung oder Regel »Ausdruck« gewinnt.

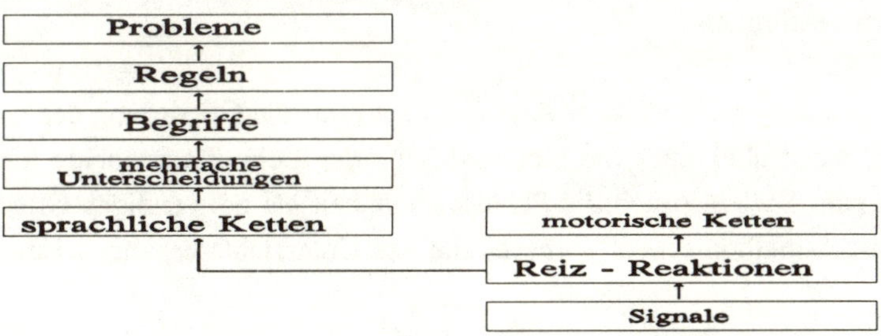

Lerninhalte in Begriffen und Regeln darzustellen, ist nach *Gagné* die Voraussetzung für das Lösen von Problemen, folglich für die Bewältigung von Neuem, Unbekanntem, welches auf exemplarisches[12] Lernen zurückzuführen ist und aufgrund der inhaltlichen Strukturierung Voraussetzung und zugleich Bedingung für Neuerwerb bedeutet.[13]

Begriffsklärung und Regelfindung sind Bedingungen für Unterricht.[14] Die Reduktion auf einen Begriff ersetzt, vorausgenommen, daß Erkenntnis und Einsicht vorliegen, das mühevolle Netzwerk der Vorgehensweise, die zur Begriffsbildung bzw. Regelfindung beigetragen hat. Somit werden Ökonomie, Zeitersparnis auf der Basis des erarbeiteten Wissens durch Anwendung von Regeln und den Gebrauch von Begriffen, neben der Zielorientierung, die wiederum in sich Strukturen aufweisen muß, um Effektivität und Methode zu ermöglichen, zur weiteren Konstitution von Unterricht.

5. Strukturierung nach methodischen Kriterien[15]

Der Sachanspruch, d.h. die Orientierung der Vorgehensweise an inhaltlichen Strukturen, muß, wenn es sich um Unterricht handelt, notwendigerweise durch die methodische Aufbereitung ergänzt werden. Nochmals sei an *Comenius* erinnert, der den Anspruch erhob, »alle alles zu lehren«, indem er jeweils ein und dieselbe Methode, nämlich die eines »naturgemäßen« Vorgehens, wählen wollte. Diesem Fehler verfielen auch die Herbartianer *Ziller* und *Rein*[16], die aus dem Lernstufenmodell ein starres Lehrstufenmodell entwickelten, die sog. Formalstufen, da sie der Ansicht waren, der Lernverlauf sei eindeutig planbar und müsse deshalb auch das Lehren bestimmen.

Strukturierung methodischer Art beinhaltet zwar die Gliederung des Unterrichts, weist aber über die bloße Abfolge der Lehr-/Lernschritte hinaus, wenn zum Sachanspruch die Schülergemäßheit als notwendiges Glied der didaktisch-methodischen Vorbereitung des Unterrichts ergänzt wird.

---

[12] vgl. Seitz, S. 74ff.
[13] Das Schaubild wurde entnommen aus: Memmert 1983, S. 46
[14] vgl. Brunnhuber 1981, S. 31
[15] vgl. Seitz, S. 76-78
[16] vgl. die historischen Positionen bei Apel, S. 17-29

5.1 Planung und Vorbereitung des Unterrichts - Vom Lehrplan zum Stoffverteilungsplan

Im amtlichen Lehrplan[17] werden alle verbindlichen Lehrinhalte für eine Jahrgangsstufe für ein ganzes Schuljahr angeboten. Dem Lehrer obliegt es nun, einen Stoffverteilungsplan zu erstellen, der den inhaltlichen Bestimmungen entsprechend, eine Einteilung nach methodischen Gesichtspunkten gewährt. Orientierungspunkte sind z.B. der Jahreskreis mit Gebräuchen und Sitten, der Heimatbezug, Denkmäler und Bauwerke, Feierlichkeiten und Festivitäten, aber auch das Ausmaß der Unterrichtsstunden in der Stundentafel[18] des jeweiligen Faches usf.
In den Stoffverteilungsplan sollten nach Möglichkeit Medienangebote und Querverbindungen zu benachbarten Fachbereichen eingearbeitet werden, damit ähnliche Strukturen inhaltlicher Art methodisch miteinander verknüpft werden können. An einem Unterrichtsbeispiel aus dem Fachbereich Geschichte der Hauptschule könnte diese methodische Vorgehensweise graphisch folgendermaßen verdeutlicht werden:

Querverbindungen erweisen sich nur als sinnvoll, wenn sich logische Strukturen ergeben. Beabsichtigt ist kein Gesamtunterricht!

[17] vgl. Apel 1991
[18] vgl., ebd.

Die integrative Behandlung erlaubt, verschiedene Aspekte eines Themas zu untersuchen und in Beziehung zu setzen, so daß eine immanente Übung[19] gleichzeitig der Wiederholung, der Anwendung und Sicherung dient. Aus einem vereinzelten Nebeneinander wird ein vernetztes Miteinander, welches durch die methodische Vorgehensweise im Unterricht zielstrebig gesteuert wird.

Erst auf der Grundlage des Stoffverteilungsplans wird zur Vorbereitung der einzelnen Unterrichtsstunden ein Wochenarbeitsplan, daraus wiederum ein Tagesorganisationsplan erstellt, der dann der konkreten Unterrichtsvorbereitung dient.

5.2 Artikulation im Unterricht - Kriterien der Adressaten- und Sachbezogenheit

Artikulation im Unterricht bedeutet eine Gliederung, Strukturierung, Aufteilung in Lehr- und Lernschritte, Unterrichtsstufen und Unterrichtsphasen, didaktische Schritte usf.

Von den lateinischen Begriffen articulus (Gelenk, Knöchel, Abschnitt, Zeitpunkt, im entscheidenden Augenblick, Absatz, Punkt, Stufe), articulatim (gliedweise, Stück für Stück, Punkt für Punkt), und articulosus (voller Gelenke; reich gegliedert) abgeleitet, kann die Artikulation im Unterricht mit einem »Gerüst voller Gelenke« verglichen werden, das dem didaktisch-methodischen Bestreben erst einmal Halt gibt, durch die Beschaffenheit der Gelenke dem Unterrichtsaufbau aber ebenso Festigkeit wie Beweglichkeit, Form wie Flexibilität verleiht.

Artikulation im Unterricht bedeutet demnach die didaktisch-methodische Aufbereitung der konkreten Unterrichtsstunde, die die Bedingungsvariablen Kindgemäßheit und Sachanspruch in optimaler Weise zu vereinen sucht. Dabei dienen die einzelnen Strukturierungen der Planung, Vorbereitung, Durchführung und Nachbereitung des Unterrichts, welche jedoch nicht als starres didaktisches Prinzip zu verstehen sind.

[19] vgl. Schaubild zu den verschiedenen Übungsformen, Serve S. 240

Es ist fast unmöglich, alle Faktoren aufzuzeigen, die für die Vorbereitung und Durchführung des Unterrichts von Bedeutung sind. Der Schritt vom Abstrakten zum Konkreten, vom Problem zur Lösung, vom Verworrenen zum Geordneten usw. muß in verschiedenen Phasen des Unterrichts erfolgen. Diese wiederum müssen sich von den Lernvoraussetzungen der Schüler, der Sachstruktur, der Zielsetzung und der Unterrichtskonzeption ableiten und begründen lassen, damit einer Über- oder Unterforderung in der Schule vorgebeugt werden kann. Dabei beanspruchen z.B. auch methodische Maßnahmen, wie etwa die Einübung von Arbeitsformen oder die Festigung von Arbeitstechniken ein bestimmtes Maß an Lernzeit.
Entscheidungen, z.B. für eine differenzierende arbeitsteilige Gruppenarbeit, in der besondere Stärken und Neigungen ebenso wie spezielle Schwächen einzelner Schüler berücksichtigt werden, verlangen vom Unterrichtenden umfangreiche organisatorische und didaktisch-methodische Maßnahmen, die aufgrund ihrer Komplexität auch den zeitlichen Umfang der Lehr- und Lernstufen mitbestimmen. Der individuelle Lernprozeß und das schulische Leistungsvermögen der Schüler erfordern einen systematischen Plan zur Vermittlung der unterrichtlichen und erziehlichen Zielsetzungen, doch sollten die Ergebnisse aus Zusammenfassungen, Wiederholungen und Teilzielkontrollen der Maßstab dafür sein, ob sich die nachfolgende Artikulationsstufe[20] in der inhaltlichen und methodischen Struktur sinnvoll an die vorherige anschließt.

Die verschiedenartigen Zielsetzungen, die in den persönlichen Auffassungen der Lehrenden von Unterricht und Erziehung, in individuellen Vorlieben und Abneigungen, fachlicher Kompetenz, rhetorischem Geschick, Dramaturgie bis Lethargie zum Ausdruck kommen, bestimmen die Intensität, die Zielgerichtetheit, die Methodik, und wirken sich auf die Arbeitsbereitschaft, das Konzentrationsvermögen und die Auffassungsgabe der Schüler aus.
Die Strukturierung der einzelnen Lehr- und Lernschritte und der zeitliche Umfang und richten sich folglich danach, was einerseits didaktisch erreicht werden soll, so z.B.:

---

[20] vgl. Seibert 2/1991, S. 53-56

"Wiederholung (des Stoffes) - Einstieg (in den Sachverhalt) - Einstimmung (auf ein Gedicht) - Vorbereitung (der Materialien) - Hinführung (zum Lerngegenstand) - Anknüpfung (an die vorangegangene Stunde) - Zielangabe (für die Stunde, für den nächsten Arbeitsschritt) - Problemstellung (als Anreiz) - Information (als Einstieg in die Sache) - Erarbeitung (eines Sachverhaltes) -Ausführung (einer Aufgabe) -Anwendung (des Gelernten) - Vertiefung (des Problems) - Übung (einer Fertigkeit) -Übertragung (auf andere Sachverhalte) - Arbeitsplanung (für die nächsten Lernschritte) - Aufgabenstellung (für eine Übung) - Systematisierung (der Ergebnisse) - Durchdringung (eines Problems) - Ergebnissicherung (durch schriftliches Festhalten) - Zusammenfassung (als Zusammentragen von Einzelergebnissen) - Arbeitsanweisungen (zur Bearbeitung eines Stoffes)",[21]

andererseits, welche *erziehlichen* Zielsetzungen durch die Aufbereitung der Unterrichtsinhalte angestrebt werden soll, wie z.B:

Wiederholung (Erinnerung an bereits bekannte Handlungsweisen)- Einstieg (Provokation durch eine Konfliktsituation)- Einstimmung (Appell an konkrete Werthaltungen)- Anknüpfung (Identifikation durch Rollenspiel)- Zielangabe (Handlungskompetenz im sozialen Verhalten)- Problemstellung (Wertepluralismus)- Erarbeitung (Analyse eines Fallbeispiels)- Ausführung (Diskussion verschiedener individueller Ansätze)- Anwendung (Rollenspiel, Meinungsäußerung)- Übung (Verifizierung diverser Handlungsansätze)- Ergebnissicherung (Verdeutlichen von Gefühlen, Emotionen und sozialen Kontexten)- Zusammenfassung (Darlegung eigener Motive, Wirkung auf den Mitmenschen)- Vertiefung (Überdenken des eigenen Standpunktes, Abwägung von Konsequenzen, Festhalten an Überzeugungen, Eingestehen von Fehlern...).

Im Sinne einer modernen Unterrichtsgestaltung, in der Erziehung Vorrang vor bloßer Wissensvermittlung hat, kann es kein Normalverfahren für die Strukturierung von Unterrichtseinheiten geben: Selbst fachspezifische Strukturschemata betonen jeweils nur die fachspezifischen Arbeitsweisen, sollen aber nicht als Patentrezept verstanden werden. Vorgefertigte Unterrichtsmodelle, in denen Artikulationsschritte und Lernziele enthalten sind, verlieren dort ihren Informationswert, wenn sie ohne Berücksichtigung der Klassensituation blindlings als fertiges Konzept aufgezwungen werden. Es lassen sich zwar Gesetzmäßigkeiten aufstellen, doch die »Gelenkstellen« ergeben sich aus dem individuellen Lehr- und Lernprozeß, basierend auf den inhaltlichen und methodischen Anforderungen unter anthropogenen und soziokulturellen Voraussetzungen.

---

[21] Schmidt 1978, S. 139

5.3 Unterrichtsmedien - Strukturhilfen der Veranschaulichung[22]

Tafelbildarbeit und Arbeitsblattgestaltung gehören zu den täglichen didaktisch-methodischen Entscheidungen des Lehrers, um dem Sachanspruch und dem Kindbedürfnis nach Veranschaulichung und Strukturierung gerecht zu werden. Aus der Begriffsgrundlegung werden die geforderten Zusammenhänge am ehesten verdeutlich, wenn z.B. das Tafelbild bei *Maras*[23] als "die Sichtbarmachung eines Lehrstoffs an der Wandtafel durch das gestaltete und geordnete Zueinander von Text und Bildern oder Text und Text" beschrieben wird, das "der Veranschaulichung, der Abstraktion, der Strukturierung und in jedem Fall der Fixierung des Lehrstoffes dient, ferner die Artikulation des Unterrichts und die Aktivierung des Schülers in allen Lernphasen ermöglicht".

Strukturierte Tafelbild*arbeit* ist die sich aus dem Unterrichtsverlauf entwickelnde Darstellung, Erläuterung und Sichtbarmachung der Abhängigkeiten und Bezüge eines am Schüler ausgerichteten Lehr-/ Lerninhaltes, die auf der Grundlage weiterer basierender Unterrichtsprinzipien (Veranschaulichung, Differenzierung, Exemplarisierung ...) den Lehrprozeß stützen und ihn im abstrahierenden und transferfähigen Denkvermögen fördern kann.
Wellenhofer betont die Funktion des Arbeitsblattes als »Lernhilfe«, die als methodische Variable ein lernprozessuales Strukturelement darstellt und mit anderen (der jeweiligen Artikulationsstufe, dem Lerninhalt und dem Lernziel, den Lehr- und Lernakten und der Sozialform) in einer widerspruchsfreien, sich begründend bedingenden Wechselwirkung steht und in der bewußten Aktivierung des Schülers gesehen werden kann"[24].

Im Unterricht greifen verschiedene Unterrichtsmedien ineinander, um den verschiedenen Lerntypen auf anschauliche Weise Informationen in strukturierter Form zu vermitteln. An dieser Stelle werden Tafelbildarbeit und Arbeitsblattgestaltung besonders hervorgehoben, doch sollten auch das

[22] vgl. Seibert, S. 245ff.
[23] Maras 1979, S. 15/101
[24] vgl. Wellenhofer 1991, S. 13

Schulbuch, das Arbeitstransparent, der Sandkasten, die Landkarte, das Präparat mitbedacht werden. Informationsvermittlung und strukturierte Darstellung sind das Ziel. Immer sollte die originale Begegnung vorgezogen werden, wenn dies möglich ist, um alle Sinneskanäle anzusprechen. Tafelbildarbeit und Arbeitsblattgestaltung verfolgen keinen Selbstzweck. Die Entwicklung der einzelnen Lernschritte vom Konkreten zum Abstrakten basiert u.a. vornehmlich auf der Strukturierung, weil hierdurch eine Schwerpunktsetzung und Konzentration auf das Wesentliche erfolgt. Das unterrichtliche Vorgehen des Lehrers wird so ausgerichtet sein, daß nur wichtige Stichpunkte fixiert werden, die es immer wieder zu versprachlichen gilt, bis schließlich ein einprägsamer Text erstellt wird oder optische Hervorhebungen zur Erkenntnisbildung beitragen.
Jedes Tafelbild, in dem eine Veranschaulichung mit Hilfe von Strukturierungen vorgenommen wird und das auf Ergebnissicherung hin angelegt ist, ist von seiner didaktischen Konzeption her Informationsträger.
Zur Information müssen Erklärungen, Erläuterungen, Begründungen, Ordnungselemente ... hinzukommen, die die Lernzielorientierung verfolgen. Deswegen sollte das Unterrichtsmedium bereits erste Strukturierungen in Form von optischen Hervorhebungen durch Unterstreichungen, Fettdruck, Linienzüge, Zeilenangaben, Symbole am Rand etc. enthalten.

Medien haben die Aufgabe, unterstützend, veranschaulichend und ordnend in den Lernprozeß einzugreifen. Alles, was optisch - sei es durch helle Farbkreide, durch Kästchen, Linien, Schraffierungen, Bebilderungen, wechselnde Schriftgrößen und Schriftarten, Symbole oder Applikationen hervorgehoben wird -, prägt sich dem Schüler leichter ein, zudem jeder Medieneinsatz mit einer Versprachlichung gekoppelt sein muß. Die Wandtafel, deren Charakteristikum es u.a. ist, daß sie das lernprozessuale Geschehen strukturiert und begleitet, ist eine sehr geeignete Lernhilfe, die das Zustandekommen des Ergebnissatzes, die Regelfindung, die enthaltene erziehliche Zielsetzung verdeutlicht.[25]

[25] vgl. Seibert 8/1991, S. 364-369; 4/1991, S. 13-18; Maras 4/1991, S. 6-13

Das Arbeitsblatt bietet viele Möglichkeiten der Zusammenfassung, der Wiederholung, des Vergleichs, der Anwendung und Ergänzung. Bei entsprechender Gestaltung läßt sich ein Übungsblatt erstellen, das neben der Reproduktionsfähigkeit von Wissen ebenso Wert legt auf die Anbahnung, Schulung und Weiterentwicklung von Arbeitstechniken, die die Grundlage für die Schülerselbsttätigkeit darstellen. Das Gebot der Strukturierung verhindert bei allem Bestreben um Anschaulichkeit und Informationsfülle eine Überladung. Das strukturierte Arbeitsblatt sollte durch seine Aufbereitung nicht einengen, sondern Aktivität in Form von Versprachlichung, Weiterentwicklung, Umgestaltung und Zuordnung herausfordern.
Abschließend ist festzuhalten:
Die Arbeit an der Wandtafel bietet die allgemeine Grundlage der Informationsvermittlung in strukturierter Form, während das Arbeitsblatt in seiner »enrichment«-Funktion auf die individuelle Disposition des Schülers abgestimmt werden kann. Die dabei angesprochenen Funktionen fördern das Bemühen einer am Schüler orientierten Unterrichtsgestaltung und wirken der Polarität von Universalismus und Individualismus entgegen.

5.4 Rhythmisierung und Dynamisierung - Lehr-/Lernhilfen im Prinzipienverbund

Schülerorientierte Unterrichtsplanung darf nicht starr verstanden werden. Es gibt keine Artikulationsmodelle und Unterrichtsmedien, die auf Dauer gesehen der Sache und dem Schüler zugleich gerecht werden könnten. Betrachtet man die Strukturierung des Unterrichts als ein Unterrichtsprinzip neben anderen, ergibt sich seine Bedeutung aus seinen inhaltlichen und methodischen Komponenten. Neue Lerninhalte motivieren, aktivieren, regen zur Selbsttätigkeit an. Schwierigkeiten entstehen, die durch ein mediales Lernangebot überwunden werden wollen. Unterrichtsformen bestimmen die Arbeitstechniken und Arbeitsformen. Aus diesen erwachsen verschiedene Arten der Darstellung. Kommunikation, sei es mit dem Partner oder in der Gruppe, wird durch einen Lehrervortrag oder eine Lehrererzählung abgelöst. Diese wiederum z.B. durch eine Stillarbeit.

Die Aktivitäten, die sowohl in der Sache wie auch in der methodischen Aufbereitung liegen können, sind so vielfältig, daß gelegentlich Phasen der Besinnung, der Ruhe und der Stille eingeplant werden müssen. Die Rhythmisierung und damit verbundene Dynamisierung dürfen nicht als Selbstzweck verstanden werden. Sie ergeben sich, wenn in der didaktisch- methodischen Aufbereitung des Unterrichts das richtige Maß zwischen Sachanspruch und Kindgemäßheit gefunden wird.

6. Der Unterrichtsgrundsatz der Strukturierung in der Praxis

Obwohl in der theoretischen Darstellung des Unterrichtsgrundsatzes der Strukturierung bereits auf praktische Beispiele zurückgegriffen wurde, müssen noch weitere Bezüge zur Praxis hergestellt werden, die auch eventuelle Schwierigkeiten andeuten.
Die Strukturierung von Inhalten, d.h. Zergliedern in Ober- und Unterbegriffe, gedankliches Vorwegnehmen und geistiges Zuordnen, Herausstellen von Wichtigem und Trennung von Unwichtigem, Abstraktion und Reduktion usw. erfordert die Beherrschung einer »Methode«, die vom Lernenden nachvollzogen werden kann. Eine zu abstrakte Versinnbildlichung, Vorlieben für Grafiken, Tabellen und Schaubilder, können die inhaltlichen Strukturen übergewichten, die auch durch methodische Kniffe nicht mehr an Anschaulichkeit gewinnen.

6.1 Komplexität und Sachstruktur

Das Formalstufensystem der Herbartianer beruht auf einer Verknüpfung von »Ontogenese und Phylogenese«[26], einer Theorie der Kulturstufen, die das Lebensalter der Schüler in enger Verbindung zum historischen Alter der Bildungsinhalte sah. Eine problematische Folge dieser Theorie bestand

[26] Ein praktisches Beispiel hierfür findet sich bei Meyer 1988, S. 173ff.

darin, daß die Unterrichtsgestaltung einseitig auf die Erkenntnis kognitiver Strukturen ausgerichtet war.
Die veränderte Kindheit und Lebenswelt mit ihrem hochindustriellen Standard gewährt heute oftmals keinen Einblick mehr in innere Strukturen. Technische Vorgänge, selbst mit »historischem Bildungsinhalt«, werden von aktuellen Kenntnissen verdrängt. Das Interesse der Schüler richtet sich mehr auf entwicklungsbedingte, den Zeitumständen entsprechende Erfordernisse. Eine rein kognitive Ausrichtung, bzw. die Kognition als einzige Grundlage zur Erarbeitung und Lösung von Aufgabenstellungen zu sehen, kann dem heutigen Verständnis von Unterricht nicht mehr gerecht werden. Unterrichtskonzeptionen, wie etwa »Lernen mit allen Sinnen«, Freie Arbeit und Offener Unterricht ... sprechen stärker die Eigeninitiative der Schüler an, leiten zur Findung eigener Lösungsstrategien und gewähren Freiräume. Die Struktur einer Sache kann dabei - je nach Komplexität - auf verschiedenste Art und Weise erarbeitet werden.

6.2 Sach- und Fachkompetenz des Lehrenden[27]

Unterrichtsinhalte müssen sach- und fachgemäß erarbeitet werden. Es müssen folglich allgemeine und fachspezifische Arbeitstechniken und Arbeitsformen, fachspezifische Artikulationsschemata, Unterrichtsformen[28] und -verfahren, neuzeitliche neben altbewährten Unterrichtsmedien ebenso beherrscht werden wie auch die Fähigkeiten vorhanden sein müssen, komplexe Strukturen so aufzubereiten, daß sie schrittweise, dem Ethos der Sache gemäß, vom Schüler (mit dem Anspruch der Individualisierung) nachvollzogen werden können. Dies stellt hohe Anforderungen an die Lehrerpersönlichkeit, der neben Geduld und Zielstrebigkeit, weitere Charakteristika zu eigen sein sollten: sprachliches Darstellungsvermögen in Form des rhythmischen Sprechens, Fähigkeiten in der Modulation der Stimme, Gestaltung durch Gestik und Mimik, Impulstechnik wie Prägnanz im Frageverhalten. Hinzu kommen Variabilität und Flexibilität in der Methode ei-

[27] vgl. Seitz, S. 87f.
[28] vgl. Apel/Grünfeld 1982

nes Fachlehrers, der unterschiedliche Jahrgangsstufen in unterschiedlichen Fachbereichen unterrichtet.

6.3 Gefahr des Schematismus

Wie bei vielen anderen Unterrichtsprinzipien (Motivierung, Veranschaulichung, Differenzierung...) besteht auch beim Unterrichtsgrundsatz der Strukturierung die Gefahr, in einen Schematismus zu verfallen. Bestimmte Unterrichtsmedien bieten sich an, bestimmte Unterrichtsformen haben sich bewährt, bestimmte Arbeitsweisen waren vorteilhaft, die jedoch bei erneuter Reflexion und veränderten inhaltlichen Strukturen die Symbiose von Inhalt und Methode nicht in jedem Fall gewährleisten. Der Prinzipienverbund, die Berücksichtigung der einzelnen methodischen Gestaltungselemente, bietet eine Möglichkeit der Reflexion, einer am Schüler orientierten Unterrichtsgestaltung gerecht zu werden.

7. Literatur

Apel, H.J.: Schulpädagogik. Eine Grundlegung. Köln/Wien 1990

Apel, H.J./Grünfeld, W.: Unterrichtsformen, Unterrichtsverfahren. In: Becher, H.R. (Hrsg.): Unterrichtsformen und Unterrichtsverfahren. München 1982

Apel, H.J.: Lehrplan- und Curriculumentwicklung in Bayern (1950-1991). München 1991

Becher, H.R. (Hrsg.): Unterrichtsformen, Unterrichtsverfahren. München 1982

Becker, G.: Planung von Unterricht. Handlungsorientierte Didaktik. Teil I, Weinheim/Basel 1984

Beckmann, H.K.: Schule unter pädagogischem Anspruch. Donauwörth 1983

Brunnhuber, P.: Prinzipien effektiver Unterrichtsgestaltung. 14. Aufl., Donauwörth 1981

Comenius, J.A.: Didactica magna, übersetzt und herausgegeben von Vorbrodt, W., Leipzig 1906

Einsiedler, W.: Faktoren des Unterrichts. Donauwörth 1978

Glöckel, H.: Vom Unterricht. Bad Heilbrunn 1991

Köck, P.: Praktische Schulpädagogik. Donauwörth 1987

Kopp, F.: Didaktik in Leitgedanken. 6. Aufl., Donauwörth 1976

Manstein, B.: Strahlen. Gefahren der Radioaktivität und Chemie. Frankfurt 1977

Maras, R.: Das Tafelbild im Unterricht. Grundlegung, Gestaltung und Anwendung. München 1979

Maras, R.: Die Verwendung der Wandtafel im Unterricht. In: unterrichten & erziehen. 4/1991

Memmert, W.: Didaktik in Grafiken und Tabellen. 2. Aufl., Bad Heilbrunn 1983

Meyer, H.: Unterrichtsmethoden. Theorieband. 2. Aufl., Frankfurt 1988

Oakes, G.: Die Grenzen naturwissenschaftlicher Begriffsbildung. Frankfurt 1990

Roth, L. (Hrsg.): Pädagogik. Handbuch für Studium und Praxis. München 1991

Schmidt, W.: Unterrichtsgestaltung. Studienprogramm Erziehungswissenschaft Bd. 3., München/Wien/Baltimore 1978

Seibert, N.: Artikulation im Unterricht. In: unterrichten & erziehen. 2/1991

Seibert, N.: Tafelbildarbeit. In: Pädagogische Welt. 8/1991

Seibert, N.: Tafelbildarbeit und Arbeitsblattgestaltung. In: unterrichten & erziehen. 4/1991

Seibert, N./Serve, H.J./Zöpfl, H. (Hrsg.): Schulpädagogik. Eine Einführung in die Themenbereiche Erziehung und Unterricht in der Schule. München 1990

Stöcker, K.: Neuzeitliche Unterrichtsgestaltung. 18. Aufl., München 1970

Wellenhofer, W.: Grundlagen einer modernen Arbeitsblatt-Praxis. Ziele, Konzeptionen, Möglichkeiten, Grenzen. München 1991

Helmut J. Serve

Das Unterrichtsprinzip der Übung

Inhaltsverzeichnis

Erfolgssicherung und -progression als Ziele der Übung

1. Leitaspekte einer sinnvollen und zeitgerechten Übung

Die Bedeutung der *Übung* als ein wichtiger Faktor in vielen Bereichen erfolgreichen Lernens ist wohl jedem Lehrenden bekannt. Um so erstaunlicher mutet es an, daß ihre von der Psychologie besonders gut erforschte und belegte Bedeutung für Lernprozesse, -sicherung und -progression in jüngerer Zeit, besonders seit den 70er Jahren, nicht nur in der Praxis der Schule, sondern auch in der didaktischen Literatur nur eine unzureichende Berücksichtigung fand.[1]
Eine Erklärung dafür mag in den Nachwirkungen eines überkommenen und falschen Verständnisses von Übung zu finden sein, in dem Drill und andere Auswüchse wie stupide, geisttötende ... und letztendlich demotivierende Wiederholungen, im Mittelpunkt standen. Auch der gewandelte Zeitgeist, der in unkritisch betrachteten Quantitäten und pausenlosem Forteilen die höchste Seligkeit zu finden glaubte, bot nicht die förderlichen Rahmenbedingungen für eine angemessene Wertschätzung der Übung. Die längerfristige Erfolgssicherung, eine qualitative Fundierung und Vertiefung von Gelerntem durch notwendigerweise auch verweilende, gegebenenfalls gar zurückgreifende Übung, unterlag im Wettbewerb dem quantitativem Streben nach »Fortschritt«.

Unterstützt wurde der relative Niedergang des Ansehens der Übung darüber hinaus u.a.

- durch den »Zeitdruck überfüllter Lehrpläne«[2],
- durch die Zerfächerung des Unterrichts (ausgenommen der grundlegende Unterricht in der Grundschule),

[1] vgl. z.B. Bönsch 1988, S. 11

[2] Nicht immer entspricht und entsprach diese Klage gegebenen Tatsachen. Zu verschiedenen Zeiten und in verschiedenen Schularten kann und konnte man zu durchaus abweichenden Einschätzungen kommen. So beurteilen wir z.B. die gegenwärtigen Lehrpläne der Grund- und Hauptschule in Bayern (seit 1981 bzw. 1986) hinsichtlich ihrer verpflichtenden Inhalte als nicht überfrachtet, so daß unter gebotener Nutzung der Möglichkeiten fächerübergreifend-verbindenden Unterrichtens unseres Erachtens kein besonders zu beklagender Zeitdruck zu konstatieren ist.

- durch eine mißverstandene Schülerorientierung, die momentbezogen *jegliche* Unlust vermeiden wollte,
- durch die vermehrten Konzentrations- und Disziplinprobleme[3],
- durch die gestiegenen Konsumerwartungen und -haltungen der Schüler (der Lehrer als »Alleinunterhalter« soll »etwas bieten«) und ihrer dementsprechend zunehmenden Passivität,
- durch die Modeerscheinung falsch verstandener Arbeitsblätter[4], die mit ihren Lückentexten Übungsleistungen oftmals auf ein Minimum reduzierten,
- durch die einseitig kritischer gewordene Einstellung der Eltern gegenüber der Schule bei gestiegener, vor allem *quantitativer* Leistungserwartung,
- sowie durch die einseitig an den Schluß der Unterrichtsstunde gelegte Übung.

Eine Schule, die sich auch als Schule für das Leben versteht[5], die dem Schüler eine Hilfe in der Gegenwart und für die Zukunft sein will, muß daran interessiert sein, *erfolgreich* zu lehren, indem sie *dauerhafte Lernerfolge* der Schüler zu ermöglichen versucht. Die Lernergebnissicherung verlangt - nahezu immer - die vielfältigen Möglichkeiten der Übung als *dynamische* Lehrhilfe zu nutzen und sie dabei dem Schüler im Rahmen des »Lernen Lernens« als wertvolle Möglichkeit methodischen Lernens zu vermitteln.
Da Lernen sehr häufig mit Übung verbunden ist und erst durch sie effektiv wird und erfolgreich fortschreiten (Progression) kann, darf die Erfolgssicherung durch Übung als ein wichtiges Prinzip bei der Planung und Durchführung des Unterrichts keinesfalls vernachlässigt werden!

---

[3] vgl. hierzu das Untersuchungsergebnis von Bach, in: Seibert 1990, S. 131
[4] s. hierzu die Ausführungen von Wellenhofer München 1991
[5] vgl. z.B. Bayerischer Lehrplan für die Grundschule, KMBl.I, Sondernummer 20/1981, S. 550f. sowie Bayerischer Lehrplan für die Hauptschule, KMBl.I, Sondernummer 14/1985, S. 251f.

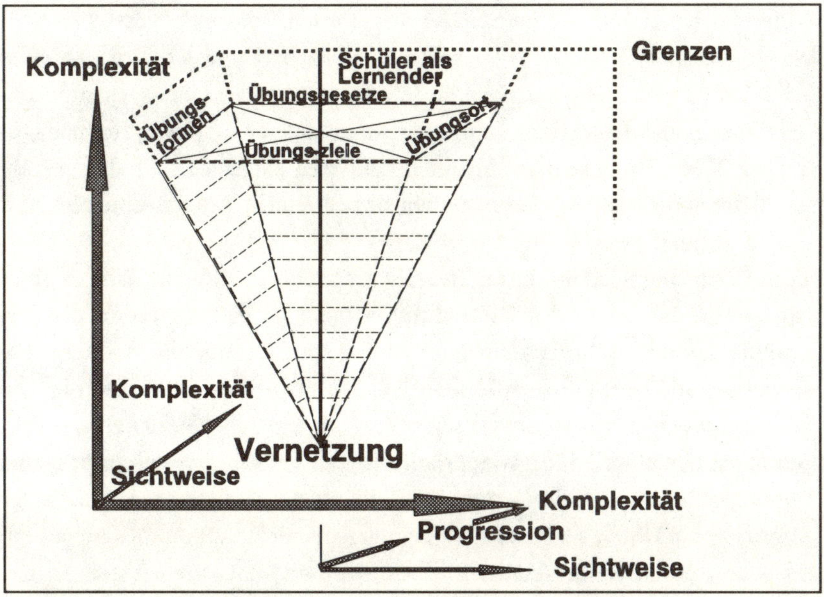

Die Übung stellt sich als sehr komplexes, multifaktorielles Unterrichtsprinzip dar, das auf Ergebnissicherung und -progression zielt. Die auf dem Kopf stehende und damit nach oben in den Dimensionen auseinanderstrebende Pyramide soll die Vernetztheit und Dynamik des Prinzips der Übung, in dessen Mittelpunkt der Schüler steht, veranschaulichen. Die weiteren Ausführungen mögen diese Darstellung weiter erhellen.

Dabei kann der didaktische Ort der Übung nicht - wie noch immer zu häufig praktiziert - nur die letzte Phase einer Unterrichtseinheit oder die Hausaufgabe sein, weil erfolgte Lern*schritte* häufig der reflektierenden Besinnung und Sicherung bedürfen und in diesen Fällen die Übung neuen Lernschritten sinnvoll vorausgehen muß. Jeder vorbereitete Unterrichtsschritt sollte daher auf enthaltene Übungsimpulse befragt werden und diese sollten *während* der gesamten Unterrichtseinheit überlegt genützt werden. "Tun und Einsicht, Einsicht und Tun stehen in ständiger Wechselwirkung, das Einüben und Bereitstellen haben in sich selbst wieder alle Stufen des Lernprozesses."[6]

---

[6] Roth 1957, S. 226f.

Wenn wir Unterricht als am Schüler orientierten Unterricht verstehen wollen, der stets *auch von erzieherischen Intentionen getragen* wird[7], so müssen wir an dieser Stelle auch das *Erziehungs*prinzip der Übung ansprechen. "Erziehung und Unterricht sind zwar verschiedene Aspekte des pädagogischen Tuns, über die man separat reflektieren kann, sie sind aber mit ihren *Bedingungen und Wirkungen* nicht so zu trennen, daß das eine ohne das andere zu realisieren wäre".[8]

Auch Erziehung wird mit ihrem Bemühen um Lebenshilfe nur dann effektiv sein, wenn die erreichten Ziele durch Übung gesichert werden und die Kraft der (oftmals sehr langfristigen) Übung zur Ermöglichung weiterer Erkenntnisse und/oder zur Fortführung von Lernprozessen genützt wird.[9] Die Entwicklung von Verhaltensweisen, Werthaltungen, ... verlangt viel Zeit und meist bewußte, häufig wiederholte Einübung. Die Vorbereitungs- und Planungsarbeit sowie die Geduld des Lehrers als Erzieher sind hier stark gefordert, um Übungsdefizite aus »Zeitmangel« nicht aufkommen zu lassen. Zu bedenken ist an dieser Stelle *Goethe*s Wort, nach dem vieles in der Welt verloren geht, weil man es zu schnell verloren gibt. Zum Wesen eines erfolgreichen Unterrichts, der Hilfen und Qualifikationen für die Gegenwart und Zukunft geben möchte, gehört unverzichtbar, "...daß gleichberechtigt neben der Vermittlung von neuen Stoffen, neben dem Erwerb von neuem Wissen, Können, Einsichten und Werten, neben der Anbahnung und Gewinnung von Einstellungen und Verhalten, die Sicherung und Verfügbarkeit all dieser Ziele angestrebt wird. Hierzu kann die Übung entscheidend beitragen."[10]

Dabei sollte soweit als möglich dem Übenden der Wert und die Bedeutung dessen was und die Form wie er übt einsichtig sein. Dies wirkt motivierend[11] und erhöht damit die Erfolgswahrscheinlichkeit.

Zu berücksichtigen ist weiter die Vielfalt unterschiedlicher Lerntypen. Je nachdem, ob der Übende eher ein auditiver, visueller, motorischer ... oder haptischer Lerntyp ist, sollten individuelle Übungsformen[12] ermöglicht

---

[7] vgl. Zöpfl 1990, S. 103ff.
[8] Klafki 1975, S. 232
[9] z.B. verändertes Verhalten, Wahrnehmen in der Umwelterziehung ...
[10] Eisenhut/Heigl/Zöpfl 1981, S. 11
[11] vgl. Serve, S. 165ff.
[12] vgl. Seibert, S. 95ff.

werden. Das verlangt auch, den Schüler anzuleiten, den eigenen individuellen Lerntyp zutreffend zu erkennen.
Sicher wird es dem Lehrer nicht möglich sein, auf alle Lerntypen (inklusive der Vielzahl der möglichen Mischtypen) einzugehen, er sollte sich aber darum bemühen, die Entfaltung der unterschiedlichen Lerntypen besonders bei den Übungen soweit als möglich (eine Störung anderer Mitschüler ist nicht tolerabel!) zu erlauben.
Die Übung - im Prinzipienverbund gesehen - mit ihrem Ziel der Erfolgssicherung und -progression verlangt vom Übenden in besonderem Maße Anstrengungsbereitschaft und Ausdauer. Sie sind von ihm zu *fordern*, aber *nicht* zu erzwingen. Sinnvolles pädagogisches Fordern beinhaltet die Verantwortung der Schule bzw. des Lehrers, den Schüler weder zu *über*fordern noch zu *unter*fordern. Dem Kind sind *angemessene* Anforderungen zu stellen und es ist zur *Selbst*forderung aus Einsicht und/oder Lust zu führen. Entsprechende Rahmenbedingungen (z.B. Verdeutlichung des Wertes des zu Lernenden, Ermöglichung der Erfahrung der Lust auch am mühsamen Tun, am Erfolg, ...) sind dafür zu schaffen[13].
Lehrer sind schlecht beraten, wenn sie glauben, den Kindern etwas Gutes zu tun, indem sie *nur* deren (manchmal vermeintlichen) momentanen Bedürfnissen folgen und damit verwöhnend oftmals jegliche Anstrengung und Anforderung verhindern bzw. vermeiden. Das Leben, auf das die Schule die Kinder auch vorbereiten soll, wird nicht ohne Anstrengungsbereitschaft zu meistern sein und »vor den Erfolg haben die Götter bekanntlich den Schweiß gesetzt«. Die permanente Verhinderung von Anstrengung führt ebenso wie die andauernde Unterbindung von Lust letztlich zu Verhaltensstörungen wie Aggressivität, Selbstdestruktivität und Sadismus.[14]
Übungen mit ihren Anforderungen entsprechend ausgewogen zu gestalten und anzuregen ist somit eine sehr verantwortungsvolle Aufgabe der Lehrer. Hervorzuheben ist an dieser Stelle, daß die Verwöhnung als »Lust ohne Anstrengung« nicht (zumindest nicht längerfristig oder erheblich überwiegend) durch das gegensätzliche Extrem, die »Anstrengung ohne Lust« ersetzt werden darf. Ideal wäre es, Übungen so zu gestalten, daß die An-

[13] vgl. Serve, ebd.
[14] vgl. hierzu Cube/Alshut 1989

strengungen auch mit Lustgefühlen einhergehen können oder belohnt werden (z.B., weil der Wert des zu Übenden einsichtig ist, weil die Anstrengung im Team Spaß macht, durch den errungenen Erfolg, die Anerkennung, ...). Die Auswahl dessen, *was* geübt werden soll, wird sich u.a. an der Frage nach der realen (im Lebensbereich der Kinder gegebenen) Gegenwarts- und der vermuteten Zukunftsrelevanz zu orientieren haben. Bestimmt werden Übungen sich um die Sicherung von Wissen ebenso zu bemühen haben wie um die Erhaltung und Weiterentwicklung von Begabung und Fertigkeiten, sie sollten jedoch *sinnvoll* sein im Hinblick auf ihre Hilfe zur gegenwärtigen und künftigen Lebensbewältigung und -erfüllung.

An dieser Stelle ist auch auf *Glöckels* Warnung zu verweisen: "Das *Leben* geht weiter und verlangt immer Neues vom Menschen und es gibt auch ein nützliches Vergessen. Überbetonte Erfolgssicherung kann eine zu große *Beschränkung*, ja Verarmung bedeuten. Auch inhaltliche Fülle, orientierende Überschau, Weite des Horizonts, haben ihren Wert." [15]
Die bisherigen Ausführungen deuten bereits an, daß das Unterrichtsprinzip der Übung mit anderen Unterrichtsprinzipien (z.B. Motivierung, Differenzierung, Aktualität und Lebensnähe, Selbsttätigkeit ...) eng verwoben ist.

Die Berücksichtigung des Verbunds mit den übrigen Prinzipien ist unverzichtbar, da der Erfolg der Übung wie des Unterrichts überhaupt durch sie beeinflußt wird und die

[15] Glöckel 1990, S. 298

Nichtbeachtung anderer wichtiger Prinzipien im schlimmsten Fall den Mißerfolg bedingen kann (z.B. Demotivierung mit Ablehnung und »geistiger Sperre«).

2. Terminologische Klärung

Der Terminus *Übung* wurde wie viele andere schulpädagogische Fachbegriffe der Umgangssprache entlehnt und zeigt sich mehrdeutig. Er benennt recht verschiedene Gegebenheiten, wie z.B. Vorgänge (sich üben), Zustände (Übung haben). Von mehrfachen Begriffsbildungsversuchen hat sich bislang keine genauere Definition durchgesetzt. Begriffe wie Übung, Einprägung und Anwendung werden nicht selten in identischer oder naher Sinngebung gebraucht. In zusammenfassendem Vorgriff auf die folgende Auswahl aus (schul-)pädagogischer und psychologischer Literatur läßt sich die Übung als eine bewußt angewandte Weise des Lernens mit dem Ziel der Leistungssteigerung beschreiben.

2.1 Definitionen aus der Literatur

"Im weitesten Sinne bezeichnet der Terminus Übung das wiederholte, willentliche Vollziehen einer bestimmten Reaktion (körperliche oder geistige Tätigkeit, Handlung) mit der Absicht, sie perfekt zu erlernen (Aneignung von Kenntnissen und Fertigkeiten)."[16]

"Übung dient der Erfolgssicherung im Unterricht. Übung heißt allgemein, das Gelernte durch Wiederholung zu festigen. Wesentlicher Bestandteil einer Übung ist demnach die Wiederholung eines gleichen oder ähnlichen Handlungsvollzuges bis zu seiner Vollkommnung."[17]

"Das wesentliche Ziel der Übung ist, daß der Schüler das Gelernte langfristig und bei Bedarf auch unter abgeänderten Bedingungen, beherrscht. (...) Das Ziel der Übung, der Leistungsfortschritt, hat seinen Zweck auch in der Ermöglichung eines schnelleren und sicheren Arbeitens und dadurch eines

---

[16] Grubitzsch 1976, S. 281
[17] Schröder 1985, S. 293

Freiwerdens von Energien, die dann für andere Lernakte benutzt werden können."[18]

"Übung ist die Fähigkeit des Menschen, durch Wiederholung, durch wiederholtes Tun, eine Fertigkeit zum einen heranzubilden und zum anderen dann zu verfeinern, in ihrem Volumen zu vergrößern und in ihrem Ablauf zu beschleunigen."[19]

"Intentionale Übung in Abhebung zur funktionalen ist ein Lern- und Unterrichtsprinzip, das auf einem bewußten Willen basiert. Sie zielt besonders auf

- *die langfristige Sicherung,*
- *die Verbesserung,*
- *die anstrengungsreduzierte, sichere und geläufige Verfügbarkeit (auch unter gewandelten Bedingungen) und*
- *die Ausweitung von einsichtig Gelerntem. Sie erfolgt überwiegend durch gleiche oder leicht variierende Wiederholung des Gelernten aber auch durch dessen übungsbewußte Anwendung.*"[20]

Gemeinsam ist allen Begriffsausführungen - bei Unterschieden im Detail - die hohe Bedeutungseinschätzung der Übung für den Lernerfolg. Das begründet eine ständige Aktualität des Unterrichtsprinzips der Übung an allen didaktischen Orten im Unterrichtsverlauf.

2.2 Anmerkungen zur terminologischen Differenzierung

Die verbreitete sinngleiche oder -ähnliche Verwendung anderer bereits angeführter Begriffe ist nicht unproblematisch, bestehen doch bei genauerer Betrachtung nicht unwesentliche Bedeutungsunterschiede. So beinhaltet z.B. *Übung* gegenüber der bloßen *Wiederholung* zusätzlich den bewußten Willen zur Erfolgssicherung, zur Leistungssteigerung und Ausweitung. Das *Einprägen* von Lernergebnissen vermag sowohl Ziel als auch Resultat der Übungs- oder Wiederholungsbemühungen zu sein. *Übung* will aber eben nicht nur Gelerntes sicher im Gedächtnis verankern, sondern darüber hin-

[18] Eisenhut/Heigl/Zöpfl 1981, S. 20
[19] Bönsch 1988, S. 53
[20] Serve 1990, S. 225

aus eine Progression bewirken. Der Begriff der *Anwendung* zeigt sich selbst nicht eindeutig[21], jede entsprechend intendierte Anwendung kann eine Übung darstellen. Gleichwohl zielt die Anwendung primär nicht auf Sicherung und Steigerung, sondern auf die praxisbezogene Nutzung von Gelerntem. Diese Differenzierungsbeispiele mögen verdeutlichen, wie notwendig eine exakte pädagogische Terminologie ist. Je nach Begriffsverwendung und -verständnis, ändern sich Wert, Gehalt und Konsequenzen von gedanklichen Ausführungen z.T. erheblich.

3. Intentionen des Unterrichtsprinzips der Übung

Vorrangige Intentionen schulischer Übung sind die langfristige Bewahrung und Verfügbarkeit des erlernten Wissens, Könnens, Verhaltens, seine ökonomische Nutzbarkeit in verschiedenen Situationen sowie seine Progression. Darüber hinaus gibt es eine Vielzahl weiterer möglicher Aufgaben und Ziele der Übung, welche sich aus der folgenden Darstellung ableiten lassen.

Die schulische Übung im Lichte ihrer Adjektive: Sie wirken selten als isolierte sondern meist wechselseitig und ineinander.

---

[21] vgl. Susteck 2/1987, S. 185-198

Nicht vergessen werden darf auch die Sicherung von Verhaltens- und Arbeitsweisen (z.B. das Beobachten), die selbst wesentliche Bedeutung für erfolgreiches Lernen haben.

Die detaillierten Ziele und Aufgaben der Übung im Unterricht werden sich aus den Anforderungen der einzelnen konkreten Aufgaben ergeben. Diese unterscheiden sich teilweise erheblich durch ihren Anteil an

- kognitiven (z.B. Kenntnisse, Erkenntnisse, Einsichten)
- psychomotorischen (z.B. Fähigkeiten, Fertigkeiten, Arbeitstechniken, Arbeitsweisen...)
- affektiven (z.B. Einstellungen, Werthaltungen, soziale Verhaltensweisen)

Lernzielen. Deren Operationalisierung verlangt unterschiedliche Übungsformen und verschiedenen Übungsumfang. Kognitive und psychomotorische Lernziele werden allgemein mehr Übung verlangen als affektive.

4. Fundamente unterrichtlicher Übung

4.1 Lernpsychologische Fundamente

Die Bedeutung der Übung für erfolgreiches Lernen ist in den meisten psychologischen Lerntheorien anerkannt. Besonders wenn Lernen auf langfristiges Behalten zielt oder wenn Fertigkeiten angeeignet und verbessert werden sollen, wird die Bedeutung häufiger gezielter Übung hervorgehoben. Dabei wird der Begriff *Lernen* in breitem Konsens verwendet für Prozesse im Organismus, die bedingt durch *Handlung, Erfahrung* und *Übung* zu relativ dauerhaften *Verhaltensänderungen* [22] führen [23]. Lernen ist dabei die Voraussetzung für die Bewältigung der gegebenen und der sich verändernden Welt. Das Verhalten hat sich entsprechend dieser Welt zu entwickeln, zu verbessern und bei Bedarf auch wieder zu verändern. "Die Verbesserung oder der Neuerwerb muß aufgrund von Erfahrungen, Probieren, Ein-

---

[22] »Verhalten« umfaßt auch inneres, dem äußeren Betrachter verborgenes Verhalten.
[23] vgl. z.B. Roth 1983, S. 187; Oerter 1976, S. 154f.

sicht, Übung und Lehre erfolgen und muß dem Lernenden den künftigen Umgang mit sich und der Welt erleichtern, erweitern oder vertiefen."[24]
Es gibt eine Vielzahl unterschiedlicher Lernformen und Lernvorgänge. Die darüber gewonnenen Erkenntnisse begründeten entsprechend viele verschiedene Lerntheorien.
Zu den wichtigsten Lernformen, wie z.B. das Beobachtungslernen, das Belohnungs-Bestärkungs-Bestrafungslernen, das Versuch- und Irrtumlernen, das Lernen durch Einsicht, das soziale Lernen, ... zählt auch das *Lernen durch Übung*.
Die verschiedenen Lerntheorien versuchen, die Vielfalt der Lernformen zu berücksichtigen, zu systematisieren und wesentliche Prinzipien daraus abzuleiten. Bis heute ist dieser Prozeß nicht abgeschlossen. Eine einheitliche, allgemein verbindliche Lerntheorie ist nicht in Sicht. Gleichwohl lassen sich die bedeutendsten Lerntheorien auf zwei grundlegende Ansätze zurückführen. Gegenüber stehen sich vor allem das behavioristische (u.a. mit Assoziationstheorien) und das kognitivistische (u.a. mit Gestalttheorien) Lager. Die behavioristischen Ansätze beschäftigen sich überwiegend mit beobachtbaren Lernprozessen, die kognitivistischen stützen sich auf gestaltpsychologische Erkenntnisse und untersuchen menschliche Wahrnehmungsabläufe sowie Informationsverarbeitungs- und Verstehensprozesse (Strukturierungsprozesse). Sie gehen von der Annahme komplexer Lernstrukturen (nicht auf Assoziationsverläufen basierend) und problemlösenden Denkens aus (einsichtiges Lernen).[25]
"Vor allem für das schulische Lernen steuern die behavioristischen Theorien relativ wenig bei. Je mehr es um Einsicht in Sachverhalte und um das Verständnis von Gesetzmäßigkeiten und Regeln geht, desto mehr besteht Lernen im Aufbau von kognitiven Strukturen. ... Strukturierungsprozesse wurden von der Gestaltpsychologie beschrieben"[26] und finden im schulischen Lehrprozeß zunehmende Berücksichtigung.

---

[24] Roth 1969, S. 188
[25] vgl. systematische Übersicht über Lerntheorien in Schröder 1977, S. 38ff.
[26] Oerter 1976, S. 154ff.

4.2 Lernbiologische Fundamente

Um dem Lernen durch Übung zu bestmöglichem Erfolg zu verhelfen, sind die Kenntnis und Beachtung lernbiologischer Forschungsergebnisse erforderlich.

Unser Gehirn ist ein hervorragend funktionierendes Selektionsinstrument. Von der Vielzahl der Wahrnehmungen wird nur eine kleine Anzahl in den Kurzzeitspeicher des Gehirns aufgenommen, aus dem ein noch geringerer Anteil in den Langzeitspeicher gelangt. Unbewußt werden also vom individuellen Gehirn nur als *wichtig erscheinende* Eindrücke gespeichert, Unwichtiges wird zur Kapazitätsentlastung abgeblockt oder wieder ausgemustert. "Prinzipiell hat das Lernen zum Ziel, daß ein Lebewesen die fluktuierenden Wahrnehmungen aus der Umwelt so interpretiert, daß es sich in dieser Umwelt möglichst gut zurechtfindet und sein Verhalten entsprechend anpaßt."[27]

Beim willentlichen Lernen und Üben wird also eine Überwindung der Filterschwellen angestrebt, was ein den *ganzen* Menschen forderndes Geschehen darstellt. "Unsere Gehirntätigkeit, das Denken und Lernen, ist jedoch nicht etwas rein Geistiges, sondern immer eng mit zellulären, hormonellen, biochemischen und biophysikalischen, also mit materiellen Vorgängen verknüpft. Ein Lernen ohne Einsatz des Organismus und damit ohne Einbeziehung der Umwelt ist widernatürlich und unökonomisch. (...) »Lernen mit der Umwelt« heißt also »besser lernen«. Die dazu nötige Bewußtseinsbildung kann auf jeder Lernstufe ... ansetzen."[28] Je engmaschiger die Vernetzungen und Wechselwirkungen mit bereits bekannten Vorstellungsmustern und der Realität erfolgen, desto erfolgreicher gelingt Lernen.

Folgende lernbiologische Erkenntnisse verdeutlichen die bisherigen Ausführungen.[29]

- Der Wert des zu Übenden muß einsichtig sein.
- Der weitere sinnhafte Zusammenhang muß als Vernetzungshilfe erkennbar sein.

---

[27] Vester 1988, S. 48

[28] Vester ebd., S. 46

[29] vgl. zum folgenden Vester, ebd., insb., S. 44-73 sowie ders. 6/1984

- Positive Situationen und Emotionen bewirken Hormonreaktionen, welche die Aufnahme- und Abrufbereitschaft erhöhen.
- Assoziationsmöglichkeiten unterstützen die Aufmerksamkeit und Speicherung.
- Die Einschaltung möglichst vieler Sinne ermöglicht die mehrfache und damit sicherere Verankerung des Gelernten.
- Die Kenntnis und Berücksichtigung des je individuellen Lerntyps (mehr visuell oder auditiv, haptisch, kommunikativ, motorisch, ... kombiniert) steigert die Lerneffizienz.

5. Die Übung im praktischen Unterrichtsvollzug

5.1 Wesentliche Vorbedingungen unterrichtlicher Übung

Wesentliche Vorbedingungen unterrichtlichen Übens sind in den überwiegenden Fällen die Einsicht in die und das Verstehen der zu übenden Sache. Wo und soweit immer möglich darf die Übung kein Surrogat für einsichtiges und damit Verstehen aufbauendes Lernen sein. Wenn wir den Schüler ernst nehmen und ihn zur Mündigkeit führen wollen, haben wir vor Übungsbeginn zu prüfen, inwieweit Einsicht und Verstehen als Übungsvorbedingung möglich und gegeben sind oder ob *wirklich* einer jener Fälle vorliegt, der eine Ausnahme rechtfertigt. Durch intensive Übung allein mag zwar u.U. eine *quantitative* Wissenssteigerung, kaum aber die *Qualität* verstandenen, kritisch reflektierten und auf andere Bereiche übertragbaren Wissens zu erzielen sein. Außerdem besteht beim Einüben von Unverstandenem die große Gefahr der Festigung von Fehlern, die dem weiteren Lernerfolg dann sehr hartnäckig entgegenwirken und damit eine hohe Mißerfolgswahrscheinlichkeit bedingen können.

Bei diesen Überlegungen ist allerdings - wie oben bereits angedeutet - auch darauf hinzuweisen, daß eine Übung *nicht immer* einem *verstandenen* Lernprozeß folgen muß. Ein Üben *kann* auch ein Verstehen bewirken. Gerade

bei Grundschulkindern mag es eine sinnvolle Unterrichtsstufung sein, vom Nachmachen, Einüben, ... zur Problemfrage und dann zum einsichtigen, verstehenden Problemlösen zu gelangen. Besonders die Montessori- und Waldorfschulen arbeiten viel nach dieser Methode.
Die Ausführungen sollen deutlich machen, daß die Artikulation des Unterrichts kein starres Konstrukt (wie bei den Herbartianern) sein darf, sondern ein viele Faktoren berücksichtigendes *flexibles* Stufungs*modell* sein muß.[30]
Die Übung ist also nicht in jedem Fall eine Phase am Ende eines Lernschritts oder einer Unterrichtsstunde, sie kann auch an ihrem Anfang und in ihrem Verlauf sinnvoll angebracht sein, wenn die Lernvoraussetzungen der Schüler und der Anspruch der Sache dies erfordern.

5.2 Gebote der Übung im Schulunterricht

Um die Wirksamkeit der Übung zu gewährleisten, sind die Kenntnis und Beachtung wichtiger Forschungsergebnisse[31] und der durch sie begründeten »Gebote der Übung« unverzichtbar für jeden Lehrer.
Die bedeutendsten »Gebote des Übens«, ohne deren Berücksichtigung ein erfolgreiches Üben kaum wahrscheinlich ist, sollen daher an dieser Stelle kurz dargelegt werden.

- Ohne innere *Bereitschaft zur Übung* ist der Erfolg fraglich! Die Bereitschaft muß daher - falls nicht vorhanden - geweckt werden, der Schüler muß motiviert werden, ein Motiv haben. Die Bedeutung des zu Übenden ebenso wie die Notwendigkeit und der Sinn/Wert der Übung müssen dem Schüler plausibel sein. Übungsspiele und Wettkämpfe (andere und/oder *sich selbst* übertreffen) haben dabei oft eine zusätzliche motivierende Wirkung.
- Jede Übung muß sich am *Entwicklungsstand* der Schüler orientieren. Davon abhängig sind z.B. die Wahl der Motivierung, der Grad der Abstraktion, die Dauer, ... der Abstand. Entwicklungsgemäßes Üben in einer Schulklasse *verlangt* in einer diesbezüglich meist hetero-

[30] vgl. Seibert 1990, S. 150f.; außerdem Schwenk 1963
[31] z.B. Ebbinghaus 1885; Foppa 1968; Guyer 1967; Vester 1975

genen Klasse das Praktizieren einer entsprechenden inneren Differenzierung. Differenzierendes Üben verbessert die Erfolgswahrscheinlichkeit.

- Der Zeitpunkt der *Primärrepetition* ist bald, möglichst am nächsten Tag, zu wählen. Die erste Wiederholung ist nach *Ebbinghaus* die wichtigste, sie trägt die folgenden, da das Vergessen anfangs am stärksten ist. Zu späte Primärrepetition entspricht nicht selten einem Neulernen.
- *Übungserfolge* sind wichtig! Sie motivieren zum Weitermachen, ihr dauerhaftes Ausbleiben zerstört die Übungsbereitschaft. Übungen sind also so zu gestalten, daß - *ohne Unter*forderung! - ein Übungserfolg wahrscheinlich ist. Häufigere, aber weniger umfangreiche Übungen erhöhen die Erfolgsquote und wirken somit lernmotivierend.
- Die Verteilung und Dosierung der Übung ist besonders wirkungsvoll, wenn über einen längeren Zeitraum häufiger kurze (z.B. zehn Minuten) Übungen erfolgen. Umfangreiche aber seltene Übungen führen zu deutlich geringerem Erfolg.
- Auf *Fehlervermeidung* ist bei der Übung unbedingt zu achten, da sonst die Fehler gefestigt werden. Kontrolle (Selbst-, Partner-, Lehrer-) ist daher unverzichtbar!
- Übungsformen und -material sollen ansprechend sein. Durch ihre motivierende Wirkung fördern sie das Behalten.
- Durch die *Variation* der Übungsformen wird die Erfolgsquote erhöht, die Übung und ihr Lerngegenstand werden in unterschiedlichen Zusammenhängen und Aspekten vernetzt und damit besonders gut gesichert.
- *Aktives Üben* ist passivem, latentem Üben unbedingt vorzuziehen. Was selbsttätig erarbeitet wird, haftet in der Regel länger im Gedächtnis als vom Lehrer Vorgegebenes.
- Auf intensive Übung sollte *Entspannung, Pause, Ruhe*... folgen oder eine möglichst *andersartige* Tätigkeit, um zu vermeiden, daß das Folgende das Vorausgegangene löscht oder umgekehrt (retroaktive bzw. proaktive Hemmung).

- Die gleichzeitige Übung oder/ und Gegenüberstellung von Ähnlichem fördern Verwechslungen (Ranschburgsche Hemmung).
- Nach Möglichkeit sollte *ganzheitlich* geübt werden, das heißt, nicht nur ein Teilaspekt sondern der ganze Übungsstoff sollte einbezogen sein oder zumindest ins Blickfeld gebracht werden.
- Der Tatsache verschiedener Lerntypen sollte Rechnung getragen werden durch Ansprechen möglichst vieler Sinne beim Üben.
- Eine gute Strukturierung der Übungen unterstützt das Behalten.
- Die Einbettung der Übung in positive Emotionen wirkt dem Vergessen entgegen. An freudige Situationen erinnern wir uns lieber und vor allem leichter als an unerfreuliche. Die ideale Übungsatmosphäre ist freudig[32] und angstfrei.

5.3 Formen der Übung und Abhängigkeit von der Intention

Intentionsabhängig lassen sich verschiedene Formen der Übung unterscheiden.

- *Apponierte* Übung:

  Jedem Lernschritt werden sofortige kurze Übungsfolgen *beigefügt*, als erste Sicherungsmaßnahme gegen unmittelbares Vergessen.
- *Direkte* Übung:

  Neugelerntes soll vor dem schnellen Vergessen bewahrt und dazu sicher im Langzeitgedächtnis verankert werden.
- *Disponierte* Übung:

  Durch planmäßiges und gleichmäßig wiederkehrendes dabei aber jeweils kurzes Üben soll Lernen zeiteffizienter geschehen und dauerhaftes Behalten erzielt werden.
- *Latente* Übung:

  Bei vielen Aktivitäten tritt der Effekt überwiegend unbemerkter, zum Teil vielfältiger Übung auf. Intentionsfernes wird ebenso mitgeübt

[32] vgl. hierzu auch Seibert/Wittmann/Zöpfl 1990

und sollte daher im voraus bedacht und genutzt (oder bei Unerwünschtem nach Möglichkeit verhindert) werden.

5.4 Die Multilokalität unterrichtlicher Übung

Der Übung läßt sich im Unterricht kein festgelegter didaktischer Ort zuweisen. Allein die in 5.3. differenzierten Intentionsdimensionen mit ihren verschiedenen Gestalten der Übung verlangen zwingend eine variierende Lokalisierung im Unterrichtsablauf. Dazu kommt, daß die allgemeine Erkenntnis »varietas delectat«[33] nicht nur für die Art der Übung, sondern ebenso für ihren zeitlichen Ort (soweit sinnvoll) zutrifft.
Da u.U. jeder Lern*schritt* eine apponierte Übung als geboten erscheinen lassen kann, vermag konsequenterweise die Übung an mehreren und verschiedenen Stellen einer Unterrichtsstunde gerechtfertigt sein, was auch die Bezeichnung der Übung als Unterrichtsprinzip betont. Die wachsame Orientierung u.a. an den Bedürfnissen und Fähigkeiten der jeweiligen Schüler bestimmen den Ort der Übung ebenso mit, wie die unterrichtliche Zielsetzung durch das Ethos der Sache.
Die indirekte Übung kann - je nach Aktivität der Schüler - auf *jeder* Stufe des Unterrichts erfolgen, für die disponierte Übung wird überwiegend der Anfang oder das Ende einer Unterrichtsstunde geeignet sein.
Meist gegen Ende einer Unterrichtsstunde oder eines umfassenderen Lernvorgangs wird die direkte Übung als eigene Stufe eingesetzt. *Roth*[34] führt beispielsweise die Übung in seinem Artikulationsmodell an der fünften Stufe als »Stufe des Behaltens und Übens« an. Hier soll das Gelernte mittels direkter Übung gesichert und gegebenenfalls gesteigert werden.
Dennoch! Auch auf anderen Unterrichtsstufen, z.B. als Hinführung am Anfang einer Stunde oder ganz am Ende bei der Anwendung, dem Transfer,... kann die direkte Übung sinnvoll sein. Zu reflektieren ist stets, ob die Schüler einen Stand erreicht haben, der ein Einüben von Fehlern durch verfrühte Übung weitgehend ausschließt.

---

33 »Abwechslung macht Freude«
34 vgl. Roth 1969, S. 223ff., der auf diesen lernpsychologischen Aspekt hinweist.

Eine frühe, funktionierende Fehlerkontrolle (Selbst-,Fremd-, Partner-) ist in jedem Fall wichtig, um einer Fehlerfestigung vorzubeugen und auf unerwartete Unklarheiten, Mißverständnisse, Wissenslücken,... rechtzeitig reagieren zu können!

5.5 Zusammenfassende Verdeutlichung der Faktoren der Übung

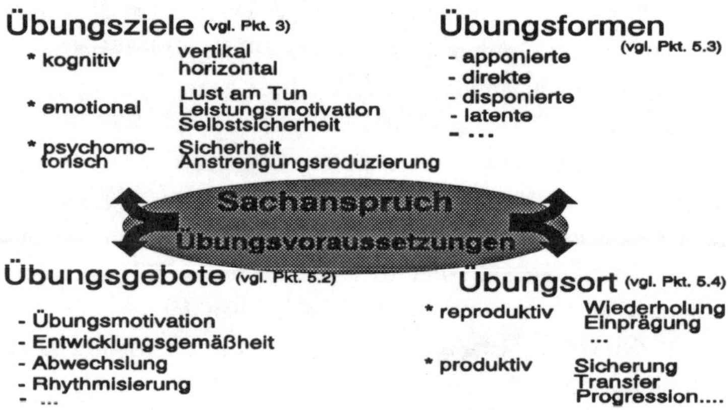

Die hier getrennten Übungsfaktoren bilden im Idealfall ein sensibles Gleichgewicht und stehen in der Praxis in engster gegenseitiger Sinn-Abhängigkeit. Sie bedingen oder beeinflussen sich gegenseitig sehr stark und können den beabsichtigten Erfolg nicht nur fördern sondern auch vereiteln.

6. Grenzen der Erfolgssicherung und -progression durch Übung

Das Übungsprinzip *allein* vermag in der Regel weder Lernerfolg noch Erfolgsprogression zu gewährleisten.

Erst in der sinnvollen Verbindung mit weiteren wichtigen Unterrichtsprinzipien unter gleichzeitiger Berücksichtigung bedeutender Faktoren und Erkenntnisse z.B. aus der Lernpsychologie, -biologie,... aus der individuellen

Lebens- und Lerngeschichte der Kinder, der konkreten schulischen Situation, u.v.m. vermag die Übung ein positiver Beitrag zur Erhöhung der Erfolgswahrscheinlichkeit und zur Lernprogression zu sein. Die Unkenntnis oder eine einseitige Polarisierung von Grundsätzen des Übungsprinzips können bis zur Erfolgsvereitelung führen.
Auch genetische Bedingungen, das psychische und physische Befinden, das Lebensalter, individuelle Werthaltungen,... können Übungserfolge vermindern oder verhindern.

Wo die individuellen Grenzen der Kinder jeweils liegen läßt sich allerdings nicht mit Sicherheit bestimmen. Gerade hier gilt der Spruch »ignoramus et ignorabimus«[35], was uns im Zweifel veranlassen sollte, optimistisch zu bleiben und bei nachlassendem oder unterbleibendem Erfolg nicht zu schnell aufzugeben. Gerade bei Kindern führen nicht selten nach Phasen der Stagnation neue Entwicklungen immer wieder zu oftmals erstaunlichen (weil nicht erwarteten) Lern- und Leistungsfortschritten.

[35] »Wir wissen es nicht und werden es nicht wissen.«

7. Literatur

Bayerischer Lehrplan für die Grundschule, KMBl.I, Sondernummer 20/1981

Bayerischer Lehrplan für die Hauptschule, KMBl.I, Sondernummer 14/1985

Bönsch, M.: Üben und Wiederholen im Unterricht, München 1988

Cube, F.v./Alshut, D.: Fordern statt verwöhnen. Die Erkenntnisse der Verhaltensbiologie in Erziehung und Führung. München, Neuausgabe 1989

Ebbinghaus, H.: Über das Gedächtnis. Leipzig 1885

Eisenhut, G./Heigl, J./Zöpfl, H.: Üben und Anwenden. Bad Heilbrunn/Obb. 1981

Foppa, K.: Lernen, Gedächtnis, Verhalten. 4. Aufl., Köln/Berlin 1968

Glöckel, H.: Vom Unterricht. Lehrbuch der Allgemeinen Didaktik. Bad Heilbrunn/Obb. 1990

Grubitzsch, S.: Übung. In: Wörterbuch der pädagogischen Psychologie. 3. Aufl., Freiburg/Basel/Wien 1976

Guyer, W.: Wie wir lernen. 5. Aufl., Erlenbach/Zürich 1967

Klafki, W. u.a.: Funk-Kolleg Erziehungswissenschaft, Bd. 1, Frankfurt 1975

Oerter, R.: Lernpsychologie. In: Zöpfl, H., et. al. (Hrsg.) 1976

Roth, H. (Hrsg.): Begabung und Lernen. Stuttgart 1969

Roth, H.: Pädagogische Psychologie des Lehrens und Lernens. Hannover 1983

Schröder, H.: Grundwortschatz Erziehungswissenschaft. München 1985

Schröder, H.: Lernwirksamer Unterricht. München 1977

Schwenk, B.: Das Herbartverständnis der Herbartianer. Weinheim 1963

Seibert, N./Wittmann, H./Zöpfl, H.: Humor und Freude in der Schule. Donauwörth 1990

Seibert, N./Serve, H.J./Zöpfl, H.(Hrsg.): Schulpädagogik. Eine Einführung in die Themenbereiche Erziehung und Unterricht in der Schule. München 1990

Seibert, N.: Erziehungsschwierigkeiten. In: Seibert, N./Serve, H.J./Zöpfl, H. (Hrsg.) 1990

Seibert, N.: Artikulation des Unterrichts. In: Seibert, N./Serve, H.J./Zöpfl, H. (Hrsg.) 1990

Serve, H.J.: Die Übung im Unterricht. In: Seibert, N./Serve, H.J./Zöpfl, H. (Hrsg.) 1990

Susteck, H.: Der Begriff der Anwendung in schulischen Lernprozessen. In: Pädagogische Rundschau 41. Jahrgang, Nr. 2/1987

Vester, F.: Biologisch sinnvolle Didaktik. In: Westermanns pädagogische Beiträge, Heft 6, 1984

Vester, F.: Denken, Lernen, Vergessen. Stuttgart 1975

Vester, F.: Leitmotiv vernetztes Denken. München 1988

Wellenhofer, W.: Grundlagen einer modernen Arbeitsblatt-Praxis. Ziele, Konzeptionen,

Möglichkeiten, Grenzen. München 1991
Zöpfl, H.: Unterricht. In: Zöpfl, H./Huber, H. 1990
Zöpfl, H./Huber, H.: Über Grundlagen von Bildung und Erziehung. Donauwörth 1990
Zöpfl, H. et. al.(Hrsg.): Kleines Lexikon der Pädagogik und Didaktik. 7. Aufl., Donauwörth 1976

Norbert Seibert

Das Unterrichtsprinzip der Veranschaulichung

Inhaltsverzeichnis:

1. Vorbemerkung

Das Unterrichtsprinzip der Veranschaulichung dürfte zu den ältesten Unterrichtsprinzipien zählen. Die Aufforderung von *Comenius*[1] (Orbis pictus) "Unterrichte anschaulich!" ist nach wie vor als didaktisch-methodische Anweisung für einen Unterricht zu verstehen, der durch Anschaulichkeit in jeder Form der denkenden Auseinandersetzung dienen soll.
Anschaulichkeit in der Darstellung ist eng mit einer Steigerung der Wahrnehmungsfähigkeit des Menschen verbunden. Die Wahrnehmung ist gleichsam das Tor zur Weltbegegnung und Welterschließung. Die Funktion der menschlichen Wahrnehmung verdeutlicht *Zimbardo*, der diese als Ordnungsprinzip bezeichnet, das "den uns zuströmenden Reizen Zusammenhang verleiht, das getrennte Elemente zu einer sinnvollen Einheit zusammenführt und das unserem Verhalten die Richtung weist".[2]
Das Unterrichtsprinzip der Veranschaulichung kann, um die Wahrnehmungsfähigkeit des Schülers zu fördern, nicht einseitig auf die Veranschaulichung in visuellen Bereichen gerichtet sein, obwohl wir "den größten Teil unserer Sinneseindrücke mit den Augen aufnehmen"[3], denn

> "in einem einzigen Augenblick werden z.B. 100 Mio. Empfindungen von Lichtquellen in unserer Umwelt über die Netzhaut zum Gehirn weitergeleitet. Dazu kommen gleichzeitig Empfindungen wie Laute, Wärme und Kälte, Geschmack, Geruch u.a. Informationen, die Bedürfnisse unseres Körpers signalisieren sowie Erwartungen, relevante frühere Erfahrung usw. Diese verschiedenen Informationen werden analysiert, organisiert und integriert."[4]

Aufgrund der unvorstellbar hohen Anzahl von Reizen, die auf die Sinne einfließen, kann die Wahrnehmung nicht als additiver Prozeß gedacht, sondern muß als Filter interpretiert werden, der durch die "Persönlichkeitsfaktoren, wie Interessen, Werthaltungen und Einstellungen eine nicht zu unterschätzende Rolle"[5] spielt. Der Filtrationseffekt ist dafür verantwortlich, daß die Wahrnehmung als individueller Ausdruck begrifflich geleiste-

---

[1] vgl. Apel, S. 19ff.
[2] Zimbardo 1983, S. 308
[3] Schmidt 1989, S. 14
[4] Zimbardo, ebd.
[5] vgl. Schmidt, ebd., auch Zimbardos Erläuterungen (S. 319ff.), der diese Vorgänge in drei großen Kategorien zusammenfaßt: a) die Reizdeterminanten der Wahrnehmung von Gestalt, Komplexität, Signalstärke usw., b) den physikalischen Apparat und c) die persönlichkeitsbedingten Variablen, wie individuelle Lerngeschichte, kulturelle und motivationale Lernbedingungen und -voraussetzungen.

ter Synthese niemals ein nur objektives Spiegelbild der durch den Anschauungsprozeß gewonnenen Erfahrungen ist.

Die Wahrnehmungsfähigkeit des Schülers und das differenziert aufzufassende Bemühen des Lehrers um Veranschaulichung bilden die Voraussetzung für die Einleitung eines Denkprozesses, der zur "symbolischen Präsentation unserer Welt und unseres Selbst sowie zum darauf gründenden Verhalten führt".[6] Das Ziel der Veranschaulichungsbemühungen des Lehrers ist eine klare und sichere Begriffsbildung beim Schüler, mit deren Hilfe gelehrt und gelernt werden kann. *Filler* erläutert:

"Begriffe entwickeln sich von konkreten Gegebenheiten aus und zielen auf das Wesentliche konkreter Phänomene, verhelfen aber nur dann zur geistigen Bewältigung der komplexen Vielfalt der Welt, wenn sie von der kognitiven Struktur rückführbar sind zu den Konkreta, dem breiten Feld der Anschauungen."[7]

Folglich gilt es also, die Begriffsbildung beim Schüler nicht lediglich durch Abstraktionen zu fördern, sondern den Begriffsbildungsprozeß[8] als Ergebnis der Anschaulichkeit im Unterricht mit "einem reichen Bedeutungsinventar"[9] zu versehen.

2. Notwendigkeit von Anschaulichkeit im Unterricht

Unterricht ist ein komplexes Geschehen. Sachinhalte, oft abstrakter Art, müssen für den Schüler so aufbereitet werden, daß durch die anschauliche didaktisch-methodische Vorgehensweise Anschaulichkeit ermöglicht wird. Die Anschaulichkeit der Unterrichtsgestaltung ist zum einen Ausgangslage, um eine Informationsbasis schaffen zu können, zum anderen ständige Aufforderung an den Lehrenden, Sachgemäßheit[10] und Kindgemäßheit[11] in

---

[6] Kreiselmeyer 1982, S. 5
[7] Filler 1982, S. 11
[8] Zum Verständnis von Anschauung und Begriffsbildung vgl. die Forschungsstudie von Koch 1991, bes. S. 339-342 ("Zum logischen Unterschied zwischen Anschauung und Begriff")
[9] vgl. Filler, ebd.
[10] vgl. Seitz, S. 50ff.
[11] vgl. Seitz, S. 64ff.

optimaler Weise zu gewährleisten. *Pestalozzis*[12] richtungsweisende Aussage »Anschauung ist das Fundament aller Erkenntnis« kann, obwohl eine Hierarchisierung der Unterrichtsprinzipien vermieden werden soll, als Ausgangspunkt eines schülerorientierten Unterrichts verstanden werden. Hier wird bereits ersichtlich, daß viele weitere Unterrichtsgrundsätze ebenfalls auf Anschaulichkeit beruhen müssen: z.B. eindeutige, klare Arbeitsaufträge für differenzierende Arbeitsformen, Material für Motivierungsmöglichkeiten, übersichtliche Tafelbildarbeiten zur Strukturierung und Sicherung der Lernergebnisse.

Als unterrichtsbezogene Folgerungen für einen auf Anschaulichkeit beruhenden Lehr-/Lernprozeß ergeben sich die Forderungen, daß der direkten Anschauung, also der Verbindung von Realität und Begriffen[13], vor der indirekten Anschauung, der Substitution durch eine bildhaft-vorstellungsmäßige oder sprachsymbolische Zusammensetzung, der Vorrang eingeräumt werden muß.

3. Begriffsklärungen aus der Literatur

"Veranschaulichen im Unterricht heißt, den Unterrichtsstoff so darbieten, daß die Schüler ihn mit Hilfe ihrer Sinnesorgane und entsprechend ihrer Auffassungsfähigkeit umfassend und zutreffend erkennen können. (...) Anschaulichkeit weist ein Unterricht auf, in dem es möglich ist, Unterrichtsinhalte durch Wahrnehmungen mittels der Sinnesorgane zu erfassen. Anschaulichkeit ist die Voraussetzung für Erkenntnisgewinnung durch Wahrnehmung. Anschauung kann unter einem mehr dynamischen Aspekt (als

[12] "Die Hauptforderung in Ansehung der Lehrform besteht darin, daß die Lehrer unaufhörlich als das Wesen ihrer ganzen Aufgabe vor Augen behalten, daß es - jederzeit als die Hauptaufgabe zu betrachten sei, das Nachdenken der Lehrlinge zu erwecken, die Denkkraft und Beobachtungsgabe derselben zu üben und den Geist zu freiem und vielseitigem Gebrauche seiner Kräfte zu stärken. Diese Aufgabe ist nicht anders als dadurch zu lösen, daß alles bloß mechanische Einlernen sorgfältig vermieden und unnachläßig darauf gedrungen werde, alle Lehrgegenstände zu einer lebendigen Anschauung zu bringen, die Gegenstände der Natur und der äußeren Betrachtung durch genaue und allseitige Beobachtung scharf zu unterscheiden und nach allen ihren Verhältnissen möglichst vollständig zu faßen, und ebenso die Gegenstände des Geistes und der inneren Betrachtung in klare Vorstellungen zu fixieren, sie in ihren Hauptmerkmalen bestimmt zu sondern und nach allen ihren Beziehungen bestimmt zusammen zu faßen." (Heppe 1859, S. 56)

[13] vgl. Seitz, S. 78f.

Vorgang, Prozeß der Erkenntnisgewinnung) oder unter einem statischen Aspekt (als Ergebnis der Erkenntnisgewinnung) gesehen werden. Im Vorgang vollzieht sich das allseitige und zutreffende Erfassen eines Sachverhaltes oder eines Zusammenhanges auf der Basis der sinnlichen Wahrnehmung, wobei sich die Erkenntnisgewinnung nicht nur auf ein »Hinschauen« beschränkt, sondern eine vorstellungsmäßige und denkende »Verarbeitung« maßgeblich daran beteiligt ist."[14]

"Schon umgangssprachlich kann das Wort sowohl den Vorgang als auch das Ergebnis des »Anschauens« bedeuten. Zunächst denkt man an den wörtlichen Sinn, die optische Erfassung der sichtbaren Wirklichkeit durch Realgegenstände, Bilder, Modelle usw. Aber es bedarf keiner längeren Überlegung, um das »Anschauen« auf ein Erfassen mit allen Sinnen, mit Auge und Ohr, Zunge und Nase, Tast- und Bewegungssinn auszuweiten, und von hier auf die Realerfahrung aus der aktiven Auseinandersetzung mit Sachen und Menschen - vom Legen der Zählsteinchen über physikalische Schülerversuche bis zum sozialkundlichen Projekt ... Solches Anschauen ist nicht ein passives Abbilden der Wirklichkeit, gewissermaßen auf der Fotoplatte unserer Seelen, sondern ein aktives Auswählen aus der Fülle der Sinneseindrücke, ein strukturiertes Wahrnehmen, eine »Konstruktion« der Wirklichkeit. Damit kommt aber ein gegenläufiges Prinzip herein. Denn woher kämen die Kategorien für Auswahl und Ordnung, wenn nicht aus dem Begriff? Allgemeine Begriffe sind nicht nur Ergebnis der Anschauung, nachträglich aus ihr abstrahiert, sondern auch Bedingung der Möglichkeit des Anschauens als eines gezielten Wahrnehmens ..."[15]

"Nach J. Piaget sind Kinder vor allem zwischen dem vierten und siebten Lebensjahr an das anschauliche Denken gebunden. Die Begriffsbildung erfolgt in diesem Alter über die äußere und die innere (Vorstellung, innere Bilder) Anschauung. Das anschauliche Denken folgt eingleisig dem tatsächlichen Geschehensablauf und es ist phänomengebunden, d.h. die Kinder können noch nicht systematisierend und schlußfolgernd denken, aber sie operieren auch im Anschauungsakt.
Das abstrakte, begriffliche Denken bezeichnet demgegenüber die Fähigkeit, weitgehend oder völlig unabhängig von anschaulicher Vorstellung in Symbolen, Zeichen, Begriffen denken zu können ..."[16]

"Ohne erkenntnistheoretische Grundfragen anzurühren, kann gesagt wer-

---

[14] Schröder 1989, S. 120
[15] Glöckel 1991, S. 282f.
[16] Köck 1987, S. 82

den, daß für das Kind, besonders das jüngere, die Notwendigkeit feststeht, daß das Lehrgut wirklichkeitsnah, sachnah, der Erfahrung und der Wahrnehmung möglichst zugänglich sein soll, und daß es erst nach dieser Realerfahrung zu einer Verinnerlichung kommen kann. Realbezug ist nicht im Sinne einer »Veranschaulichung« zu verstehen, die abstraktes Wissen und verbale Buchweisheit auf Anschauung zurückführen möchte und dabei besonderer Hilfen bedarf, sondern als Strukturelement im Lehrgut selbst. Wirklichkeitsnähe zeigt sich in verschiedenen Entfaltungen und Schichten. Sie ist zunächst gekennzeichnet durch die Möglichkeit, eine äußere Umwelt durch Wahrnehmungen sich zu eigen zu machen. Dabei ist handelnde Entfaltung, die Darstellung des Werdensprozesses wichtiger als statische Gegenwärtigkeit. Das Lehrgut kann aber auch durchaus als Anregungsfeld für »innere Wirklichkeit« gesehen werden."[17]

Veranschaulichung ist das Bemühen des Lehrers, einen Lerninhalt so aufzubereiten, daß bei aller Wahrung der Sachgemäßheit die Vorstellungsfähigkeit des Schülers unterstützt wird, um zur intendierten Begriffsbildung zu gelangen.
Anschaulichkeit besitzt ein Unterricht, wenn die Methodik des Lehrers die entwicklungsbedingte Wahrnehmungsfähigkeit des Schülers berücksichtigt und Hilfestellung zur denkenden Auseinandersetzung bieten kann.
Anschauung ist ein erstes Ziel des lernprozessualen Geschehens. Sie wird aus der Veranschaulichung und der Anschaulichkeit des Unterrichts erstrebt.
Anschauung kann auch als Ergebnis einer Urteilsbildung verstanden werden, das die Grundlage für die Begriffsbildung darstellt.

4. Überlegungen zur Anschaulichkeit im Unterricht

Die Anschaulichkeit des Unterrichts hängt in hohem Maße vom didaktisch-methodischen Geschick des Lehrers ab. Im folgenden werden an den Schwerpunkten Darbietung des Gegenstandes und Zielstellung[18] des Unterrichts Möglichkeiten erläutert, die als Voraussetzung für die aktive

---

[17] Kopp 1977, S. 103
[18] vgl. Seitz, S. 56ff.

Auseinandersetzung des Schülers mit dem Lerngegenstand von Bedeutung sind.

Anschaulichkeit und Anschauung werden in der folgenden Ausführung getrennt, obwohl sie in der Praxis kaum zu trennen sind.

4.1 Darbietung des Gegenstandes

"Bildung muß sich bei aller Respektierung unserer dynamischen Zeit besonders darum bemühen, Sinnstrukturen erkennbar und Welt, Wert, Natur, Sachen und Dinge auf ihren Sinn hin sichtbar zu machen. Eine wesentliche Aufgabe ist es dabei, die Worte zu erfassen. Wörter sind sowohl Schlüssel, die die Welt erst erschließen, als auch Brücken zur Welt und zum Mitmenschen. Wo Wörter keinen Sinn mehr haben, sind diese Brücken brüchig geworden."[19]

Sprache als Mittel zur »Welterschließung« setzt decodierbare Systeme[20] voraus, die sich in ständiger Weiterentwicklung befinden. Das einzelne Wort unterliegt in seinem Gehalt vielen Nuancierungen und Bedeutungsunterschieden. Bei Diskussionen und Gesprächen kann es deshalb gelegentlich zu »Meinungsverschiedenheiten« kommen, wenn das Wort aus dem Kontext gerissen wird, die Anschaulichkeit der Darlegungen fehlt oder stereotype, inhaltsleere und abstrakte Worthülsen verwendet werden. Das gesprochene oder geschriebene Wort an sich kann als Reizwort dienen, um Assoziationen und Gedankenketten zu ermöglichen. Es kann aber auch vollkommen vorstellungslos oder falsch sein, wenn kein Begriff gebildet werden kann oder wenn die korrekte Anschauung fehlt.

Unsere "merkwürdig ausgedünnte Sprache"[21] ist das grundlegende Medium des Unterrichts. Sie erfüllt verschiedene Formen und Funktionen. Die Sprache als Vermittler von Informationen muß unterschiedliche Vorausset-

[19] Staatsinstitut für Schulpädagogik und Bildungsforschung München (Hrsg.) 1990, S. 9

[20] "Jede menschliche Sprache stülpt der Realität ein Beziehungsgeflecht über, wodurch diese übersichtlicher und leichter mit den Sinnen erfaßbar wird, und ermöglicht den Aufbau einer Metarealität, einer geistigen Welt, die sich in Wechselwirkung mit der Realität entwickelt und auf diese zurückwirkt. Die Sprache entwickelt sich somit vom »ersten Signalsystem« her, das durch Handeln und Beobachten gespeist wird, und wirkt auf Sinneseindrücke und sinnerfüllte Gedächtnisinhalte zurück, ist aber nicht allein aus diesen zu erklären. ... Die Zuordnung von naturgegebenen Sinneseindrücken und den daraus entstehenden Gedächtnisinhalten einerseits und den Sprachsymbolen andererseits ist ... das zentrale Problem der Anschauung unter unterrichtsmethodischem Aspekt." (Schröter, ebd., S. 419)

[21] Biser 1988, S. 96

zungen erfüllen, damit ihr Anschaulichkeit bestätigt werden kann. Metapher, Vergleich, Allegorie, Gleichnis, Parabel und Fabel sind nur einige Beispiele für die Ausdruckskraft des gesprochenen und geschriebenen Wortes.
Zu den rein verbalen "kommen noch die »paralinguistischen« Momente hinzu. Lautstärke, Sprechtempo, Artikulation, Klangfarbe, Intonation usw. enthalten ebenfalls Mitteilungen, die in der jeweiligen Situation meist sehr deutlich sind, zu ihrem vollen Verständnis aber doch einige Vorerfahrung mit dem Sprecher und dem gesellschaftlichen Umfeld voraussetzen."[22]

Für das Unterrichtsgeschehen ist von großer Bedeutung, daß verbale und paralinguistische Momente mit der »Körpersprache« des Lehrers gekoppelt werden. Gestik und Mimik können dem gesprochenen Wort eine andere Bedeutung verleihen. Ein Kopfschütteln, ein Runzeln der Stirn oder ein Achselzucken können dazu führen, daß der Schüler über eine klare Aussage nochmals nachdenkt, kritisch reflektiert und somit selbst tätig wird. Die Anschaulichkeit der Sprache, die immer in Abhängigkeit vom Adressaten gesehen werden muß, gewinnt ihre Aussagekraft in der konkreten und klaren Begrifflichkeit, die als eine entscheidende Vorbedingung zur Bewältigung von Sachverhalten gilt. Jeder Medieneinsatz, sei er auch noch so anschaulich gewählt, muß im Unterricht versprachlicht werden, denn nur

"Sprache benennt die Erscheinungen und macht sie so erst zu wahrnehmbaren Sachverhalten. Sie dient der Objektivierung und Präzisierung, Ordnung und Verknüpfung, Deutung und Sinngebung, Abstraktion und Begriffsbildung, Fixierung und Speicherung. Sie ist das eigentliche Vehikel menschlichen Denkens und Erkennens... Im Bereich des Erkennens hat Sprache das Monopol. Alles Denken in Allgemeinbegriffen, Ideen, Sinn- und Wertfragen ist ausschließlich an sie gebunden."[23]

4.1.1 Darbietungsformen

Oft reicht die Anschaulichkeit der Sprache nicht aus, um Lerngegenstände anschaulich vermitteln zu können. Dann müssen ergänzende Darbietungsformen reflektiert werden.

---

[22] Glöckel 1991, S. 50ff.
[23] ebd.

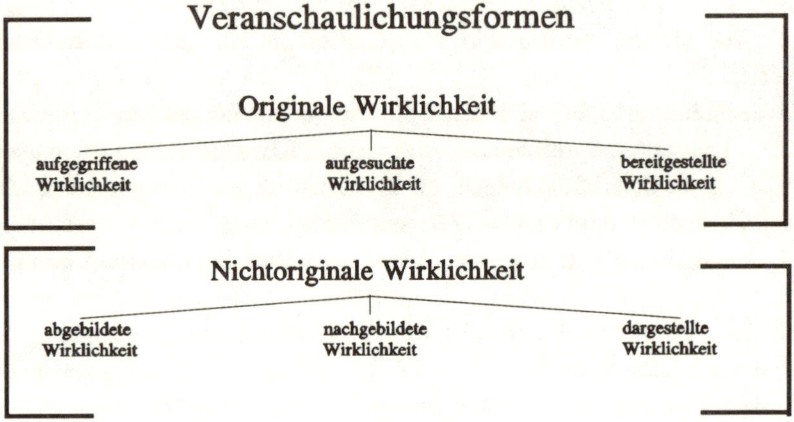

Den höchsten Grad an Anschaulichkeit[24] gewinnt ein Unterricht, wenn der Schüler den Unterrichtsgegenstand in seiner Originalität erfahren kann. Von der »originalen Begegnung« ausgehend, können differenzierte Erfahrungen in Selbsttätigkeit gewonnen werden, die z.B. in der Natur an einer Blüte, am mitgebrachten Haustier, Schlüsse kategorialer Einsichten ermöglichen. Der dabei gewonnene Begriff ist »ganzheitlich« verankert, wodurch die Erkenntnisbildung, die Anwendung und der Transfer erleichtert werden.

Die originale Begegnung muß durch Unterrichtsmedien ersetzt werden, wenn eine direkte Veranschaulichung nur schwer möglich ist oder nicht die notwendige Effizienz aufweisen kann. *Schröder/Schröder* führen hierfür Beispiele an[25]:

- Sachliche Gegebenheiten, welche nicht direkt erreichbar sind (durch realitätsgetreue Abbildungen),
- sachliche Gegebenheiten, welche auf Grund ihrer Kleinheit oder Größe nicht direkt beobachtbar sind (durch Vergrößerung oder

[24] obige Veranschaulichungsformen nach Apel/Grünfeld 1982, S. 75
[25] Schröder/Schröder 1989, S. 102

Verkleinerung),

- Geschehnisse, welche relativ selten auftreten, aber für die Erkenntnisgewinnung bedeutsam sind (durch realitätsgetreue Ablaufschilderung),
- Bewegungsabläufe, welche in der direkten Beobachtung nicht erkennbar sind (durch Zeitraffer- und Zeitlupendarstellung),
- Zusammenhänge, welche in der Realität nicht überschaubar und erkennbar sind (durch Schemata und Modelle).

Dieser Aufstellung hinzuzufügen wären noch Wertbegriffe wie Ehre, Liebe, Treue, Gott, Vertrauen usw., die nicht direkt veranschaulicht werden können. Zu ihrer Interpretation werden Symbole und Bilder eingesetzt, die einer ausführlichen Versprachlichung bedürfen und mit Beispielen verdeutlicht werden müssen.[26] Ein Gegenstand, der nicht in seiner unmittelbaren Realität oder Originalität erfahren werden kann, muß auf dem Wege der vermittelten Anschauung durch den Einsatz von Medien oder stellvertretenden Realien veranschaulicht werden.

Dale[27] ordnet systematisch die Möglichkeiten der Veranschaulichung in einem Erfahrungskegel. Dabei ergibt sich folgender Aufbau:

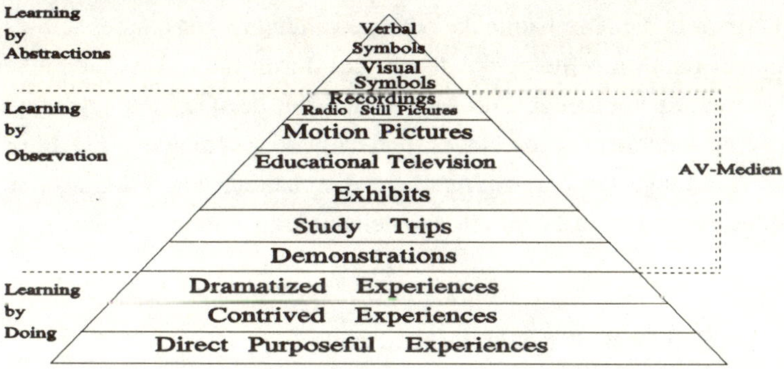

Der Erfahrungskegel von Dale zeigt: Im Bereich der Medien weisen diejenigen eine

---

[26] Das Bemühen um Anschaulichkeit in den Darbietungsformen kann bis zu Comenius zurückverfolgt werden, der in seiner »Didactica magna« 1657 im Kapitel XX die Methode beschreibt, "die Gegenstände den Sinnen so darzustellen, daß der Eindruck fest haftet". In: Vorbrodt 1906, S. 125; vgl. auch Seitz, S. 82

[27] Dale 1969

höhere Anschaulichkeit auf, die den realen Gegenstand um so unmittelbarer repräsentieren und dem Prinzip der Situationsbezogenheit genügen. Der Erfahrungskegel läßt sich auf drei Ebenen reduzieren: die handlungsbezogene, die bildliche und die symbolische. Die handlungsbezogene Ebene bilden sowohl direkte, zielgerichtete Erfahrungen wie auch Formen von Rollen- oder Planspielen, in denen die komplexe Wirklichkeit zu einer einfacheren, nachgebildeten (simulierten) Wirklichkeit umgestaltet wird. Wirklichkeitsfremder und abstrakter als die Simulation ist die bildliche Repräsentation der Realsituation durch optische und/oder akustische Medien. Die dritte Repräsentationsform von Wirklichkeit ist die Darstellung in Symbolen, wie wir sie in der Sprache, in Form von Zahlen- und Zeichensystem vorfinden. Das Stufenmodell stellt eine Folge zunehmender Abstraktion dar. Für den Unterricht ist es von Bedeutung, daß handelnder bzw. simulierter Umgang, bildhafte Darstellung und Repräsentation in Symbolen verschieden schwierig und unterschiedlich verwendbar sind, je nach Adressat und Lernvoraussetzungen.

Die Sprache als akustisches Medium, das Anfassen, Berühren, Fühlen und »Begreifen« von haptischem Material und die Unterstützung durch visuell wahrnehmbare Mittler steigern die Wahrnehmungs- und Abstraktionsfähigkeit der Lernenden. Dabei ist jedoch darauf zu achten, daß nicht die Vielzahl der angebotenen Medien für die Zuverlässigkeit der Sinneseindrücke bürgt, sondern die Anschaulichkeit des gewählten Gegenstandes selbst. *Der* Lerninhalt muß im Mittelpunkt stehen, der durch seine Anschaulichkeit in der Darbietung überzeugt. Die Anschaulichkeit der Darbietungsformen ist somit eine weitere Voraussetzung und zugleich Bedingung für Informationsvermittlung, auf deren Grundlage Anschauung als Vorgang der Erkenntnisgewinnung in Form einer Urteilsbildung ermöglicht wird.

4.2 Anschaulichkeit des Unterrichtsziels

Bei der Vorbereitung des Unterrichts obliegt es dem Lehrer, Feinziele zu erstellen, die den vorgegebenen Lernzielen entsprechen und auf die Klassensituation abgestimmt sind. Er orientiert sich dabei an den Lernvoraussetzungen seiner Schüler[28], die den Erreichbarkeitsgrad im Sinne einer

---

[28] vgl. Seibert, S. 105ff.

»produktiven Mehrforderung« bestimmen.
Die Anschaulichkeit der Zielstellung kann dadurch erreicht werden, daß z.B. eine Problemsituation verdeutlicht wird, die für den Schüler in seiner gegenwärtigen oder zukünftigen Situation motivierend sein kann. *Seitz*[29] zählt in Anlehnung an *Dollase* noch gegenwärtige und kurz bevorstehende Lebenssituationen und Erziehungssituationen in der Schulklasse auf, die durch ihre Aktualität nach einer Thematisierung verlangen und Einsicht in die zu erörternden Sachzusammenhänge bedingen können.
Die Zielangabe sollte als Wegweiser für die Erarbeitungs- und Lösungsphasen gut lesbar und mit einfachen Worten an der Mitteltafel fixiert werden. Ein logischer Aufbau der einzelnen Teilschritte, veranschaulicht durch die Zusammenfassung der Teilergebnisse an der Wandtafel und/oder dem Arbeitsblatt, bietet einerseits die Grundlage für Wiederholungen zur Festigung des Teilergebnisses, andererseits die Möglichkeit für Lernzuwachs. Symbole, Beziehungspfeile, Abkürzungen etc. stellen zwar Abstraktionen dar, weisen aber durch ihr Beziehungsgefüge, z.B. durch Ausgliederung von Charakteristika, Eigenheiten und Ausnahmen, eine starke Zielorientierung auf, die als Regel, mathematische Formel oder Antwortsatz Antwort auf die eingangs gestellte Frage gibt. Die einzelnen Teilschritte, die eine logische Beziehung aufweisen müssen, z.B. von der konkreten Handlung ausgehen und auf kognitive Handlung zielen, müssen durch die Anschaulichkeit der Zielangabe zu einer Vorstellung vom Gegenstand führen. "Überall dort, wo sie [die Vorstellung] noch nicht hinreichend internalisiert ist, kann ein Rückgriff auf das Konkrete erfolgen. Dort, wo sie internalisiert ist, dient sie als Basis weiterer kognitiver Schritte, die in Richtung des zu erreichenden Lernziels führen."[30]

[29] vgl. Seitz, S. 81
[30] Meierhöfer 1991, S. 76

5. Überlegungen zur Anschauung im Unterricht

Die Anschaulichkeit der Unterrichtsvorbereitung und -gestaltung zielt auf Anschauung. Dies ist ein aktiver Prozeß, der nur vom Lernenden selbst vollzogen werden kann. Alle didaktisch-methodischen Maßnahmen sind nur Hilfestellungen, um Erkenntnisvorgänge zu initiieren, die dann sichtbar werden, wenn sich der Schüler aktiv mit der Sache auseinandersetzt, wenn er Beziehungen zu bereits Gelerntem herstellt und Erkenntnisse auf neue Situationen übertragen kann.

5.1 Anschauung als Prozeß der Erkenntnisgewinnung

Anschauung beruht auf Anschaulichkeit. Die vom Lehrer gewählten Maßnahmen der Veranschaulichung müssen so beschaffen sein, daß die Erkenntnisgewinnung in einen dynamischen Prozeß eintritt, der den Schüler mobilisiert. Durch die Bekanntgabe der Thematik zu Beginn der Unterrichtseinheit, durch Lehrererzählung, Tafelbildarbeit und konkretes Operieren mit Handlungsgegenständen werden Assoziationen ermöglicht, die bereits Bekanntes in Erinnerung rufen oder neue Vorstellungen auslösen. *Dieffenbacher* verdeutlicht am Beispiel der Lehrererzählung den Prozeß der Erkenntnisgewinnung:

"Die Lehrererzählung veranschaulicht zunächst historische Situationen. Die Personen als handelnde und leidende Menschen in den Verhältnissen ihrer jeweiligen Zeit schaffen beim Schüler Bilder von Macht, Herrschaft, Recht, Unrecht, Schuld oder Leid. Der Schüler tritt so mit dem Gehörten in Beziehung. Es geht ihn an. Er ist ganzheitlich angesprochen. Im Schüler entstehen Eindrücke und Fragen, die in der Begegnungsphase vertieft oder beantwortet werden ..."[31]

Die auf die Regeln der Veranschaulichung in der Lehrererzählung zurückzuführenden didaktisch-methodischen Maßnahmen, wie etwa "Lokalisieren, Detaillieren, Kostümieren, Motivieren, Dramatisieren, Konturieren usw."[32], bewirken beim Schüler einen Assoziationsvorgang, der Menschen aus einer anderen Zeitepoche der Anonymität entreißt, die Vorstellungsfähigkeit an-

[31] Dieffenbacher 1989, S. 41
[32] vgl. Dieffenbacher, ebd.

spricht und somit geschichtliche Ereignisse in einen bedeutungsvollen Gegenwartsbezug einbringt.
Die bereits an mehreren Stellen angesprochenen Unterrichtsmedien erfüllen in diesem Zusammenhang wichtige Funktionen, wenn Primärerfahrungen mit der Realität oder die entwicklungsbedingte Vorstellungswelt des Schülers nicht in genügendem Maße ausgeprägt sind. Die Veranschaulichung, die in einzelnen Teilschritten zu erfolgen hat, muß dabei bestimmte Gesetzmäßigkeiten beachten: Von der »äußeren« Anschauung, dem Realgegenstand zur Abbildung der Wirklichkeit, vom Bild bis hin zur Grafik, zum Schema[33] und Symbol[34] ist Schritt für Schritt der Verstehensvorgang anzubahnen, der zur »inneren« Anschauung, zum Verständnis, zur Erkenntnis, zur Einsicht in Zusammenhänge, führt.
Anschauung als Element im Prozeß der Erkenntnisgewinnung ist kein passives Verhalten, sie fordert und fördert vielmehr die Auseinandersetzung des Lernenden mit dem Sachinhalt, da die Anschauungsmaterialien die Vorstellungskraft lediglich anregen können, um Erarbeitungs- und Lösungsvorgänge zu ermöglichen.
Dabei auftretende Widerstände und Schwierigkeiten signalisieren, daß die Erkenntnisgewinnung erneut durch Medien unterstützt werden muß, die ihre Wirkkraft dann entwickeln, wenn sie den Lernprozeß begleiten, etwa in Form eines Erarbeitungsblattes[35], eines Hefteintrages und einer schülergemäßen Tafelbildarbeit.

---

[33] Zur Kennzeichnung des Schemas bieten sich folgende Kriterien an: "Es ist das Ergebnis eines (ersten) Abstraktions- oder Generalisierungsaktes des Individuums, aufgrund dessen von den konkreten Umständen und Gegebenheiten der Situation, unter denen es erlernt wurde, abgesehen werden kann. Es ist ein erster, hypothetischer Bezugsrahmen, der wie eine Schablone an neue Erfahrungen angelegt wird. Es sind Verhaltens- und Orientierungsmuster. Sie zeichnen sich durch eine gewisse Stabilität aus, d.h. sie setzen einer Veränderung einen gewissen Widerstand entgegen. Treten mehrere (kognitive) Schemata höherer Ordnung miteinander in Verbindung, so bilden sie ein Schema höherer Ordnung oder eine kognitive Struktur. Sie weisen eine Prägnanz im Sinne der »guten Gestalt« auf und sind hierarchisch gegliedert." (Kreiselmeyer, ebd., S. 6); vgl. Seitz, S. 80

[34] "Form und Anwendung von Symbolen sind relativ beliebig. Es handelt sich dabei um Konventionen in einer Menschengruppe. Das Einzelwesen übernimmt sie und lernt ihre Bedeutung durch unmittelbare Zuordnung zu bestimmten Phänomenen oder durch Erklärung mit Hilfe bereits gelernter Symbole. ... Was die Symbolverwendung beim Menschen auszeichnet, ist die Herausbildung eines Symbolsystems, das in Anlehnung an die Realität eigene Regeln und Wertungen besitzt, den kontinuierlichen Erlebnisstrom jedes Menschen in besser überschaubare diskontinuierliche Komplexe auflöst und so eine begrifflich geordnete Metawelt aufbaut, die weit über das dem Einzelmenschen Erfahrbare hinausgeht." (Schröter, G., ebd., S. 419)

[35] vgl. Wellenhofer 1991

5.2 Anschauung als Ergebnis der Erkenntnisgewinnung

Guter Unterricht wird auch daran gemessen, welchen Lernzuwachs der einzelne Schüler nach einer Unterrichtsstunde verzeichnen kann. Der meist kurze, mit eigenen Worten erarbeitete Regelsatz, die mathematische Formel, die Ableitung oder der Begriff sind das Ergebnis eines anschaulichen Unterrichts. Ob »innere« Anschauung wirklich als Produkt vorliegt, wird sich daran erweisen, inwieweit sich Vorstellungen bilden und festigen konnten, ob sich bereits Bekanntes mit Neuem verknüpfen ließ und ob z.B. durch die Verwendung des abstrakten Begriffes der erarbeitete Lösungsweg erinnert werden kann.

Die Möglichkeit der Rückführung auf die Realität ist ein wesentliches Gütekriterium der anschaulichen Vermittlung. Es kann jedoch nicht das einzige sein, da der Schüler, besonders im Mathematikunterricht, oft mit Lerngegenständen konfrontiert wird, die die Vorstellungsfähigkeit überschreiten, wenn z.B. Rechenoperationen mit negativen Zahlen oder Aufgabenstellungen im Zahlenverhältnis von Milliarden oder Billionen gefordert werden. Hier kann es sich nicht um Anschauung im beschriebenen Sinne[36] handeln. An deren Stelle treten modellhafte Vorstellungen, Analogien und Beispiele. Zur Erklärung von großen Zahlenverhältnissen werden dann z.B. Rechenplättchen, Zahlenstreifen und weitere Elemente mit symbolhaftem Charakter verwendet, die eine Reduktion auf einfacheres Zahlenmaterial erlauben. Es wird ein mathematisches Denken angestrebt, das sich innerhalb bestimmter Gesetzmäßigkeiten und Rechenoperationen bewegt. Der Rechenvorgang und das Ergebnis daraus sind der direkten Vorstellungskraft entzogen und können nur als logische und abstrakte Denkleistungen erfolgen bzw. rekonstruiert werden.

Während in den unteren Jahrgangsstufen Anschaulichkeit als methodische Hauptaufgabe zu bewältigen ist, um Anschauung durch konstruktives, produktives und kreatives Denken bewirken zu können, fußt der Unterricht in

[36] vgl. hierzu Koch 1991, S. 106: "Nun ist der Inhalt der Begriffe kein Produkt des Denkens wie die logische Form der Allgemeinheit, er muß vielmehr durch die Anschauung vorgegeben werden, und zwar durch empirische Anschauung (Wahrnehmung), wenn es sich um empirische Begriffe handelt, oder durch die reine Anschauung, wenn es sich um nichtempirische Begriffe (etwa der der Mathematik) handelt."

den höheren Jahrgangsstufen auf einer vermehrten inneren Anschauung, begünstigt und begleitet durch abstraktere Anschauungsmaterialien.

Wird Unterricht als planmäßiges, systematisches und gesteuertes Lehren und Lernen bezeichnet, kommt der Anschauung hinsichtlich der Erkenntnisgewinnung eine wichtige Bedeutung zu. Die Erkenntnisgewinnung erfüllt dabei die Voraussetzung, den Lernzuwachs in ein geordnetes Miteinander und Nebeneinander einordnen[37] zu können, um den Erfahrungshorizont ausweiten und vertiefen zu können. Sie ist zugleich aber auch Bedingung für den Neuerwerb von weiteren Begrifflichkeiten, die ökonomischen Gesichtpunkten genügen müssen, Zeitersparnis bedeuten und Aktivitäten für übergreifende Arbeiten zulassen. Verarbeitete Anschauung ist die Grundlage für den Neuerwerb weiterer Begriffe.

5.3 Veranschaulichung im Prinzipienverbund[38]

»Anschauung als Fundament aller Erkenntnis« bezieht sich sowohl auf die Ausgangslage wie auch auf den Zielaspekt. Im intendierten Prinzipienverbund kommt dabei der Veranschaulichung keine übergeordnete Rolle zu, da sie jeweils nur als Initialkraft verstanden werden kann, die auf die Umsetzung weiterer didaktisch-methodischer Möglichkeiten im Unterricht angewiesen ist.

Die hier exponierte Stellung des Unterrichtsprinzips der Veranschaulichung könnte nur erreicht werden, wenn die gesamte Unterrichtsgestaltung von permanenter Anschaulichkeit durchzogen wäre, wenn selbst wiederum den zugeordneten Unterrichtsprinzipien so viel an Anschaulichkeit in der didaktischen Umsetzung zu eigen wäre, daß die Motivierung der Schüler rein intrinsisch erfolgen könnte, daß der erreichte Zustand der Motivation

[37] Koch 1990, S. 108: "Die logische Allgemeinheit des begrifflichen Erkennens macht die Vereinigung und Zusammenfassung unserer Vorstellungen und Erkenntnisse möglich. Deren Mannigfaltigkeit wird geordnet unter einer gemeinsamen Vorstellung, unter einem Begriff. Was das begrifflich vermittelte Erkennen - das Verstehen - bewirkt, ist also Einheit und Ordnung der Erkenntnis."

[38] vgl. Apel, S. 27f. und S. 33f.

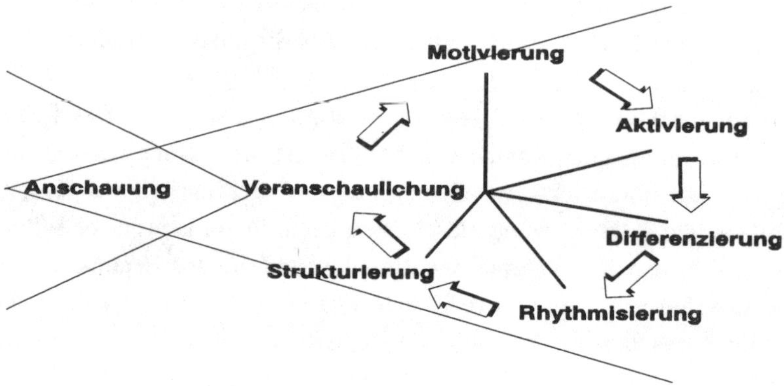

die Schüler zur geistigen und psychomotorischen Verarbeitung drängte... Hier würde dem Grundsatz der Anschaulichkeit dann die Vorrangstellung eingeräumt werden, dem sich alle übrigen Unterrichtsprinzipien einzugliedern und unterzuordnen hätten. Gegenwirkende Prinzipien, die das Gleichgewicht in der Methodik ausbalancieren, würden an Bedeutung verlieren. Hinzu kommt, daß die Realität des Schulalltags ihre eigenen Gesetzmäßigkeiten hat. Anschauung muß durch anschaulichen Unterricht stets zu verwirklichen gesucht werden, aber nicht jeder Lerninhalt läßt sich für jeden Schüler so veranschaulichen, daß jeweils am Ende des Unterrichtsprozesses Anschauung als Ergebnis verzeichnet werden kann. Veranschaulichung bleibt dennoch eine wichtige Voraussetzung für die Erkenntnisgewinnung, doch ist sie keine Methode, die als Automatismus funktioniert, wie bestimmte Positionen der behavioristischen Psychologie nahelegen könnten.

6. Schwierigkeiten und Grenzen

Die Gefahr der Veranschaulichung im Unterricht liegt vor allem in dem durch Medien bedingten Gebrauch von Informationsträgern, die zu einer

»Sachverfälschung« oder »Sachverzerrung/Simplifizierung«[39] beitragen können. Jede Verabsolutierung der Veranschaulichung bewirkt ein Übergewicht und somit ein gleichzeitiges Zurückweichen notwendiger Unterrichtsgrundsätze.
Auch die Verbindung von Theorie und Praxis und deren Umsetzung ist eine notwendige Voraussetzung, wie *Wiater* zur Handlungskompetenz des Lehrers ausführt:

"Den Lehrstoff beherrschen und nach leitenden Unterrichtsprinzipien (Zielorientierung/Zielverständigung, Veranschaulichung, Motivierung, Selbsttätigkeit, Differenzierung, Lebensnähe/Sinnorientierung, Erfolgssicherung) didaktisch methodisch korrekt und abwechslungsreich für das Lernen der Schüler aufzubereiten, ist zweifellos ohne gründliche Kenntnisse aus den Fachwissenschaften und der Schulpädagogik nicht möglich."[40]

Geht man weiter von der Voraussetzung aus, daß in der Regel Sprache das häufigste Medium zur Veranschaulichung von Lerninhalten ist, so müssen der Prozeß der Veranschaulichung und das Ergebnis des unterrichtlichen Bemühens kritisch reflektiert werden, denn "die Erklärungen des Lehrers treffen bei jedem Schüler auf einen anderen Erfahrungshintergrund und erzeugen voneinander abweichende psychische Regungen".[41]
Anschaulichkeit der Darstellung und Anschauung als Ergebnis der didaktisch-methodischen Entscheidungen sollen den Schüler - über den kognitiven Bereich hinaus - in seiner Ganzheit ansprechen, sozusagen ein Lernen mit allen Sinnen ermöglichen. Dieser Vorgang bietet sich bei einigen Lerngegenständen an, bei anderen stößt die Veranschaulichung aber an ihre Grenzen, "da unsere herkömmlichen Sinnesorgane in einem von der Technik beherrschten Leben heute nicht mehr ausreichen"[42]. Das Schlagwort von einer veränderten Kindheit hat seine Berechtigung, da wichtige Primärerfahrungen verloren gegangen sind und durch neue ersetzt wurden, die bei der Unterrichtsplanung und -vorbereitung zu berücksichtigen sind.

---

[39] Seitz nennt hierzu treffende Beispiele, S. 83
[40] Wiater 1991, S. 33
[41] Schröter, ebd., S. 420
[42] vgl. Schmidt, ebd., S. 20

7. Literatur

Apel, H.J./Grünfeld, W.: Unterrichtsformen, Unterrichtsverfahren. Elemente einer Theorie des Unterrichts. München 1982

Dieffenbacher, V.: Die Lehrererzählung im Geschichtsunterricht. In: Pädagogische Welt 1/1989

Dale, E.: Audiovisual Methods in Teaching. New York. 3. Aufl. 1969

Einsiedler, W.: Schulpädagogik. Eine Einführung. Bd. 3: Faktoren des Unterrichts. Donauwörth 1978

Filler, J.: Didaktisch-methodische Konsequenz bei der Arbeit an Begriffen. In: unterrichten & erziehen, 1/1982

Glöckel, H.: Vom Unterricht. Bad Heilbrunn 1991

Heppe, H.: Geschichte des deutschen Volksschulwesens. Bd. 4. Gotha 1859

Comenius, J.A.: Didactica magna. Übersetzt und herausgegeben von Walter Vorbrodt. Leipzig 1906

Koch, L.: Logik des Lernens. Studien zur Philosophie und Theorie der Bildung. Weinheim 1991

Köck, P.: Praktische Schulpädagogik. Ortsbestimmung der Schule und Praxisanleitung für die Problemfelder Erziehen, Lernen, Miteinander leben, Beraten. Donauwörth 1987

Kopp, F.: Didaktik in Leitgedanken. Donauwörth, 6. Aufl. 1977

Kreiselmeyer, H.: Die Bildung und Sicherung von Begriffen. In: unterrichten & erziehen, 1/1982

Meierhöfer, B.: Handlungsorientierte Mathematik in der Hauptschule. In: Pädagogische Welt, 2/1991

Schmidt, W.: Wahrnehmungspsychologische Erkenntnisse. Möglichkeiten eines pädagogisch-didaktischen Transfers. In: Pädagogische Welt 1/1989

Schröder, H.: Lernen und Lehren im Unterricht. Grundlagen und Aspekte der Allgemeinen Didaktik. München 1989

Schröder, H./Schröder, R.: Theorie und Praxis der AV-Medien im Unterricht. Reihe Wissenschaft und Schule. Bd. 2, München 1989

Schröter, G.: Der Anschauungsbegriff in psychologischer und pädagogischer Sicht. In: Pädagogische Welt, 9/1985

Staatsinstitut für Schulpädagogik und Bildungsforschung München (Hrsg.): Erfahren, Staunen, Begreifen. Handreichung für eine tiefere Sicht der Wirklichkeit anhand von Grundbegriffen und Symbolen im Unterricht der Grundschule. München 1990

Wellenhofer, W.: Moderne Arbeitsblatt-Praxis.
Ziele, Konzeptionen, Möglichkeiten, Grenzen. München 1991

Wiater, W.: Handlungskompetenz als Ziel der Lehrerbildung.
Einige Anmerkungen zum Verhältnis von I. und II. Phase in der Ausbildung von Lehrerinnen und Lehrern. In: Pädagogische Welt, 1/1991

Zimbardo, P.G.: Psychologie. Bearbeitet und herausgegeben von Angermeier, W.F./ Brengelmann, J.C./Thiekötter, Th.J.,
4. neubearb. Aufl., Berlin/Heidelberg/New York/Tokyo 1983

Personenverzeichnis

Indexverzeichnis

Notizen

Notizen

Notizen

Notizen

Notizen

Norbert Seibert Helmut J. Serve Helmut Zöpfl

Schulpädagogik

Eine Einführung in die Themenbereiche Erziehung und Unterricht in der Schule

PimS

ISBN 3-927999-01-6

Inhaltsverzeichnis

PimS

AKTUELL Schulpädagogik **Fachliteratur** Didaktik *AKTUELL*

Walter Wellenhofer

Grundlagen einer modernen Arbeitsblatt-Praxis

– Ziele, Konzeptionen, Möglichkeiten, Grenzen –

PimS

ISBN 3-927999-02-4

Inhaltsverzeichnis

PimS

AKTUELL Schulpädagogik **Fachliteratur** Didaktik *AKTUELL*

ISBN 3-927999-03-2

Inhaltsverzeichnis